नागार्जुन

जन्म : सन् 1911 में ज्येष्ठ पूर्णिमा के दिन; ग्राम तरौनी, जिला दरभंगा, बिहार में।

परंपरागत प्राचीन पद्धति से संस्कृत की शिक्षा।

सुविख्यात प्रगतिशील कवि-कथाकार। हिन्दी, मैथिली, संस्कृत और बांग्ला में काव्य-रचना। पूरा नाम वैद्यनाथ मिश्र 'यात्री'। मातृभाषा मैथिली में 'यात्री' नाम से ही लेखन। शिक्षा-समाप्ति के बाद घुमक्कड़ी का निर्णय। गृहस्थ होकर भी रमते-राम। स्वभाव से आवेगशील, जीवंत और फक्कड़। राजनीति और जनता के मुक्ति-संघर्षों में सक्रिय और रचनात्मक हिस्सेदारी। मैथिली काव्य-संग्रह 'पत्रहीन नग्न गाछ' के लिए 'साहित्य अकादेमी पुरस्कार'। उत्तर प्रदेश हिन्दी संस्थान और मध्य प्रदेश तथा बिहार के 'शिखर सम्मान' सहित कई पुरस्कारों से सम्मानित।

प्रमुख प्रकाशित पुस्तकें : रतिनाथ की चाची, दुखमोचन, बलचनमा, वरुण के बेटे, नई पौध आदि (उपन्यास); युगधारा, सतरंगे पंखोंवाली, प्यासी पथराई आँखें, तालाब की मछलियाँ, चंदना, खिचड़ी विप्लव देखा हमने, तुमने कहा था, पुरानी जूतियों का कोरस, हजार-हजार बाँहोंवाली, पका है यह कटहल, अपने खेत में, मैं मिलिटरी का बूढ़ा घोड़ा (कविता-संग्रह); भस्मांकुर, भूमिजा (खंडकाव्य); चित्रा, पत्रहीन नग्न गाछ (हिन्दी में भी अनूदित मैथिली कविता-संग्रह); पारो (मैथिली उपन्यास); धर्मलोक शतकम् (संस्कृत काव्य) तथा संस्कृत से कुछ अनूदित कृतियाँ।

निधन : 5 नवम्बर, 1998

बलचनमा

नागार्जुन

राजकमल पेपरबैक्स

पहला पुस्तकालय संस्करण
किताब महल, इलाहाबाद द्वारा
1952 में प्रकाशित

राजकमल पेपरबैक्स में
पहला संस्करण : 1997
दसवाँ संस्करण : 2025

राजकमल पेपरबैक्स : उत्कृष्ट साहित्य के जनसुलभ संस्करण

राजकमल प्रकाशन प्रा.लि.
1-बी, नेताजी सुभाष मार्ग, दरियागंज
नई दिल्ली-110 002
द्वारा प्रकाशित

शाखाएँ : अशोक राजपथ, साइंस कॉलेज के सामने, पटना-800 006
पहली मंजिल, दरबारी बिल्डिंग, महात्मा गांधी मार्ग, प्रयागराज-211 001
1, अनमोल सोराबजी सन्तुक लेन, धोबी तलाव, मरीन लाइंस, मुम्बई-400 002
वेबसाइट : www.rajkamalprakashan.com
ई-मेल : info@rajkamalprakashan.com

बी.के. ऑफसेट
नवीन शाहदरा, दिल्ली-110 032
द्वारा मुद्रित

मूल्य : ₹250

BALCHANMA
Novel by Nagarjun

ISBN : 978-81-267-0266-4

बलचनमा

घटनास्थल : जिला दरभंगा, बिहार
घटनाकाल : 1936 ई. के शुरू तक

एक

बारह बरस की उम्र में मेरा बाप मर गया। परिवार में माँ, दादी और छोटी बहन थी। नौ हाथ लंबा, सात हाथ चौड़ा घर था–दो छप्परोंवाला। सामने छोटा-सा आँगन था। बाईं ओर आठ-दस धूर (विस्वाँसी) बाड़ी थी। उसमें साल के बारहों महीने कुछ न कुछ उपजा लिया जाता। पिछवाड़े गिरहथ (मालिक) का इनारा था, पक्की जगतवाला। सामने इन्हीं के खेत फैले पड़े थे। दाईं ओर कुछ हटकर उन्हीं लोगों का पोखरा पड़ता था।

कहना न होगा कि वह थोड़ी-सी जमीन, जिस पर हम बसे थे, गिरहथ लोगों की ही थी। अपने जीवन की सबसे पहली घटना जो मुझे याद है, वह खूब साफ नहीं है...मालिक के दरवाजे पर मेरे बाप को एक खभेली[1] के सहारे कसकर बाँध दिया गया था। जाँघ, चूतर, पीठ और बाँह–सभी पर बाँस की कैली के निशान उभर आए हैं। चोट से कहीं-कहीं खाल उधड़ गई है और आँखों से बहते आँसुओं के टघार[2] गाल और छाती पर से सूखते हुए नीचे चले गए हैं...चेहरा काला पड़ गया है। होंठ सूख रहे हैं। अलग कुछ दूर पर छोटी चौकी पर यमराज की भाँति मझले मालिक बैठे हुए हैं। दाएँ हाथ की उँगलियाँ रह-रह मूँछों पर फिर जाती हैं... उनकी वह लाल और गहरी आँख कितनी डरावनी है, बाप रे! मेरी दादी काँपते हाथों मालिक के पैर छाने हुए है। उसके मुँह से बेचैनी में बस यही एक बात निकल रही है कि दुहाई सरकार की, मर जाएगा ललुआ! छोड़ दीजिए सरकार! अब कभी ऐसा न करेगा, दुहाई मालिक की! दुहाई माँ-बाप की...और माँ रास्ते पर बैठी हाय-हाय करके रो रही है, और मैं भी रो रहा हूँ। मेरी छोटी बहन की तो डर के मारे हिचकी बँध गई है।

---

1. छोटा, पतला खंभा, 2. बहाव।

बलचनमा

सुना है, मेरा बाप दोपहर के समय बाग से दो किसनभोग[1] तोड़ लाया था। किसनभोग कच्चा भी खाने में खूब स्वादिष्ट होता है। ठीक वैसा ही जैसा भिगोया हुआ चावल। तोड़ते तो किसी ने देखा नहीं, मगर पुराने बखारों की ओट में बैठे-बैठे वह आम सोह रहा था तो किसी ने देखा और जाकर चुगली कर दी। फिर क्या था, मझले गिरहथ आग-बबूला हो गए और...

बाबू जब मरा तो दादी को चौठइया बुखार लग रहा था। कुछ मालिक से लेकर, कुछ इधर-उधर से—जैसे-तैसे किरिया-करम[2] हुआ और मेरे गले की उतरी टूटी। उसके बाद दादी और माँ की राय हुई कि मैं मालिकों की किसी पट्टी में चरवाहे का काम करूँ। दादी ने मना किया था—अभी खाने-खेलने के दिन हैं, इसी समय जोत दोगी तो कलेजा सूख जाएगा, इस पर माँ क्या बोली थी? यही कि अभी से पेट की फिकिर नहीं करेगा तो आगे बहतरा हो जाएगा...

कुछ ही दिनों बाद छोटे मालिक के यहाँ भैंस चराने का काम मिला। हे भगवान! कितनी कठिनाई से और कितना गिड़गिड़ाने पर छोटी मलिकाइन मुझे रखने को राजी हुईं। उनके यहाँ जब हम पहुँचे तो अपना मुलायम और गुलाबी हाथ चमकाकर दादी से उन्होंने कहा—अरे, यह तो मेरे बखारों को खुक्ख कर देगा। डेढ़ सेर इस जून, डेढ़ सेर उस जून। छोकरे का पेट तो देखो, कमर से लेकर गले तक मानो बखिया है। कैसा बेडौल, कितना भयानक है, मइया री मइया! इस पर मेरी ओर सिनेह भरी निगाहें डालती हुई दादी ने कहा—नहीं मलिकाइन, ऐसी बात न कहिए। मेरा बालचन मुट्ठी भर से अधिक भात नहीं खाता। कोदो, मड़ुआ, मकई, साँवाँ, काँवन चाहे जिसकी भी रोटी दे दो, खुशी-खुशी खा लेगा और दो चुल्लू पानी पीकर संतोख की साँस लेता उठ जाएगा, बड़ा ही सुभर है, तनिक भी नहीं खलेगा, मलिकाइन!

मेरे कमर से फटी-सी मैली-सी बिस्ठी झूल रही थी। बिस्ठी न तो लंगोटी है न कच्छा, कपड़े के लीरे को अगर तुम कौपीन की भाँति पहन लो तो वही हमारे यहाँ बिस्ठी कहलाएगी। मलिकाइन ने बिस्ठी की ओर इशारा करके कहा—कपड़ा-वपड़ा हमसे पार नहीं लगेगा। यह सुनकर दादी ने दाँत निपोड़ दिए। चेहरे की झुर्रियों और लकीरों में बल पड़ गया। दोनों हाथ जोड़कर वह गिड़गिड़ाई—

1. कलमी आम की एक किस्म, कृष्णभोग, 2. क्रिया-कर्म, श्राद्ध।

क्या कमी है, मलिकाइन आप लोगों के यहाँ? आप ही का तो आसरा है, नहीं तो हम गरीब जनमते ही बच्चों को नोन न चटा दें! अरे, अपना जूठन खिलाकर, अपना फेरन-फारन पहनाकर आप ही तो हमारा पर्तपाल[1] करती हैं...

छोटी मलिकाइन का चेहरा खिल गया, उनके दाँत दनुफ के फूल जैसे झकझक कर रहे थे। होंठों की लाली बड़ी भली लगती थी। मेरी दादी पर अहसान का मनों भार लादती हुई बोलीं—खाना-पीना, लत्ता-कपड़ा और ऊपर से दो आना महीना! कौन देगा इतना? अभी सारा काम इसे सिखाना पड़ेगा। समझाते-समझाते दिमाग का गूदा चट हो जाएगा।

दादी ने मलिकाइन के पैर पकड़ लिए—आज से आप ही इस निभागे की माँ-बाप हुईं गिरहथनी! आपका जूठन खाकर इसका भाग चमकेगा...

अगले दिन से मैं उनके यहाँ काम करने लगा। बतला ही चुका हूँ, चौदह साल की उमर थी। यों खास काम मेरा भैंस चराना था, फिर भी और कई काम थे जैसे कि बच्चे को खेलाना, पानी भरना, बाहर बैठक में झाड़ू लगाना, दुकान से नून, तेल, मसाला लाना और मलिकाइन के पैर दबाना...

चौधरी लोगों का यह घराना किसी जमाने में बहुत ही भरा-पूरा और अकबाली था। अब इनकी जमींदारी तो नहीं रही थी, परंतु रोब-दाब, रहन-सहन, चाल-ढाल और बातचीत से हुकूमत की बड़ी बिकट बू आती थी। चार पट्टियों में बँटे थे ये लोग। अलग-अलग हवेलियाँ थीं। बची-खुची जमीन-जायदाद बँटी हुई थी। गाछी, कलमबाग, बाँस, पोखर, खढ़ोर[2] और चरागाह—यह सब साझा चला आ रहा था। बीजू या सरही (देसी) आमों का बाग गाछी कहलाता है, बीस बीघा में फैले हुए थे। उनके बाग में हजार के लगभग पेड़ होंगे। कलमबाग भी काफी बड़ा था। बाँस भी तीन सौ बीट थे—तीन बीघे में फैले हुए। पोखर उनके तीन थे। खढ़ोर इतना बड़ा था कि सभी पट्टीदारों को अपने मकान छवाने लायक खढ़ उसी से निकल आता। चरागाह थी तो बड़ी, लेकिन ऊसर हो गई थी। इसके अलावा सीसम, महुआ, तून, इमली, जीमड़ जैसे तरह-तरह के सैकड़ों पेड़ों से भरा एक जंगल था।

पहले दिन सुबह-सुबह भैंस खोलकर जब मैं चराने ले चला तो अभी काफी

1. प्रतिपाल, रक्षा, 2. ऐसी जमीन जहाँ घर छवाने की फूस पैदा होती है।

सबेरा था। मुझे डर लगा। दादी के मुँह से भूत-प्रेत की कहानियाँ रोज ही सुनी थीं। गाँव के बाहर का हर एक बूढ़ा पीपल या बरगद मेरे लिए भूतों का रैन-बसेरा था। भैंस सीधी-सादी थी, नाकों में नाथ[1] थी। नाथ से जुड़ी रस्सी को हाथ में लपेटकर भैंस की पीठ पर मैं पट पड़ गया और वह अपनी इच्छा से पूरब की ओर चल पड़ी। जेठ का महीना था। उस साल आम नहीं फरे थे। इसलिए चरवाहे बागों में ले जाकर अपनी भैंसों को छोड़ देते थे और खुद भैंस की पीठ पर पड़े-पड़े सुबह की मीठी नींद के झोंके लेते रहते। उन्हें इस तरह सोते देखकर मुझे कई बार डाह हुई थी, पर आज तो मैं खुद भैंस की पीठ पर सवार था।

छोटे मालिक किसी राजा के यहाँ मनेजरी करते थे। परिवार को कभी उन्होंने साथ नहीं रक्खा। मलिकाइन बहुत बड़े घर की बेटी थीं। बिना दूध-दही का खाना उनके कहने के मुताबिक बालू-गोबर निगलना था। दो सौ रुपए लगाकर गुजराती नसल की यह भैंस उन्होंने मालिक से खरीदवाई। सेवा नहीं होने से यह भैंस बड़ी दुबली हो रही थी। पड़िया मर जाने से बिसुक गई थी। पुट्ठों का हाड़ और रीढ़ निकल आई थी। पुराना चरवाहा भागकर कटिहार चला गया था, चटकल (जूटमिल) में। फिर उन्होंने एक जवान दुसाध को इस काम के लिए रक्खा। उसकी एक ग्वालिन से साँठ-गाँठ हो गई तो मझले मालिक को इस बात का पता लग गया। पकड़े जाने पर उन्होंने उसे जूतों से इतना पीटा कि आधा पहर तक बेचारा आहऊह भी न कर सका, भाग तो गया ही...

अब भैंस मेरे सुपुर्द थी। पहले दिन मालिक के बाग से ही मैं उसे चरा ले आया। दूसरे दिन से तो वह मुझे प्यार करने लगी। अभी तक माँ, दादी और रेबनी (छोटी बहन) से ही हिला-मिला हुआ था। बाबू चल ही बसा था। उन चारों के बाद वह भैंस ही थी जिसकी गीली आँख और गरम साँस मुझ पर अपना असर डाल सकी। सुबह-सुबह मैं रोज उसे चरा लाता। पहर दिन उठने पर मलिकाइन मुझे कलेवा देतीं, महुआ की लाल रोटी। नोन और सरसों के तेल के साथ मैं जब वह रोटी खा लेता, तो छोटा बच्चा मेरे जिम्मे कर दिया जाता। यह लड़का मानो रोना ही जानता था। घड़ी भर में ही उसकी रुलाई से मेरा माथा दुखने लगता। चुप करने की सारी कोशिशें बेकार जातीं और तब खस की कूची से बाल झारती

1. नकेल।

हुई मलिकाइन सिर नीचा किए ही डपटकर मुझे कहतीं—कंधे के सहारे बच्चे को ले ले और घूमघाम...माँ ने तुझे ठूँस-ठूँसकर खाना तो खूब सिखला दिया है मुदा फूल-सा हलका बच्चा भी तुझसे नहीं सँभलता...कोढ़िया!

यह गालियाँ सुनकर पहले दो-चार दिन तो मुझे थोड़ी-बहुत ग्लानि हुई पर बाद में कान खूब पक्के हो गए। गदहा, सुअर, कुत्ता, उल्लू...क्या नहीं कहती थीं वह मुझे! उनका गुस्सा चुपचाप सह जाना मुझे सीखना पड़ा। एक दिन दोपहर को घास लाने में जरा देर हो गई। बैसाख और जेठ की जलती धरती हो तो घास छीलने में बड़ी कठिनाई होती है। पचीसों जगह खुरपी चला-चलाकर तंग आ जाओगे फिर भी टोकरी भर घास नहीं होगी। लेकिन जो देवी कई-कई डेवढ़ियोंवाली हवेलियों के भीतर छाँह में आराम से बैठी हुई हों, उन्हें अपनी यह दिक्कत तुम समझा पाओगे भैया? उनके लिए सारी धरती हरी-हरी, नरम-नरम दूबों से भरी हुई है। सो उस रोज घास लेकर जब मैं जरा देर से पहुँचा तो गिरहथनी हुहुआ उठीं—मर क्यों न गया? बड़े नवाब के नाती हुए हैं। कहीं बैठकर बाप के साथ कौड़ी भाँज रहा होगा और देर हो गई तो घास नहीं मिलती है, खुरपी भोथी है, बेंट[1] ढीला पड़ गया था...पचास बहाने बनाता है। मुँहझौंसा[2]! इतना कहकर जब उन्हें संतोख न हुआ तो झाड़ू उठा लाईं और मेरी पीठ पर सात बार झटाझट बरसा दिए! मैं ऐंचकर वहीं बैठ गया—ईह-ईह कर उठा।

वह जब बहुत खुश होतीं तो सूखा या बासी पकवान, सड़ा आम, फटे दूध का बदबूदार छेना या जूठन की बची हुई कड़वी तरकारी देती हुई मुझे कहतीं—बलचनमा, ऐसी अच्छी चीज तेरे बाप-दादा ने भी नहीं खाई होगी।

किसी चीज की कमी नहीं थी। ऊपर से मालिक ढाई सौ रुपया महीना कमाते थे। मलिकाइन के नइहर से भी महीने में दो-एक भार आ ही जाता था। यों तो भार का मतलब है बोझा, मगर सौगात में एक गाँव से दूसरे गाँव भेजे जानेवाले ये भार मामूली ढंग के नहीं होते। बाँस की लचकदार बहँगी कंधे पर होती है, उसके दोनों छोर से लटकते छिक्कों पर दही के छाँछ, चिवड़ा से भरा चँगेरा, केले की घौद, पकवानों या मिठाइयों से भरी डालियाँ, धोती, साड़ी, लहठी[3] या ऐसा ही और भी कुछ डाल दिया जाता है; बस यही भार कहलाता है। इसको लेकर

1. मूँठ, 2. मुँहजला, कलमुँहा, 3. लाख की चूड़ियाँ।

चलनेवाले भरिया कहलाते हैं। तुम इन्हें बोझ ढोनेवाले मजूर समझ लो। मलिकाइन के नइहर से कभी-कभी ऐसा ही भार आता था। सौगात की सारी चीजों को वह टोल-पड़ोस के छोटे-बड़े घरों में बायना के तौर पर बँटवा देती थीं। हाँ, चावल, चिवड़ा, साड़ी, लहठी जैसी वस्तुएँ बायने में नहीं दी जातीं।

दही जब बहुत खट्टा हो जाता था, उससे बदबू आने लगती थी और वह उनके अपने या किसी पड़ोसी के खाने लायक न रह जाता तब मुझे मिलता। मैं उस दही को कुत्ते की भाँति खा लेता। याद आता है कि एक बार जास्ती खट्टा और दुर्गंध रहने से उस दही को नहीं खा पाया तो मलिकाइन ने सजा दी थी–अगले दिन खाना नहीं मिला था।

भैंस चराना मुझे खूब पसंद था। गाँव के बाहर मेरी ही उमर के जब और-और चरवाहे इकट्ठे होते तो हम अपना-अपना दुख भूलकर खूब खेलते। कभी कौड़ी भाँजते, कभी बकरी की सूखी लेड़ियों से सतघरा खेलते, कभी कंकड़ों से कौवाढुट्ठी, मोगल-पठान या बाघ-गोटी का भी खेल चलता। हमारी भैंसें दूब भरे मैदान या चरागाह में चरती होतीं और हम अपने गिरहथ या गिरहथनी की अदगोइ-बदगोइ[1] करते हुए खेला करते। बड़े मालिक का चरवाहा बूढ़ा था, सबूरी मंड़ड़। ठिंगने कद का बूढ़ा धानुक। कान दोनों बुच्च थे। कपार छोटा। आँखें चमकदार, मगर धँसी हुईं। बाल सन जैसे सफेद। अपने पशु की सेवा वह बड़ी ही तत्परता से करता। हमें अपने बीते दिनों की कहानियाँ सुनाते कभी न थकता। खेल में मशगूल पाकर बहुधा हमको वह फटकारता भी।

और जो कुछ हो, मंड़ड़ की दो बातें मैं अभी तक भूल नहीं पाया। एक तो यह कि अपनी भैंस को वह शायद ही पीटता और दूसरी यह कि सगी संतान की तरह उसकी सेवा। उसकी भैंस की आँखों में कभी किसी ने कीचड़ नहीं देखा। हर तीसरे दिन वह उसे तालाब में ले जाकर नहलाता, मुलायम दूबों की नूड़ी[2] से भैंस की पीठ, पेट, पुट्ठे, जाँघ, गर्दन, माथ और पैर को भली-भाँति रगड़ता। इस तरह अपनी भैंस को वह साफ-सुथरी रखता...हम तो खैर थोड़ी ही उमर के थे, जिनकी उमर बड़ी थी उन चरवाहों से भी अपनी भैंसों की ऐसी सेवा पार नहीं लगती।

---

1. नुक्ताचीनी, आलोचना, 2. मोटा ब्रुश।

एक दिन मैं दोपहर के वक्त बड़े मालिक के बथान पर गया। उनके सोलह बैल थे और चार भैंसें थीं। चरवाहे तीन थे। राउत के जिम्मे दो भैंसें थीं। वहीं अलग एक झोंपड़ी में रहते थे। जिस समय मैं उनके पास गया तब वह हुक्का गुड़गुड़ा रहे थे। नारियल की पेंदीवाला इसी तरह का हुक्का मेरा भी बाप पीता था। मैं जाकर उनके पास बैठ गया। आँखें उठाकर अपने नजदीक बैठने का उन्होंने इशारा किया। थोड़ी देर बाद बड़े प्रेम से उन्होंने पूछा—तुम्हारी भैंस का यह सातवाँ महीना चल रहा है न?

हाँ—मैंने कहा—बाबा, यह तुम कैसे जान गए?

इस पर पतली मूँछोंवाले उनके होंठ खिल उठे। सच, जोर से ठहाका लगाते उन्हें कभी नहीं देखा। बहुत हुआ तो खिलखिला पड़े, और तब बिना दाँत के उनके वे लाल मसूड़े बड़े ही सुंदर लगते। हुक्के को खूँटे से टिकाकर और चिलम को उलटाकर मंड़ड़ ने कहा—जिनगी भर तो भैंस ही चराई है, बलचनमा! मैं जब ननिहाल से भागकर यहाँ आया तो बाईस साल का था। तेरा बाप लालचंद तेरी ही उमर का रहा होगा...लच्छन से मालूम होता है कि तेरी भैंस के पेट में सात महीने की पड़िया है।

यह सुनकर मैं दंग रह गया। वह उठकर भैंस के पास जा बैठे। उसके थनों से ऊपरवाली नसों को सहलाते हुए मंड़ड़ बोले—खाली बखत में इधर-उधर भटकना ठीक नहीं, चरवाहे को चाहिए कि अपने पशु के रोएँ-रोएँ को गौर से देखे। लापरवाही से कई तरह के कीड़े पड़ जाते हैं—अठोड़ी, किलनी, जूँ, चिल्लड़... कभी-कभी कुकुरमाछी भी इन्हें तंग करती है। इन बातों का ख्याल चरवाहा न रक्खेगा तो कौन रक्खेगा। इसके अलावा उनके रहने की जगह को साफ और सूखा रखना बहुत जरूरी है...आजकल के चरवाहे हराम का खाते हैं, तभी तो उनका जानवर कलपता रहता है।

उस दिन मुझे ऐसा लगा कि मंड़ड़ भैंस की सेवा करने में बड़े ही होशियार हैं। इनके पास घड़ी-आध घड़ी रोज आकर बैठूँ तो बहुत-सी बातें यों ही समझ में आ जाएँगी। और, तब से जब कभी मुझे मौका मिलता तभी जाकर सबूरी मंड़ड़ के पास जा बैठता। हम एक बिरादरी के नहीं थे। वह थे धानुक, मैं ठहरा ग्वाला। वह थे सबूरी मंड़ड़, मैं था बालचंद राउत, फिर भी दादा-परदादा की तरह वह मुझे

प्यार करते। कहीं कोई खाने-वाने की अच्छी चीज मिल जाती तो उसमें से थोड़ा कुछ मेरे लिए सँजोकर रखते। मुझसे और तो कुछ नहीं होता मगर रात को कभी-कभी जाकर पैर चाँप आता था।

मालिक की नौकरी ऐसी थी कि छुट्टी का नाम नहीं। तब भी छठे-छमाहे आ वह जरूर जाते। दो-चार दिन रहकर जब वह बिदा होते तो इसटीसन तक सामान मुझे ही पहुँचाना पड़ता। चमड़े का छोटा-सा सूटकेस, होल्डाल में बँधा हुआ बिस्तरा। यह दोनों सिर पर और हाथ में टिफिन-कैरियर। रामपुर से मधुबनी अढ़ाई कोस पक्का पड़ता है। उठते-बैठते किसी तरह मैं पहुँचा। गरदन टूट जाती। पसीने से सारी देह तर हो-होकर सूख चुकी होती। और इतने पर भी जब मालिक की गाड़ी पलेटफारम छोड़कर खिसकने लगती तो दो पैसे मेरी ओर फेंककर वह कहते–ले, मूढ़ी या चना खरीद लेना, फाँकते-फाँकते घंटे भर में घर पहुँच जाएगा।

मन करता कि उन पैसों को वहीं पलेटफारम पर ही छोड़कर चल दूँ! इतनी मेहनत का यह दाम! आखिर मैं वह पैसा उठा लेता। पैसे का चना और पैसे की बीड़ी। किसी तरह घर पहुँचता और माँ के पास धम्म से जा गिरता।

माँ मेरे बाप की ब्याही औरत नहीं थी। पहले ब्याह की औरत जब मर गई तो बाबू कुछ रोज कलकत्ता रह आया था। बाद में जिस विधवा से समंध[1] हुआ वही थी मेरी माँ। दादी को भैंस चराने का काम, मेरा यह काम पसंद नहीं था। बहन थी छोटी, उसकी राय का कोई सवाल ही नहीं। हमारे पास कुल सात कट्ठा जमीन थी। मझले मालिक सौ कसाई के एक कसाई थे। बाबू के मरने पर बारह रुपए माँ को उन्होंने कर्ज दिए थे। बदले में सादे कागज पर अँगूठे का निशान ले लिया था। सूद देते-देते हम थक गए, मूर ज्यों का त्यों खड़ा था। छोटी मलिकाइन दुअन्नी के हिसाब से साल भर का दरमहा डेढ़ रुपैया देती थीं, उतने से क्या होता...

जाड़े की रात हमारे लिए परलय की डुगडुगी बजाती आती थी। गर्मी के दिन जैसे-तैसे कट जाते, मुदा जाड़ा से निबटना बड़ा ही मुश्किल होता। गुदड़ी-कथड़ी भी ओढ़ने को अगर काफी न हो तो पूस-माघ की ठंडी रात यमराज की बहन साबित होती है। जलावन के लिए लकड़ी भला हम लाते ही कहाँ से, हाँ दादी

---

1. संबंध, पुनर्विवाह।

ने दो बकरियाँ पाल रखी थीं, उनकी सूखी लेड़ियाँ ताप-तापकर हम रात काटते। मालिकों के पास न लकड़ी की कमी, न घास-फूस की। गोइठा (कंडा), गोरहा (बड़े आकार का कंडा) भी उन्हीं के पास होता जिनके माल-जाल हों। माल-जाल के नाम पर हमारे यहाँ दो बकरियाँ थीं। आम, लताम (अमरूद), जामुन, कटहर, खीरा, कुसियार (गन्ना), ककड़ी, तरबूजा और खरबूजा...हमारा पेट भरने में इनसे काफी मदद मिलती। दादी अँधेरे में निकल जाती और मालिक के बाग से आम ले आती। गन्ना और दूसरे मौसमी फलों का यही हाल था। छोटी चीजें चुराने में मेरी दादी कमाल करती थी। वह कभी नहीं पकड़ी गई। माँ से यह काम नहीं होता था।

गाँव के बाहर जाड़े के दिनों में हर साल मालिकों का कोल्हू गड़ता। हमारे गिरहथों के यहाँ गन्ने की खेती कम नहीं होती। मैं अपनी छोटी बहन को लेकर रात को कोल्हुआड़ में ही बिताया करता। गन्ना खा-खाकर पेट भर लेना और भट्ठी की आँच से गरमाकर सो जाना। डेढ़-दो महीने तक हर साल जाड़ों में हम ऐसा ही करते।

मझले मालिक की निगाह हमारे उन थोड़े से खेतों पर थी जिनमें मड़आ उपजाकर तीन-चार महीने का खर्चा हम निकालते आए थे। उन्होंने सोचा—लौंडा अभी छोटा है। जमाने का रंग-ढंग अच्छा नहीं। कमाने लायक होने पर कटिहार या कलकत्ता कहीं न कहीं जरूर भाग जाएगा, फिर कोई इसका क्या कर लेगा! अभी तो खैर इस औरतिया का अँगूठा निशान अपने कब्जे में है...

सोच-समझकर एक दिन मझले मालिक ने हम तीनों को बुलाया। वहाँ गाँव के बूढ़े पंडित भी बैठे थे। आधा पीतल और आधा लोहे से बना सरौता मालिक के हाथ में था। वह सुपारी कतर रहे थे। कुछ बारीक कतरा पंडितजी की ओर बढ़ाते हुए उन्होंने कहा—ललचनमा जब तक जिया, जी-जान से मेरी सेवा उसने की और इनको तो देखिए—

पंडितजी ने सुपारी फाँक लिया। फिर टूटे डंठलवाले चश्मे को नाक पर से हटाकर कपार पर चढ़ाया। मेरी ओर तनिक देर गौर से ताकते रहे। तब जाकर बोले—जसोधर बाबू, छोकड़े के रोआँ-रोआँ से नमकहरामी टपकती है। देखो न कैसे मुलुर-मुलुर ताकता है।

इस पर मझले मालिक ने कहा–हाँ गुरु, बड़ा ही पाजी है। कभी पकड़ में नहीं आता। पाहुना आए थे, उनका नौकर बीमार पड़ गया। मैंने इस ससुर को कहला भेजा कि आकर मेहमान की मालिश कर जाए। साला आया ही नहीं...

मैं कुछ नहीं बोला। मेरी ओर से दादी बोली।

उसने कहा–कल का बच्चा है बाबू? दिन-भर का थका-माँदा, चूर-चूर, रात को बेसुध होकर सो जाता है।

चुप रह कुतिया–मालिक गुर्राए। पंडितजी ने सिर हिलाया और गुनगुना उठे–राड़ं एड़ं पवित्रं हूँः।

लेकिन मझले मालिक को अपना मतलब गाँठना था। अपनी बोली में मिठास घोलकर मेरी माँ से उन्होंने कहना शुरू किया–बलचनमा की माँ! तुम्हें तो याद होगा, बेर-बखत में हम कभी पीछे नहीं रहे। दो की जरूरत पड़ी तो तुम्हें चार दिए, पाँच की जरूरत पड़ी तो तुम्हें दस दिए। जैसे अपने परिवार के प्राणी हैं तुम लोगों को हमने वैसा ही समझा। हाँ, काम-काज की भीड़ रहती है। खयाल नहीं रहता है। कभी-कभी तुम्हारी बात पर ध्यान नहीं भी जाता है, मानता हूँ, मगर महतो और बहिया आखिर बाप-बेटे ही तो होते हैं। दूसरा काम नहीं आता है। कान भरनेवालों की कमी नहीं है...इतना कहकर मालिक ने पलकों से इशारा करके मुझे अपने नजदीक बुला लिया। मेरे सिर पर हाथ फेरते हुए वह बोले–तुम्हारे दिन, बलचनमा की माँ, अब लौटने ही वाले हैं। बड़ा कमासुत निकलेगा बेटा। अपने बाप का नाम उजागर करेगा। भगवान करेंगे, तुम्हारे सारे मनोरथ पूरे होंगे। बाकी, थोड़ा दिन और धीरज से काम लो...

माँ की समझ में नहीं आ रहा था कि इतना कुछ कहने का आखिर मतलब क्या है। भीतर-ही-भीतर काँप उठी। दादी चुपचाप बैठी थी। पंडितजी तम्बाकू चुना रहे थे। मैं खम्हेली के सहारे, वहीं मालिक के नजदीक खड़ा था।

पंडितजी बोले–जो बहिया, महतो को प्रसन्न रखता है उसके लिए स्वर्ग में अमृत की धार बहती है। अरे जसोधर बाबू, मिट्टी का ठहरा शरीर, गिरता है तो खाक हो जाता है। समझदार वह है जो इस चोले को पाकर कुछ कर जाता है...मान लीजिए आपको बित्ता-आध बित्ता जमीन की जरूरत है और बलचनमा की माँ उतनी जमीन आपको दे देती है तो होता है क्या?

हम सभी ने भक्कू की भाँति पंडितजी की ओर देखा। मालिक की भी नजर उन्हीं पर थी। वह सुर्ती खा चुके थे। लड़खड़ाती जीभ से एक-एक शब्द पर डबल जोर देते हुए उन्होंने कहा–होता है क्या?

इस पर मालिक से चुप नहीं रहा गया। वह बोले–अरे होगा क्या? आपस की बात है। एक का भात दूसरे की दाल, एक की रोटी दूसरे की भाजी। मतलब यह है कि किसी तरह काम चलना चाहिए।

तब मालिक ने एक बार मुझे, एक बार माँ की ओर, एक बार दादी को गौर से देखा। हमारे चेहरे पर कोई खास भाव नहीं था। सूखे कोहड़ों के लिए क्या बसंत, क्या सरदी! हमारे अंदर का अंदाजा पा चुकने पर मझले मालिक ने कहा–कल बुधवार है, परसों बृहस्पति। बलचनमा की माँ, जरा खजौली चलना होगा। तुम्हारे घर से पच्छिम हमारा जो भिट्ठा खेत पड़ता है उसमें करेवी आम के कलम लगाना चाहता हूँ, तुम्हारी कुछ जमीन वहीं पड़ती है। वह अगर दे दो तो खेत बिलकुल चौकोर हो जाएगा।

माँ कुछ नहीं बोली। दादी भी चुप थी। मैं कुछ ज्यादा समझ ही नहीं सकता था। सुरती थूककर बूढ़े पंडितजी ने अपनी बड़ी-बड़ी आँखों को नचाया। फिर मेरी ओर मुड़ करके बोले–क्या होता है उसमें? कभी चार सेर मड़ुआ, कभी सेर भर सुथनी, कभी पाव भर अल्हुआ...मैंने तो तुम्हारी ऊसर टुकड़े में दूब भी उगते नहीं देखा।

अब दादी से न रहा गया। लपककर उसने मालिक के दोनों पैर पकड़ लिए। भर्राई आवाज में कहने लगी–नहीं सरकार, ललुआ की कमाई का निशान है वह खेत। उसे न छीनें। क्या कमी है आपको...

मालिक ने 'हट-हट' कहते हुए अपने पैरों को हटा लिया। कुछ देर तक वह घूरकर हमारी ओर देखते रहे। फिर बोले–दो कट्ठा के बदले चार कट्ठा देने को तैयार हूँ, धनहर खेत। तुझसे सपरेगा?

इस पर मेरी माँ ने मुँह खोला–गिरहथ, यह जमीन घर के नगीच पड़ती है। मकई या मड़ुवा जो चाहें छीट दें, बो दें, कुछ न कुछ हो ही जाता है। निगाह के सामने रहने से अगोरने का इंतजाम अलग से नहीं करना पड़ता है। बलचनमा अभी बच्चा है। कौन सँभालेगा?

मालिक उठे और छप्पर की ओलती से लटकते खढ़ को खोट लिया और फिर बैठ गए। खढ़ की उसी टुकड़ी से कान खोदते-खोदते कहा—अरे, मैं सब कर दूँगा। जहाँ इतनी खेती-बाड़ी होती है वहाँ तुम्हारा दो-चार कट्ठा भला क्यों न आबाद होगा? हाँ, हल-बैल, बीज पर जो मजूरी न दे सके तो उतने का रकम जोड़कर कागज पर मैं कहीं टीप लूँगा...भगवान जो करते हैं, अच्छा ही करते हैं।

मैंने मन ही मन सोचा—अच्छा तो भगवान करते ही हैं। चार परानी का पलिवार[1] छोड़कर मेरा बाप मर गया, यह भी भगवान ने ठीक ही किया। भूख के मारे दादी और माँ आम की गुठलियों का गूदा चूर-चूर कर फाँकती हैं, यह भी भगवान ठीक ही करते हैं। और, सरकार आप कनकजीर और तुलसीफूल के खुशबूदार भात, अरहर की दाल, परवल की तरकारी, घी, दही, चटनी खाते हैं, सो यह भी भगवान की ही लीला है। चौकोर कलमबाग के लिए आपको हमारा दो कट्ठा खेत चाहिए और हमें चाहिए अपने चौकोर पेट के लिए मुट्ठी भर दाना।

अच्छी तरह मुझे याद नहीं है कि माँ को जबरन कैसे राजी किया गया, लेकिन मझले मालिक का कलमबाग आखिर चौकोर हो ही गया। बदले में बटाई के तौर पर धान का खेत तो कौन कहे, अँगूठे का वह पुराना निशान भी वापस नहीं मिला। कहा गया कि मिल नहीं रहा है, कागजात के नीचे तुम्हारा वह छोटा-सा पुरजा कहीं दब गया है। अरे मेरा न सही, भगवान का भरोसा तो करो...

छोटी मलिकाइन के यहाँ से फुरसत मुझे बहुत ही कम मिलती थी। भैंस के चरवाहे दोपहर का समय खूब आराम से बिताते हैं। लेकिन मैं तो सिर्फ चरवाहा ही नहीं था, उनका बहिया भी था। मेरी हड्डी-हड्डी, नस-नस और रोएँ-रोएँ पर उनका मौरूसी हक था। पोसने-पालने, सड़ाने-गलाने और मारने-पीटने का भी उन्हें पूरा हक था! दोपहर का खाना खाकर जब मैं बैठता कि अंदर से खवासिन आवाज देती—बलचनमाऽऽऽऽ, कहाँ गया रेऽऽ, अरे बलचनमाऽऽ, कोढ़िया बोलता भी नहीं, कहाँ मर गया!

थकावट के मारे चूर-चूर रहता मैं। ऐसा मन होता कि कलमुँही का जाकर मुँह नोंच लूँ। वह खवासिन बड़ी मुँहफट थी। मलिकाइन के नइहर की रहनेवाली, देखने में खूबसूरत। गोरी और छरहरी। दोनों बाँहों पर बाँसुरी बजाते हुए बाँके

1. परिवार।

बिहारी कृस्न गोदे हुए थे। ठोड़ी पर बाईं ओर तिल गोदा हुआ था, कपार पर बिंदी। गरदन में चाँदी की मोटी हँसुली थी। बाँहों में बाजूबंद थे, नाक के छेद में सोने का छक (कील) था। कलाइयों में लाह की मोटी-मोटी चार लहठियाँ बड़ी भली लगती थीं। पैर खाली थे। हाँ, उन पर पीपल के पत्ते की शकल का गोदना गोदवा रक्खा था। चौड़े पाट की साफ साड़ी पहनकर जब वह बाहर निकलती तो और भी खूबसूरत लगती। और तो नहीं कुछ, मखौल और ठिठोली उससे सब करते थे। मझले मालिक का लँगड़ा खबास तक इसमें नहीं चूकता। और वही जब कोढ़िया कहकर मुझे पुकारती तो मन करता कि झपटकर उसका थूथन नोंच लूँ...। छन भर भी मेरा बैठना उसे बरदाश्त नहीं था। कुछ काम नहीं रहता तो भी फिजूल की बातों में वह मुझे उलझाए रहती–बलचनमा, दूकान जाकर देख तो आ कि नहाने का साबुन आया है या नहीं। कभी कहती, बखार के अंदर घुसकर देख कि नेवले ने वहाँ अड्डा तो नहीं बनाया है। कभी उसका हुकुम यों होता–बलुआ पाठक की हवेली के अंदर जो बगिया है, उसमें मेहँदी के झाड़ हैं, तुम्हारी मलिकाइन के हाथ और पैर कई दिनों से सूने पड़े हैं। जा, मेंहदी के पत्ते ले आ।

सभी बात में मलिकाइन का ही वह नाम लेती। ढीठ वह इतनी थी कि अकेले में पाकर कितनी दफे इन गालों को उसने चूम लिया होगा। हमारे छोटे मालिक का उससे लगाव-संबंध था कि नहीं, यह बतलाना मेरे लिए कठिन है। लेकिन इतना मैं कहूँगा कि थी वह बड़ी चालाक। साफ था, जिस आबोहवा में पल-पुसकर वह बड़ी हुई थी उसमें कई हाथों की फेरी रही होगी। चाँदी के गहने उसके खूबसूरती के गवाह थे। चुलबुलापन कूट-कूटकर भरा था उसमें। मलिकाइन के लिए वह दाहिना हाथ थी।

पीछे मैंने भैंस दुहना भी सीख लिया था। सबूरी मंड़ड़ मेरे गुरु थे। दूध काफी होता था। मगर नई-नई बिआई भैंस का दूध पतला होता है। उससे मक्खन बहुत कम निकलता है। दूसरी बात यह है कि सूखे दिनों की कड़ी घास और बरसात की मुलायम घास में बहुत फर्क है। भैंस आठ-दस महीने के बाद बकेन हो गई। फिर दूध जास्ती से मीठा होता गया। तिस पर जेठ-बैसाख की कड़ी घास तो बकेन भैंस के दूध को और भी मीठा बनाती गई। गरमी के दिनों में भैंस दूध कम जरूर देने लगी मगर उसमें मक्खन अधिक रहता था।

झूठ मैं नहीं कहूँगा कि उनके यहाँ दूध-दही खाने को मुझे कभी नहीं मिला। मिला क्यों नहीं, लेकिन सिनेह और जतन से नहीं। अमृत भी अगर दुतकारकर मिला तो क्या मिला? उस मिलने से न मिलना लाख गुना अच्छा।

हमारे तरफ छोटी जातवाले बड़ी जातवालों का जूठन खुलकर खाते थे। अब पंचायत ने जूठन खाना और भार ढोना रोक दिया है। पर मैं तो यह बहुत पहले की बात कह रहा हूँ। बचपन में गिरहथ लोगों की बहुत जूठन मैंने खाई है। बल्कि यों कहूँ कि अच्छी चीज जो भी खाई होगी वह बाबू लोगन की जूठन ही रही होगी। इन लोगों के यहाँ दामाद, बहनोई, समधी या ससुर जैसे मेहमान आते ही रहते थे। उनके आने पर बढ़िया-बढ़िया चावल कोठार से निकलता। अरहर की पुरानी दाल निकलती। कुंजड़ा से कहकर अच्छी से अच्छी तरकारी मँगवाई जाती। मल्लाहों से अपने तालाब में रोहू मछली पकड़वाई जाती। दही, दूध, घी का तो कहना ही क्या! इस तरह मालिक के घरों में 'महामहोच्छव' होता रहता। ऐसे अवसरों पर हम अभागों का भाग्य चमक उठता। कायदे के अनुसार मेहमानों के आगे खाने-पीने की सामग्री अधिक ही रक्खी जाती थी। वह आधी या चौथाई ही खा पाते। बाकी जो बचता उससे हमारे जैसों की जीभ का सराध होता। ओह! जिस दिन मेहमान आते उस दिन मेरी दादी कितनी बेचैनी से उनके जूठन का बाट जोहती! उनके खा लेने पर जूठन बटोरकर दादी ले आती। मैं भी बुलाया जाता। हम सभी उस जूठन को घेरकर बैठते। सबको अपना-अपना बखरा मिलता। खाते समय दादी बतलाती जाती—यह कटहल का बड़ा है, यह सहिजन का अचार, यह रोहू की पेटी, और देखो न, खटमिट्ठी कैसी अच्छी है! यह मझले मालिक के ननिहाल से आई थी। अरे वाह, कनकजीर चावल का भात कितना मीठा गमक रहा है! दाल से घी की खुशबू आती है...मगर मलिकाइन का हाथ छोटा है। खुलकर जब परोसती ही नहीं तो बेचारा मेहमान क्या खाएगा और क्या बचाएगा?

मैं गाँव छोड़कर जब से बाहर निकला हूँ तब से दो ही एक बार जूठन खाई होगी। पर उन दिनों मालिक के यहाँ मेहमानों की जूठन पा जाना भाग की ही बात थी क्योंकि मालिकों की तरह बहियों के भी अनेक परिवार थे। उन्होंने आपस में घर बाँट रक्खे थे। हमारे हिस्से में छोटे मालिक पड़ते थे। कभी-कभी यह सीमा

टूट भी जाती थी। ऐसा तभी होता जब मूड़न, छेदन, जनेउआ, शादी-ब्याह, बूढ़ों का सराध वगैरह आ पड़ता। काम-काज के उस भीड़-भाड़ में एक मालिक के यहाँ बहिया खानदान के सभी मिलकर खटते थे।

मालिकों की चार पट्टियाँ थीं। पुरानी हवेली बड़े मालिक के हिस्से में पड़ी थी। मझले और सझले (तिसरके) मालिकों ने मिलकर उस पुरानी हवेली की मरम्मत करवा ली थी जो उनके निपूती चचा की थी। और इधर पंद्रह-बीस साल से ढंढमंढ पड़ी थी।

छोटे मालिक ने अपने लिए एक हवेली अलग बनवाई। यह थोड़ी ही जगह को छेंककर बनाई गई थी। यही कोई दो बीघे की। बीच में आँगन, चारों ओर घर। इन घरों के चार-चार छप्पर थे। छप्पर को हमारे यहाँ चार कहा जाता है। कच्ची ईंटों की दीवारें खड़ी कर उन पर दो-दो धरनें डाल दी गई थीं। धरनों पर छोटे-छोटे खंभे थे, खंभों के सहारे मुड़ेरे पर लंबी बड़ेरी पड़ी थी। कीलों ठुकी साखों की कड़ियों पर चार टिके हुए थे। मालिकों को न बाँस की कमी थी न लकड़ी की। घास-फूस, खढ़खढ़ी, सरपत-सावे किसी ऐसी चीज का अभाव वहाँ नहीं था जिसकी जरूरत घर बनाने में होती है। चौखटें सीसम की। किवाड़ थे कटहल की लकड़ी के बने। देखने में पीले, बनावट के अच्छे यह किवाड़ बड़े ही अच्छे लगते थे। आँगन की ओर चारों घरों में ओसारे थे। आँगन के दच्छिन-पूरब कोने में तुलसी का चबूतरा था, वहीं हनुमानजी की धुजा गड़ी हुई थी। लाल पताका पर लंबी लंगूरवाले महाबीरजी सफेद कपड़े से सी दिए गए थे। हाथ में टेड़ी-सी गदा थी। उत्तर और पूरब के कोने बाहर निकलने का रास्ता था। दरवाजे पर भी किवाड़ थे। बंद कर लेने पर घर और आँगन मिलकर हवेली को एक अलग संसार बना देते थे। दरवाजे से सटा हुआ सुंदर दालान था। उसके अंदरवाले दो कमरों का हवेली के पुबरिया घर से भीतर ही भीतर संबंध था। बरसात के दिनों में पाहुनों को अंदर जाने के लिए सुभीता था। घूमकर सदर दरवाजे से जाने पर भीगना होता लेकिन अंदर का दरवाजा खोल देने पर तुम हवेली पहुँच जाते। दालान के सामने खुली जगह थी। बाईं ओर बड़े-बड़े बखार थे। बैठक में एक ओर चार-चार पहियोंवाली बड़ी-बड़ी संदूकें पड़ी थीं जिनमें पुराने जमाने के बेढंगे खुरदरे ताले लटक रहे थे। दूसरी ओर दो तख्तपोश थे, उनमें से एक पर बीचोबीच शतरंज

का घर खुदा हुआ था। अंदर कमरों में छोटे-छोटे दो खपसूरत (खूबसूरत) पलंग खड़े थे।

हवेली के उत्तर मवेशीखाना था। लकड़ी का लंबा नाँद रखा था जिसके दोनों तरफ चार-चार खूँटे ठुके हुए थे। जरा हटकर सीमेंट की गहरी और गोल हौद बनी थी, उसके भी दोनों ओर दो खूँटे गड़े थे। यह भैंसों के लिए था। उन आठ खूँटों में बैल बाँधे जाते थे। बैलों की सेवा मुझे नहीं, हलवाहों को करनी पड़ती थी। गाय वहाँ एक भी नहीं थी। बड़े घरों में गाय रखना दलिद्दर समझा जाता है। जिन्हें भगवान ने पालने-पोसने की सामर्थ दी है, उनके यहाँ तुम भैंस ही पाओगे।

हमारे मालिक की पट्टी में दिखावा कम था मगर रुपइया-पइसा जास्ती था। गाड़कर रखे हुए थे। दस हजार का लहना-तगादा चलता था। खानेवाले सात ही मुँह थे। उपज थी हजार मन की। मलिकाइन बड़ी चालाक थीं। भादो-आसिन में वह अपने बखार खोलतीं और चढ़े दाम पर सारा धान बेच लेतीं। डेढ़-दो सौ मन ड्योढ़े-सवाए पर भी लगातीं। देते समय का बटखरा लेते समय गायब बतलाया जाता। एक बार फूदन मिसर की विधवा औरत पूस में धान वापस करने आई थी। बराम्हनी ने टोकरी में ढो-ढोकर मलिकाइन के सामने धान का ढेर लगा दिया और कहा–तौलकर लाई हूँ, साढ़े सात मन से कुछ जास्ती ही है। फिर भी मलिकाइन, आप तौलवा लीजिए!

उस बखत गिरहथनी हाथों में मेंहदी लगाए हुए थीं। मुझे अंदर बुलाया और कहा–जा, जूगल कामत को बुला ला। वह तौल भी लेगा और बखार में डाल भी देगा।

जूगल कामत केवट थे। छोटे मालिक ने दस कट्ठा (बिस्वा) खेत दे रखा था। इसी घर से उनकी परवरिस होती थी। इन्हीं के यहाँ मजूरी-बनिहारी करके बेचारे का निरबाह होता था। अकाल-बिकाल, बेर-कुबेर, रात-बिरात, समय-कुसमय जभी जरूरत पड़ती, मलिकाइन कामत को बुलवा लेतीं। कर्ज और गुलामी में सिर से पैर तक डूबा हुआ यह आदमी मलेरिया की हड्डीतोड़ बीमारी में गल-पचकर जब मरा तभी छुटकारा पा सका।

जूगल को मैं बुला लाया। मलिकाइन ने उससे कहा–उतरबरिया (उत्तरवाले) घर में बटखरा पड़ा है, तराजू भी वहीं है। लाकर तोल लेना यह धान।

कामत सफेद पत्थर की गोलमटोल पनसेरी से जब तौलने लगे तो ठुड्डी हिलाकर बराम्हनी (ब्राह्मणी) बोली–ऊँ हुँ! यह नहीं है वह बटखरा जिससे तौलकर मिला था...ऊँ हुँ...

हँ ऽ ऽ ऽ! सच बघारने आई है–गरजकर मलिकाइन ने कहा–देखो तो कामत, फूदन मिसर की यह विधवा क्या बक रही है? जब पेट जलने लगता है तब तो आ-आकर नाक रगड़ती है, ईसर-परमेसर, अनपुर्ना-लछमी जाने क्या-क्या बनाकर पैर पकड़ती है! मौके पर न दो धान तो समूचे गाँव को बरमबध (ब्रह्मवध) लगेगा, दो तो लौटाते समय...फटता है! सँइयाडाही, कहती है कि बटखरा बदला हुआ है!!

फिर ताव में आकर मलिकाइन ने मेंहदी लगे अपने हाथों को दच्छिन की ओर फैला लिया और चिल्ला उठीं–दुहाई गंगा मइया की! छटाँक-आधा छटाँक जान के लिए जो मैंने बटखरा बदला हो तो मेरा सत्यानाश हो नहीं तो झूठ-मूठ का कलंक लगानेवाली इस राँड़ का सींथ अगले जनम में भी ख़ाली का खाली रहे...

मोसम्मात बेचारी चुप रही, और चारा ही क्या था? हर साल जेठ-अखाढ़ में वह यहीं आकर हाथ फैलाती थी। उसने जी को कड़ा कर लिया–पसेरी-दो पसेरी धान यह अधिक ही ले लेगी तो क्या? घटेगा तो देना भी इसी को पड़ेगा न?

मलिकाइन की ओर वह घूरकर रह गई। तौलना खतम हो चुका था। सात मन दो पसेरी हुआ। झख मारकर बेचारी टोकरी भर धान और ले आई। दो पसेरी तौल लेने पर थोड़ा-सा धान टोकरी में बच रहा। जूगल ने हाथ से हाथ ठोंककर धूल झाड़ी, फटे-मैले अँगोछे से मुँह-कान पोंछा। अँगना के किनारे जाकर खखार आया और ब्राह्मणी से कहा–ले जाइए मिसराइन, यह धान बचा है।

गिरहथनी ने टोका–अरे, ले कहाँ जाएँगी? पाव-आधा पाव भी क्या कोई चीज है। जाओ, यह भी बखार में डाल आओ। हमारे यहाँ पड़ा रहेगा तो समय पर इनके ही काम आएगा नहीं तो फाजिल अनाज ये लोग छींट-टाँट डालते हैं।

रंज और गम के मारे मिसराइन का चेहरा स्याह पड़ गया था। उलटकर टोकरी को जोर से उसने झाड़ दिया और झपाटे से निकल गई। आँगन से निकलकर उसने कहा था–हे भगवान्! इनका पेट है कि अगम कुआँ! इतना धन, इतनी संपदा! फिर भी संतोख नहीं!

ऐसे ही करिमबक्क्स (करीमबख्श) को भी एक बार मैंने छिलमिलाते देखा था। बसंत पंचमी का दिन, शाम होने में तनिक देर थी। वह और उसका बेटा दो टोकरी धान लाए। उस रोज मलिकाइन ने खुद तौला था। वही सफेद पत्थरवाली पनसेरी थी। तराजू मगर दूसरा था। तीन मन में एक पनसेरी धान कम हुआ। शेख हाय-हाय करने लगा–सरकार, हम तो दो सेर ज्यादा ही लाए थे। घट कैसे गया?

उनकी दाढ़ी के नजदीक अपने दाहिने हाथ को चमकाती हुई मलिकाइन गुर्रा उठीं–सुगरखौका, लाज-शरम तुझे छू तक न गई लेकिन मुझे तो भगवान का डर है...वही बटखरा, वही तराजू। वही तू और वही मैं...फिर हाथ के अँगूठे और बिचली अँगुली को टेढ़ी करके मलिकाइन ने ऐसा अभिनय किया मानो करिमबक्कस की दाढ़ी नोंच लेंगी।

इस तरह की कई बातें मुझे याद हैं। उनके यहाँ काम करनेवालों की कमी तो थी नहीं। मजदूरी में अच्छा दाना नहीं मिलता था। झख मारकर मजदूरों को लेना तो पड़ता ही। दिनभर काम कराके कच्ची तौल से तीन सेर खेसाड़ी या जौ या मड़ुआ मिलता। दाने हलके और कभी-कभी घुन लगे होते। कभी-कभी धान भी मिलता था। डेढ़ पहर काम कर चुकने पर पाव भर पिसान से बनी मड़ुआ की रोटी पनपिआइ (नाश्ता) मिलती।

धान रोपने के दिन बड़ी चहल-पहल के होते थे। उत्तर बिहार के कई जिलों में धान की फसल काफी अच्छी होती है। वहाँ की खास फसल धान ही समझ लो। दरभंगा जिला तीन डिविजनों (तहसीलों) में बँटा हुआ है–सदर, समस्तीपुर और मधुबनी। सदर और मधुबनी धान की अपनी अच्छी फसल के लिए मशहूर हैं। बरखा (बारिश) उधर बैसाख के अंत से ही शुरू हो जाती है। रोहिनी नछत्तर (नक्षत्र) में कोसों फैले खेत धान के नए-नए पौधों से हरे समुंदर की भाँति लहराते हैं। आँखों को तर करनेवाली वैसी हरियाली तुम्हें और कहाँ मिलेगी! यह पौधे महीना-डेढ़ महीना में बड़े हो जाते हैं, हाथ-हाथ भर के। तब तक निचली सतह के खेतों में जोत-जोतकर किसान कादो किए रहते हैं। असाढ़ में धान के छोटे पौधे उपाड़-उपाड़कर लोग इन्हीं खेतों में रोपना शुरू करते हैं। धान रोपने का यह सिलसिला सावन तक चलता रहता है। हाँ, ऐसा वहीं होता है जहाँ बारिश काफी

होती है। हमारे यहाँ नहर का इंतजाम नहीं है। इन दिनों हर काश्तकार की कोशिश यही रहती है कि पहले उसी के खेतों में धनरोपनी हो जाए। बनिहारों और खेत मजदूरों की मदद के बिना ऐसा होना असंभव है। छोटे-बड़े सभी गिरहथ (गृहस्थ) इसी से धान रोपनेवाले मजदूरों को चार सेर की मजूरी देते थे, और यह भी कि मेड़ पर बैठाकर दाल-भात, तरकारी-अचार खिलाते थे।

मलिकाइन अपनी खेती को सँभालने के लिए नइहर (मायके) से मजदूर मँगवा लेती थीं। काम की निगरानी के लिए दूर के रिश्ते का भाई साथ आता। रामपुर के पड़ोस में दो छोटी-मोटी बस्तियाँ मुसहरों की थीं। साँवला रंग, ठिंगना कद, गोल माथा, छोटी- छोटी आँखें, दीया जैसी नाक—मुसहर होते हैं; मगर मजबूत काठी के। मेहनती और ईमानदार। थोड़े में ही संतोख करनेवाले। मगर मुसहरों की दो बस्तियों से क्या होता? वहाँ आस-पास पचासों काश्तकार और कई जमींदार बिछे पड़े थे। धान रोपने के दिनों में मजदूरों की कमी पड़ जाती। हमारे मालिक की औकात के लोग अपने ससुराल-ननिहाल से कमकर मँगवाते नहीं तो ठीक बखत पर काम सपरना मुश्किल होता।

मलिकाइन इन दिनों अपनी मुट्ठी जरा खोल देती थीं। आम और मिर्च का अचार भंडार से निकल आता। लगातार कई दिनों तक तीस-तीस, चालीस-चालीस आदमियों की रसोई होती। बैलगाड़ी पर चटाई बिछा दी जाती। उस पर केले के पत्ते। फिर भात डाल दिया जाता। पीतल के बड़े हंडे में दाल, टोकरी में तरकारी और अचार। खेतों के बीच-बीच गुजरनेवाले बाँध पर जाकर गाड़ी खड़ी हो जाती। साहड़ के तले दूब पर बैठकर मजूर खाना खाते और फिर रोपनी शुरू होती।

मेरा भी मन मचलता कि मजूरों के साथ जाकर धान रोपूँ मगर नहीं। सुबह-सुबह भैंस चरा आने के बाद बथान साफ करना पड़ता। आठ बैल थे। भैंसें अब दो ही रह गई थीं। मलिकाइन के भाई घोड़ा पर चढ़के आए थे। सो, उसकी जगह भी लीद से भरी रहती। मैं नहीं तो और कौन साफ करता? अपनी भैंसों का गोबर-मूत उठाना भला क्यों अखरता? लेकिन बैलों की जगह साफ करते समय मेरा रोआँ-रोआँ मलिकाइन को गालियाँ देता। गोबर-गोंत (मूत), कीचड़ और लीद उठाकर उन जगहों पर बालू डाल देता ताकि आराम से मालजाल वहाँ बैठ सकें।

इसके बाद बासी भात या मड़ुआ की गरम रोटी कलेवे में मिलती। अच्छी तरह निगलकर शायद ही कभी खा पाता होऊँगा क्योंकि मलिकाइन और खबासिन का हुकुम पर हुकुम छूटता रहता—बलचनमा, जा दौड़, तालाब की मछलियाँ नाले से निकलकर भाग रही हैं; बलचनमा, कलमबाग में वह देख कोई आम तोड़ रहा है; बलचनमा, अरे वह किसकी गाय मूँग चर रही है...लगता था कि एक ही बलचनमा बीस शरीरधारी है और एक ही समय में बाखूबी बीस काम कर सकता है। खबासिन खा-खाकर खूब तगड़ी हो गई थी, सबसे अधिक गुस्सा मुझे उसी पर आता—ससुरी मलिकाइन की सौत बन गई है! जिसकी अपनी कोख सूनी हो वह क्या जाने कि बच्चों का मोह क्या होता है। उसे क्या पता है कि चौदह-पंद्रह साल का बलचनमा बोतल झा (पहलवान) नहीं है। खुद हरामजादी सुअर की तरह मोटी हो गई है, चला तक नहीं जाता और मुझ पर हुकुम चलाती है! बस चले इसका तो मेरे कंधों पर सवार होकर...

कभी-कभी खबासिन चिंग्घाड़ मारकर रो पड़ती थी। कोंचा[1] खोलकर नंगी हो जाती और हाय बाप हाय बाप करती हुई जीभ निकालती। बोलती—ही ही ही ही मैं काली हूँ, पोखर पर जो बौना पीपल है उसी पर रहती हूँ, खा जाऊँगी समूचा गाँव। बकरा दो बकरा...

मलिकाइन चीखकर दोनों हाथ जोड़ लेतीं—दुहाई भगवती की, सुखिया (नाम) का भूत भगा ले जाइए। दो कुँआरी लड़कियों को आपके निमित्त खीर-पूड़ी खिलाऊँगी—फिर मेरी ओर मुँह करके कहतीं—बलचनमा, दामो ठाकुर को बुला ला।

दामो ठाकुर तांत्रिक थे। झाड़-फूँक, पूजा-पाठ, टोना-टापर सब करना जानते थे। लाल रंग की धोती, लाल अँगोछा, कपार पर सिंदूर का लाल टीका। चोटी के बाल बहुत बड़े थे, इतने बड़े कि खोल देने पर पीठ के पीछे कमर तक लटक आते। चोटी के आधे बाल हमेशा बँधे रहते। साल में छह महीने वह बाहर रहते और छह महीना घर। गले में हाथी के दाँतों को तरासकर बनाए गए दानों की माला थी—लाल रेशम से गूँथी हुई। सुमेर की जगह उसमें ऐसा दाना था कि जो दोमुँहे बाघ की तरह था। तांत्रिकजी की दाईं बाँह पर काले धागे में गूँथा हुआ बड़ा-सा मूँगा बँधा था। कानों के छेद में से कुंडल की जगह रुद्राक्ष लटक रहे थे।

1. नीबी, साड़ी की गाँठ (कमर के पास)।

तीन जगह से टेढ़ी, नेवले के मुँह जैसी मूठवाली बकुली[1] छड़ी लेकर दामो ठाकुर जब चलते तो बच्चों को बड़ा ही डर लगता। पैरों से खड़ाऊँ कभी नहीं छूटते।

तीन बार बुलाने पर वह आते। दच्छिनवाले घर में उन्हें बैठने को कहा जाता। मलिकाइन उनसे परदा करती थीं। बड़े मालिक की लड़की का नाम था जयमंगला। वह बाल-विधवा थी। देखने में खूब सुंदर। साँवली। बड़ी-बड़ी आँखोंवाली। उसे ऐसे समय बुला लिया जाता। वह बिचवई का काम करती। चूहे के बिल की मिट्टी, पुराने बिनौले, तोड़े हुए कुश के तिनके, चार बूँद गंगाजल, पीपल के सूखे पत्ते...इतनी चीजें मिलाकर दामो ठाकुर खबासिन को झाड़ना शुरू करते।

फिर-फिर नंगी न हो जाए, इसलिए मलिकाइन खबासिन की साड़ी में कमर के पास गाँठ बाँध देतीं। दो हलवाहे–कल्लर और छीतन उसे बीच आँगन से पकड़कर तांत्रिकजी के नजदीक बैठा जाते। वह ऊपर बताई चीजों से झाड़ना शुरू करते–ओम् काली काली महाकाली इंद्र की बेटी ब्रह्मा की साली फूः... इतना कहकर कुछ देर तक होंठ पटपटाते और फिर खबासिन की छाती पर फूँक मारते। फिर सिर पर, कंधों पर, कमर में। आँखों से इशारा करने पर दूसरे लोग घर से निकल जाते, किवाड़ भिड़का दिया जाता। अंदर से हुँ हुँ की आवाज आने लगती।

थोड़ी देर बाद किवाड़ खुलता। लेकिन किसी को अंदर जाने का साहस नहीं होता। थोड़ी देर बीतने पर पसीने से लथपथ दामो ठाकुर बाहर निकलते और यह कहते हुए आँगन से निकल जाते कि खबासिन का मिजाज ठीक कर दिया, वह बड़ा जबरदस्त भूत था, बड़ी मुश्किल से काबू में आया...अभी थोड़ी देर, जयमंगला, उसे अकेली छोड़ दो।

बरसाती नदी में बाढ़ आती है। कैसी विकराल हो जाती है वह! न कूल, न किनारा! भूत लगने पर खबासिन का यही हाल होता। भूत उतर जाने पर वह कुआर-कातिक की नदी की तरह हो जाती। भूत या जिन्न अक्सर बाँझ औरत को ही पकड़ता है। हमारी मलिकाइन के यहाँ उस खबासिन पर साल में दो-एक बार इस तरह का दौरा आया करता और तब दामो ठाकुर की गुहार होती। उनके न रहने पर डेढ़-दो दिन तक वह उछलती-कूदती, रोती-हँसती। खुले बाल,

---

1. बाँकी, टेढ़ी।

नंगी पकड़कर उसे मलिकाइन उतरबरिया[1] घर में डाल देतीं, किवाड़ बंद कर जंजीर चढ़ा देतीं।

एक बार अंदर से खबासिन ने खूब जोर लगाकर किवाड़ों को पीटना शुरू किया। मलिकाइन ने अनंत बाबू को बुलाया। वह खूब हट्टे-कट्टे थे। आठों पहर उनका खेती-गृहस्थी में बीतता। बदमाश से बदमाश घोड़े को सही रास्ते पर लाने में, बिगड़े बैल की सींग पकड़कर काबू करने में उनकी बराबरी दूसरा कोई नहीं कर सकता था। उस दिन गिरहथनी ने उन्हें खबासिन के भूत से भिड़ा दिया। लगी कुश्तम-कुश्ता होने। वह भी मरदों की भाँति पैंतरे बाँधती थी...लेकिन वह तमाशा मैं देख नहीं सका, न दूसरे देख सके। क्योंकि बाहर से किवाड़ लगा दिए गए। मलिकाइन का कहना था—तमाशगीरों के सामने भूत-पिशाच की ताकत चार गुनी बढ़ जाती है, यह अकेले ही में पस्त होते हैं...मुझे तो भूत-पिशाच के बल का भेद कभी समझ में नहीं आया।

भैंस चराते तीन साल जब हो गए तब दादी बीमार पड़ी। ऐसी पड़ी कि फिर उठने का नाम नहीं लिया। अंदर से पेचिस, बाहर से दमा। पुराना ढाँचा उसका चूर-चूर था ही और अधिक दिन चलना असंभव था। वहाँ गाँव में किसी को कुछ होता तो मधुबनी के सरकारी अस्पताल से दवा लाता। बाबू-भैया लोग थे कि छोटी बीमारी में भी उनके यहाँ डाक्टर बुलाए जाते। अढ़ाई रुपया उनकी फीस थी, एक रुपया एक्के का भाड़ा। दवा का दाम अपना ऊपर से दो। बाप रे! गरीबों के पास पथ-पानी के लिए भी धेला-पैसा नहीं रहता, डाक्टर की फीस और दवा के दाम का क्या ठिकाना?

गाँव में ही एक बूढ़े थे जो वैद्य का काम करते थे। लेकिन छोटी जातवालों के यहाँ जाकर भला बीमार की नाड़ी वह क्यों देखने लगे? अपनी दादी के लिए दवा मैं उन्हीं से लाया था। बरसात का अंत था। भादों की धूप कितनी कड़ी होती है। एक रोज दोपहरिया में डेढ़ पहर तक पंडितजी ने मुझसे काम लिया। काम क्या था? यही कि भदई-धान (आँउस) की दँवरी करवानी थी। काम खतम होने पर उन्होंने मुझे दवा की तीन पुड़िया थमाईं। डर था कि मुझे भी बुखार आ दबोचेगा मगर हम तो कठजीव ठहरे। मामूली बुखार भला हमारे पास क्यों

1. उत्तर दिशावाला मकान।

फटकेगा? मेरी जगह कोई मलिकाइन का लड़का होता और उसी तरह भादों की तपती दुपहरिया में दँवरी करता तो बिना बिछावन पकड़े न रहता।

दादी को रोटी हजम नहीं होती थी, चावल जरूरी था। लाख छटपटा आया, बड़ी, मझली या छोटी किसी मलिकाइन ने मुट्ठी भर चावल नहीं दिया। माँ ने जाकर मझले से कहा तो उनकी आँखें घूम गईं। बोले—बखत पड़ता है तो घिघियाकर हमारे यहाँ दौड़ती है नहीं तो...

गाली दी थी मालिक ने, वह मैं तुमसे नहीं कहूँगा भैया! मेरी माँ रोकर कहने लगी—सेर भर चावल चाहिए नहीं तो बुढ़िया की जान नहीं बचेगी। सरकार, कागज पर चढ़ा लीजिए। ड्योढ़ा कि दुगना जैसा कहेंगे पूस में दे दूँगी।

हें, बड़ी देनेवाली हुई है! दो रुपैया पहले का बाकी है सो खटाई में सीझ रहा है और यह चावल लेगी, पाँच महीने बाद जस की तस लौटा देगी। नहीं-नहीं, तुम लोगों पर रत्ती-भर विश्वास मुझे नहीं रह गया है...फिर मालिक ने छोटी मलिकाइन के घर की ओर इशारा करते हुए कहा—जाती है न वहाँ, तुम्हारी अन्नपूर्णा वहीं तो विद्यमान हैं!

छोटी मलिकाइन से हम सेर भर चावल पहले ही ले गए थे।

रात को सोते समय मझले मालिक मुझसे मुक्कियाँ लगवाते थे। पहर भर मुक्कियाँ लगा-लगाकर मैं थक जाता। दिन भर की थकान। अपने को भी ऊँघ आती और मुक्कियों की रफ्तार धीमी पड़ती तो गिरहथ सोते ही सोते टोक देते—ऊँह, और इस तरह मेरी ऊँघ को तोड़कर आप वह करवट बदल लेते, पोन[1] पर हाथ धरकर इशारा करते—इधर मुक्कियाँ लगा...

इस तरह बड़ी देर तक मुक्कियाँ लगाने के बाद उन्हें नींद आती और तब मैं फुरसत पाता। कई बार उन्होंने कह रक्खा था—जिस चीज की जरूरत पड़े, दिन में कहकर ले लेना। और इसी भरोसे पर मैं उनसे चावल माँगने गया था। मन में खटका तो था ही, माँ को इसीलिए साथ ले गया था। लेकिन बेकार, बहुत घिघियाने पर पाव-डेढ़ एक चावल मिला वहाँ से। उसमें से छटाँक-छटाँक करके कई दिनों तक दादी को भात खिलाया गया। कभी-कभी मैं अपनी मलिकाइन का जूठन लुका-छिपाकर घर दे आता था। चौमासे में मेहमान भी नहीं आते हैं।

1. चूतड़।

असाढ़, सावन, भादों, और आसिन[1] इन चार महीनों में रास्ता कीचड़, कादो और पानी से भरा रहता है। और तुम जानते ही हो कि देहात में सब जगह सड़कें नहीं होतीं। सूखे दिनों में लोग खेत ही खेत होकर चलते हैं। बहुत हुआ तो घूम गए, मेंड़ पकड़ ली। धान के खेतों में अक्सर पानी भरा रहता है या फिर जमीन बहुत गीली रहती है। कमर और छाती तक ऊपर उठकर लहलहाते धान के पौधे अपने बीच से चलने में बड़ी रुकावट डालते हैं। रबी के खेतों में से होकर चलना आसान है, मगर धनहर खेतों को पार करने के लिए तुमको मेंड़ का ही सहारा लेना होगा। इसीलिए बरसात के चार महीने, देहातों में घूम-फिरकर पहुनाई करनेवालों के लिए ठीक नहीं। लगातार इतने दिनों तक मेहमान न आने पर हम घाटे में रहते थे। जूठन का भात हमारे दैनिक जीवन का बहुत बड़ा अवलंब होता था।

सावन-भादों में आकर सभी अनाज महँगे हो जाते थे। जिन घरों में कमाने लायक मजबूत काठी के आदमी थे, मैं उनकी बात नहीं कहता। उनके यहाँ तो धान रोपने की मजदूरी में थोड़ा बहुत धान आ जाता था। पर मेरे यहाँ कौन था? ले-देकर समूचा मैं था। सो मुझे छोटी मलिकाइन और उनकी दुलरुआ लौंडी रात-दिन हुक्मों में नाथे रहतीं।

दादी के लिए दवा लाने की छुट्टी नहीं मिलती। मेरा मन अंदर ही अंदर रोता कि काम छोड़कर दादी के पास बैठा रहूँ। असल में मैं उसे माँ से बढ़कर प्यार करता था। जब से होश सँभाला तब से अपने को दादी ही की गोद में पाया। चरवाहा के काम करने के पहले तक दादी के ही बिस्तरे पर, उसी की बाँह को तकिया बनाए सोया करता था। वह कहीं से कोई अच्छी चीज लाती तो मेरे लिए उसमें से थोड़ा अलग रख देती।

मरने से दो दिन पहले उसे इच्छा हुई कि पोठी मछली का भुरता खाए। मगर पोठी चढ़ती बरसात में जितनी आसानी से मिलती है उतनी आसानी से और समय नहीं। फिर भी मछली तो कहीं से लाना ही था। भादों खतम हो रहा था। अपने भजार (दोस्त) से मैं बनसी (काँटा) ले आया। दोपहर के बखत बुढ़िया पोखर के दच्छिन तरफवाले भिंडे पर पहुँची। उधर कुछ जंगल-सा था। बाँस, जामुन, साहड़ और गूलर के पेड़ थे। गूलर का एक बौना पेड़ पोखर के बिलकुल किनारे तीन

1. क्वार, आश्विन।

जगह से मोटी और टेढ़ी डाल पोखर की कछार में दूर तक फैल आई थी। बरसात के दिनों में पोखर भरा रहता। पानी कभी-कभी भिंडे के उपरली सतह को छुए रहता। तब उस गूलर की झुकी डाल पानी में डूब जाती। भादों के बाद पानी घटने लगता, वह डाल बाहर निकलती जाती। छिपकर काँटे से मछली फँसानेवाले गूलर की इसी डाल पर, झुरमुट की आड़ में बैठ जाते। चाली,[1] गुँधा आटा या सत्तू का बोर[2] देकर बनसी को पानी में डाल देते और निगाह को एकटक उस ओर गड़ाए रहते। पहर-दो पहर की कड़ी तपस्या के बाद कभी टेंगरा, कभी भुनचट्टी, कभी गरई, कभी सिंगी हाथ आती।

मालिकों को पता लगता तो वे मछलियाँ भी छीन लेते और काँटेवाली डोरी और बाँस या लग्घा भी। फिर जूतों से पीठ की पूजा करते।

आखिर गोसैंया[3] का नाम लेकर मैंने भी काँटा डाल दिया, गूलर की डाल पर बैठकर इंतजार करने लगा। थोड़ी ही देर हुई कि काँटे की डोरी में कुछ कंपन मालूम हुआ, लग्गी (बाँस) को छपाक से खींच लिया मैंने। देखा टेंगरा है। काँटा मय मछली के, भीड़ के कगार से सटी गूलर की टहनी में उलझ गया। सोचा, चलो दादी के लायक मछली हो गई। काँटा-डोरी समेटकर लग्गी को बगल में दबाए मैं घर की ओर चला। घास से नाथकर टेंगरे को मैंने उँगली से लटका रक्खा था। डेढ़ पहर दिन बाकी रहा होगा। दूर का चक्कर लगाकर घर पहुँचा था, सीधा रास्ता छोड़कर। माँ ने मछली को आग में डाल दिया। पकते समय उसकी गंध बहुत दूर न सही, कुछ दूर तो पहुँच ही रही थी।

कि इतने में हन-हन पट-पट करती हुई खबासिन आ धमकी। मुँह बनाकर और हाथ चमकाकर उसने पहले तो मेरी ओर देखा, फिर कहा—जाओ न आज मलिकाइन गाँड़ का गूदा निकाल लेंगी...इसके बाद उसने नथने बिचका लिए। भौंह और मुँह को बुरी तरह सिकोड़कर उसने फिर कहा—मछली फँसाने का शौक चर्राया है! कितनी मार लाए हो? महक तो खूब आ रही है। खाओ, बाबू खाओ, गाँड़ फटेगी तो मालूम होगा...चल बदमसवा, मलिकाइन के पास...

दादी अंदर लेटी पड़ी थी। पलक उठाकर उसने देखा तो मुझे मालूम पड़ा कि

---

1. साँप के पोए (बच्चे) की तरह का एक बरसाती और रेंगनेवाला कीड़ा। भूरे रंग का होता है। इसके लिए गीली धरती चाहिए, 2. आहार, 3. भगवान।

बिल के अँधेरे से खरगोश की आँख चमक रही है। दोनों हाथ जोड़कर खबासिन को मैंने इशारा किया–चुप रहो। अलग ले जाकर माँ को समझा दिया–यह यों ही बकती है, जाता हूँ। तू दादी को टेंगरे का भुरता और भात खिला देना। माँ क्या कहती है, इसकी परवाह किए बिना ही घर से मैं निकल गया। हाथ पकड़कर खबासिन को भी खींचता आया।

रास्ते में बड़े मालिक की हवेली के पिछवाड़े खबासिन ने दोनों बाँहों में मुझे कस लिया। चूमती हुई बोली–अगर तू मेरी बातों में 'ना' कभी न करे तो...

धत चुड़ैल की–छिटककर मैंने अपने को उसकी बाँहों से छुड़ा लिया। ऐसा लगता था कि उसकी भूखी आँखें मुझे निगल जाएँगी। उसने मुस्कुराकर कहा–कुत्ता से भी बदतर है तू जो चुमकारने-पुचकारने पर अगली दोनों टाँगों के सहारे खड़ा होकर अपने सिनेही के सीने से सटने को बेताब हो जाता...

सिर से पैर तक खबासिन को मैंने एक बार देखा और छिन में मेरा रोआँ-रोआँ सिहर उठा। मुँह बनाकर मैंने कहा–कल्लर से सगाई क्यों नहीं कर लेती है?

'और तू?'

'मैं तो अभी छोटा हूँ।'

'मगर है तो बतिया खीरा, अभी से...'

उछलकर मैंने अपनी हथेली से उसका मुँह बंद कर दिया। दूसरी ओर होकर मैंने थूका और बोला–बेहया कहीं की! लाज-शरम सब धो-धाकर पी गई!

'पी न जाती तो निर्बाह कैसे होता?''

खबासिन मुझे गंदगी की पिटारी जैसी लगी। तय था कि काँटे से मछली निकालने की बात कहकर मलिकाइन के हाथों वह मुझे पिटवाएगी। लेकिन पिटवाना अपने को मंजूर था, उसके पाँच सेर भारी मुँह से अपने मुँह को चटाना मंजूर नहीं था।

उस दिन हुआ यही था कि गिरहथनी ने आम की आधी जली चैली से पीठ दाग दी थी मेरी।

मलिकान[1] में कोई ऐसा नहीं था जो बिना गाली दिए मुझे संबोधित करता हो। बात-बात में साला। बात-बात में ससुर, पाजी और नमकहराम का तो कहना

---

1. मालिकों का खानदान।

ही क्या। दो पहर रात को सोए रहने पर कभी-कभी ऐसा होता कि मालिक मुत्ती[1] करने बाहर आते। मुत्ती करके कुल्ला करते। उनके खड़ाऊँ की खटर-खटर, खट्ट-खट्ट से भी जब आँख न खुलती तो नजदीक आकर बेदर्दी से वह मेरा कान खींचने लगते। खींचते-खींचते कहते—ललचनमा का बाप, उठ साला! भैंस को मच्छरों ने परेशान कर रक्खा है, जा वहीं। फिर से घूर[2] कर दे; धुआँ लगने से मच्छर भग जाएँगे...

रोता-रोता मैं उठता और जाकर देखता कि घूर में अभी काफी आग है और धीरे-धीरे धुआँ भी उठ रहा है। लेकिन इससे क्या? सो जो रहा था मैं! यह भला मालिक से कैसे देखा जाता?

इस तरह गालियाँ, पिटाई, तिरस्कार, अपमान, दुतकार और फटकार यही वह रास्ता था जिस पर से मेरा जीवन आगे की ओर खिसक रहा था। अब मेरी आयु सत्रह साल की थी। मेरी ही उमर का था रमखेलौना जो बड़े मालिक के छोटे बाबू के साथ पटना रहता था। छुट्टियों में अपनी मालिक बाबू के साथ वह भी आता। छँटे हुए बाल, आधी बाँह की कमीज, धारीदार नेकर...रमखेलौना का यह रूप मुझे बिलकुल अलौकिक और दिव्य लगता। इरखा (ईर्ष्या) होती कि मैं भी किन्हीं मालिक बाबू के साथ कुछ दिन किसी शहर में जाकर रह आता। अपनी मौजूदा जिनगी[3] से मैं ऊब चुका था। दुनिया की बातों को समझने के लिए जिस पक्की उमर की जरूरत है वह यहाँ नहीं थी। फिर भी छोटी-छोटी दो आँखें तो थीं? दो कान तो थे? घर जाने पर माँ को जब कठौती में मड़ुआ का आटा गूँधते देखता तो अपनी गरीबी फार (फाल) बनकर कलेजे को फाड़ने लगती।

---

1. पेशाब, 2. अलाव, 3. जिंदगी।

दो

मलिकाइन के भतीजा बाबू पटना में पढ़ते थे। उन्हें अपने साथ रखने के लिए किसी खवास[1] की जरूरत थी। काम था बर्तन-बासन माँज देना, कमरे में झाड़ू-बुहारू देना, बाहर दूकान से पान-सिगरेट लाना और डेरे की रखवाली करना। इस काम के लिए किसी बड़े और सयाने और समझदार आदमी की जरूरत नहीं थी और वैसा आदमी दो-चार महीने से ज्यादा टिकता भी नहीं।

उमर के लिहाज से छोटा मैं जरूर था, मगर ठिंगना या नाटा नहीं। मेरे बाप-दादे लंबे-तगड़े, खासी अच्छी डील के आदमी थे, माँ मेरी साँवली जरूर रही, लेकिन कद्दावर थी।

मलिकाइन के भतीजा बाबू दुर्गापूजा की पिछली छुट्टी में आए थे और पाँच-सात दिन रहे भी। नाटा कद, गोल-मोल चेहरा, बड़ी-बड़ी आँखें, मझोली नाक, पतले होंठ, कपार चौड़ा था। देखने में खूबसूरत थे। स्वभाव के मधुर, बात के तनिक कड़े।

डेढ़ पहर दिन उठे जब मैं घास छीलकर लौटता तो वह हवेली में मुझे बुलवा लेते। इधर-उधर की बातें कर लेने के बाद मेरी ओर अपना हाथ बढ़ा देते। उनकी वह मुलायम हथेली अपने कंधों पर डालकर मैं उसे चाँपने लगता। वह आँख मींचकर कुछ-कुछ बतियाते रहते और मैं अपने हाथ को उनकी कुहनी तक ले जाकर वापस ले आता। दरअसल नसें दुहवाना उन्हें बहुत पसंद था। दो अँगुलियों के सहारे उनकी मांसल बाँहों को मानो मैं घंटों गूँधा करता। इसके अलावा चूतड़ों पर मुक्कियाँ लगवाना भी उन्हें खूब अच्छा लगता था। कहा करते—मेरे खबास का लड़का मनोरथा हैजे से मर गया, तब से क्या बताऊँ बलचनमा, इस देह की

1. सेवक, परिचारक।

कैसी दुर्गत हो रही है...बाबू करवट बदलकर उस ओर तकिया में मुँह को गोंत लेते और कुछ देर तक ङु ङ्ङ ङु ङ्ङ करते रहते। सारी देह थिर, मगर एड़ियाँ दोनों डोलती रहतीं। यह किसी भारी सोच में पड़ जाने का उनका लच्छन था।

एक रोज ऐसे ही लच्छन के बाद बिजली की फुर्ती से मुँह उठाकर मेरी ओर वह बकर-बकर ताकने लगे। थोड़ी देर ताकते रहे। फिर पूछा—बलचनमा, रहेगा मेरे साथ? चलेगा पटना?

न हाँ, न हूँ—मुझसे कुछ कहते नहीं बना। उन्होंने कई बार पूछा। आखिर मुँह मुझे खोलना ही पड़ा। निगाह नीचे की ओर, गर्दन भारी। अपनी फटी बनियाइन के लटकते पल्ले को छूते-छूते मैं बोला—'मलिकाइन जाने देंगी?'

'अरे मलिकाइन की बात छोड़। तेरी माँ अगर मान जाए तो सब मामला ठीक हो जाएगा।'

इस पर मैं कुछ नहीं बोला था। जाने कैसे माँ को उन्होंने मना लिया और मलिकाइन का क्या पूछना! वह तो पचास बार मौका-बेमौका मुझे सुनाकर बोल चुकी थीं। एक जाएगा एगारह आएगा। चरवाहे की क्या कमी है।

मलिकाइन अपने भतीजे को 'फूल बाबू' कहकर बुलाती थीं। बाकी लोग भी उन्हें इसी नाम से जानते थे। मैं भी उन्हें फूल बाबू-फूल बाबू कहा करता। रहे भी खूब खुशमिजाज। मिसरी-सी बोली थी। छोटे-छोटे खुदिया दाँतोंवाले उनके मुँह से बातें निकलतीं तो लगता, किसी सुंदर फुलडाली से झरझर हरसिंगार के फूल गिर रहे हैं।

फूल बाबू बचपन से ही अपनी पीसी (फूआ) के यहाँ आते रहे। माँ उनके शील-सुभाव से परिचित थी। बल्कि वह कई बार उनके घर से हो आई थी। उनकी माँ, उनके बाप, उनका कूल-खूँट, सबका हाल मेरी माँ को मालूम था और इसीलिए इतनी आसानी से मेरा उनके साथ जाना माँ को मंजूर हुआ। दुर्गापूजा की छुट्टी बिहार-बंगाल में बड़ी लंबी होती है, जानो ही हो। पितरपख[1] से लेकर दिवाली-भाईदूज तक स्कूल-कालेज बंद रहते हैं। लड़कों और मास्टरों और परफेसरों (प्रोफेसरों) के लिए मौज है भैया! फूल बाबू दसहरा भर मलिकाइन के यहाँ रहे। उड़ता हुआ नीलकंठ देखकर अपने गाँव गए। इधर मलिकाइन को चिंता हुई नए चरवाहे की—

1. पितृपक्ष, आश्विन का कृष्णपक्ष (कुवार का काला पख)।

एक जाएगा एगारह आएगा—कहने में क्या रक्खा है! बाकी, आदमी आदमी है। दुइ हाथ, दुइ गोड़। और नाक, कान-कपार। सब जानवर के पास महजूत[1] हैं, मगर दिल और दिमाग इन्सान के ही बच्चे के पास मिलेगा। भैंस चराओ चाहे गाय, बकरी चराओ चाहे भेड़। थोड़ी-बहुत अकिल (अकल) तो चाहिए ही। लेकिन अकिल कहाँ मिले। भिंडी और बैंगन के खेत में आदमी फूस का पुतला खड़ा करता है। तो क्या वह पुतला गाय-भैंस की चरवाही कर सकता है? नहीं भैया, नहीं, इन्सान का बच्चा ढेप-चेप[2] नहीं है कि जहाँ पाया, उठा लिया।

बड़ी खोज के बाद मलिकाइन को एक आदमी मिला। निपट बहीर। हाथ-पैर दुरुस्त थे, मगर था बूढ़ा। हमारे रहते ही वह आ गया था। चारज (चार्ज) हम अपना उसे दे चुके थे, पर भीतर ही भीतर अफसोच[3] हुआ कि भैंस को इस बूढ़े के चलते भारी मुसीबत उठानी पड़ेगी। ठीक है, गर्जू का यही हाल होता है। मलिकाइन गरजमंद थीं, तभी तो कल्यानपट्टी के इस बहीर और बूढ़े दुसाध को चरवाहा रख लिया। वह सबूरी मंड़ड़ तो था नहीं कि चरवाही में रस लेता।

दीवाली से दो रोज पहले ही मैं फूल बाबू के घर पहुँचा। अकेला नहीं, मलिकाइन ने एक बनिहार[4] को साथ कर दिया था। जिस दिन मैं घर छोड़नेवाला था, उस दिन माँ की आँखें जाने कितनी बार भर आईं। वह मेरे सामने तो खुलकर रो न सकी, मगर परोछ (परोक्ष) में जरूर रोई होगी। माँ का दिल ठहरा न। और भैया मैं ही कौन सयाना था। सो सात-आठ कोस के उस रस्ते में ही पाँच-छह दफे बकौर[5] फटी। काहे न फटती। बाप तो मेरे लिए कभी था ही नहीं। जब तक जिया तो कभी कलकत्ता, तो कभी ढाका, कभी जलपाईगुड़ी, तो कभी फारबिसगंज। कहने का मतलब यह है कि एक भारी-भरकम डील-डौल का आदमी, बड़ा कपार और बड़ी-बड़ी मूँछें!—बस यही तसवीर है जो बाप के नाम पर मेरे सामने आती है। सरम-लाज इतनी थी कि कभी गोद में लिया ही नहीं मुझे उसने, चुम्बा-चाटी भी नहीं। बात यह थी कि दादी मुझे अपना कोंढ़-करेज (कलेजा) समझती थी। बुढ़िया का ही लाड़-प्यार इतना था कि उसके सामने इन्द्रासन भी फीका। मेरा ही नहीं और बच्चों का भी यही हाल होता है। माँ का दूध छूटा कि दादी, नानी,

1. मौजूद, 2. ढेला, 3. अफसोस, 4. मजदूर जिसे मजदूरी में अनाज मिलता है, 5. अंदर की रुलाई।

फूआ, मौसी, चाची, मामी, जो पीठ थपकावे, बोलारी दे, खेलावे वही बच्चे का सबकुछ हो जाता है। माँ चाहे बाप। और मेरी माँ कहती भी थी—रेबनी मेरी है, बलचनमा बूढ़ी का।

तो रास्ते में काहे न बकौर फटती। फूल बाबू के घर पर छह दिन रहा, फिर पीछे हम पटना गए। उनकी एक ही बहन थी। सीतामढ़ी के पास कहीं ब्याही थी। भाईदूज के दिन वह अपनी बहन से न्योता लेने गए। लौटकर फिर घर आए और तब जाकर हम दोनों पटना के लिए बिदा हो सके।

फूल बाबू हमारी मलिकाइन के सगे भातिज[1] थोड़े थे? नहीं, मलिकाइन के बाप की तीन शादी। पहली स्त्री निपूती निकली। दूसरी से फूल बाबू के बाप जनमे। तीसरी से हमारी मलिकाइन गुनमन्ती देवी का अवतार हुआ। जमीन-जजात सारी फूल बाबू के बाप की हुई। मलिकाइन को कुल पचीस बीघा बाप दे गए। अरे, जहाँ हजार बीघा की बात हो वहाँ बीस-पचीस बीघा भला क्या चीज है? लेकिन हमारे हियाँ[2] बड़ी जातवाले में माँ-बाप के दिल लड़कों के लिए और होते हैं और लड़कियों के लिए और। यानी घर-गिरस्ती, जमीन-जजात, माल-जाल, रुपैया-पैसा, कैंचा-कौड़ी, लत्ता-कपड़ा—दौलत का चाहे अमार[3] लगा हो, बाकी[4] धी-बेटी के लिए उस ओर निगाह उठाना भी गुनाह समझा जाता है। पढ़ाई-लिखाई, इलिम-विदया, (इल्म, विद्या) सबकुछ लड़कों के भाग में। लड़की जब तक बिन ब्याही रही, खाएगी-पिएगी, थोड़ा-बहुत सौख-सिंगार करेगी, बस। और यही बात हमारी छोटी जातवालों ने भी जस की तस अपने में उतार ली है।

हाँ, तो मैं क्या कह रहा था? यही कि बाप की सारी संपदा बेटे के हाथ लगी। बेटी के नाम गौरी-गणेश की तरह चार अच्छत अलग से डाल दिए गए। फिर भी मलिकाइन का अपने बैमातरे[5] में सिनेह-भाव था ही। भरदुजिया[6] के रोज साल-साल फूल बाबू के बाप मेरे गाँव जाया करते। फूल बाबू की माँ का सुभाव बिलकुल देवता का सुभाव था। अपनी ननद के लिए उनके हिरदय[7] में इतना आबेस[8] था कि क्या कहूँ! परब-त्यौहार, छठे-छमाहे, भरिया भेजती भार लेकर।

तो ऐसी माँ के बेटा थे हमारे फूल बाबू। तमोड़िया इसटीसन (स्टेशन) चढ़कर

---

1. भतीजा, 2. यहाँ, 3. अंबार, 4. लेकिन, अपितु, 5. वैमात्रेय, सौतेला, 6. भाईदूज, 7. हृदय, दिल, 8. स्नेह।

हम हड़ाही उतरे। सामान बहुत जास्ती नहीं था। लोहे का एक बकसा, चमड़े का एक सूटकेस। टाड़ा भर घी। ओढ़ना-बिछौना का मोटा। यह सब तो था ही, एक पथिया[1] में ही धान का चूड़ा था, उसी पर ठकुआ, खजूर और टिकिया बनाकर डाल दिए गए थे। वहीं एक ओर केले के पत्ते में और कागज में लपेटकर अचार पड़े थे। ऊपर एक डाली देकर फिर साबे की जौंड़ (रस्सी) से कसकर बाँध दिया गया था, मगर कैसा भी बाँधे, कितना भी बाँधे, खाने-पीने की चीज भला किसका ध्यान नहीं खींचेगी? सच कहता हूँ भैया, बड़ी खुशबू आ रही थी।

थे तो हम दो जने, बाकी फूल बाबू ने हड़ाही में गाड़ी रुकते ही कुली-कुली कहके पुकारा। एक आदमी दौड़ा आया। काला अंगा पहिने हुए था, कुर्ता कह लो। अधबाँही। दाईं बाँह पर भूरे रंग की एक चिप्पी उस कुर्ते में सिली हुई थी, जिस पर कुछ लिखा हुआ था। वह कुली था। फाटक खोलकर इधर से लोग उतर रहे थे, उधर से बेसबूर कुली उन्हें धकिया (धक्का दे) कर भीतर घुस आया। हबर-हबर[2] हमारा सामान उठाने लगा।

मालिक ने मुझे कहा–उतर, यहाँ दूसरी गाड़ी पर चढ़ेंगे।

मैं उतरा और अलग जाकर खड़ा हुआ कि मालिक ने चिचिया[3] कर कहा–ले, सूटकेस सँभाल।

सूटकेस लेकर मैंने नीचे रख दिया। इसके बाद घी का टाड़ा भी उन्होंने थमाया और मैं बड़ी होशियारी से उसे ले जाकर सूटकेस के नगीच रख आया। कुली ने बकसा, कम्बलवाला मोटा और चूड़ावाला पथिया एक-एक कर तीन खेप में उतारा।

सूटकेस के करीब खड़ा-खड़ा मैं चारों ओर ताक रहा था, चकुआ-चकुआकर। सत्रह साल की उमर थी। गाँव-घर छोड़कर कभी नहीं निकला था। एक ही जगह इतनी अधिक रेलवी-लैन, इतनी अधिक गाड़ियाँ, इतने जास्ती ऐंजन, रंग-बिरंग के मुलुक भर के लोग–देखकर मैं दंग रह गया। अपने आपको जाने कहाँ मैंने खो दिया। लगता था, जाने किस दुनिया में फूल बाबू मुझे ले आए हैं।

इसटीसन की अँगनई ऐसी साफ, इतनी चिकनी थी कि बाह। मन ने कहा–अपने यहाँ गाँव-घर में गरीब-गुरबा क्या मालिक-मलिकाइन के भी ऐसा आँगन

---

1. टोकरी, 2. जल्दी-जल्दी, 3. चीखकर, चिल्लाकर।

नहीं होता। अभी तक मैंने सरकार बहादुर और अँगरेज बहादुर का नाम भर सुना था। मगर उस बार पहले-पहिल अपनी जिनगी (जिंदगी) में हड़ाही जकसन का लाटफारम (प्लेटफार्म) जो देखा, तो अकिल हैरान हो गई।

बहुत बड़ा लाटफारम। इधर भी लाटफारम, उधर भी लाटफारम, बीच में रेलवी लैन। उधर उस ओर भी लैन बिछी थी। दरभंगा इसटीसन का नाम हड़ाही है। अरे भाई, आसपास के लोग जो कहकर पुकारें, वही न नाम? अँगरेजी अच्छर में आकि (या) संसकिरित में लिख देने से क्या होगा? मैं बहुत दिनों तक धोखे में पड़ा रहा कि हड़ाही जकसन एक है और दरभंगा इसटीसन कोई और होगी। लेकिन अभी कुछ दिन पहले यह भेद परगट हुआ। एक लड़का अपनी इसकूली (स्कूली) पोथी में दरभंगे का भूगोल पढ़ रहा था और मैं वहीं बैठे बीड़ी पी रहा था। पढ़ते-पढ़ते इसके मुँह से निकला—दरभंगा स्टेशन को हड़ाही भी कहते हैं, क्योंकि नजदीक ही जो बड़ा पोखरा है, वह हड़ाही पोखरा कहलाता है। खोदते बखत शायद हाड़ निकला होगा।

खैर भैया, फूल बाबू कुली से सामान लदवाकर आगे चले। मैं चला पीछे-पीछे, सूटकेस सिर पर उठाए। इस लाटफारम से उस लाटफारम पर जाने के लिए एक ठो बड़का[1] पुल है। पक्का, मजबूत। ऊपर से टीन की छतरी भी है। सीढ़ियाँ बनी हैं। चढ़ने को भी और उतरने को भी।

मैंने यह सब कब देखा? उस दिन पुल पर चढ़ते-उतरते गिरा नहीं, सो अचंभे की बात है।

उस लाटफारम पर जब हम पहुँचे तो गाड़ी खड़ी थी। कुली ने सामान भीतर रख दिया। मालिक ने मुझे कहा—बैठ बलुआ, मैं चाह पीकर आता हूँ। वह गए चाह पीने, मैं चाह से अनजान नहीं था, क्योंकि मेरा बाप ढाका-कलकत्ता घूमा हुआ था। घर पर कभी सरदी-खोंखी[2] होती तो चाह बनवाके पीता था। चीनी न हुई तो गुड़ ही सही। और दादी को एक बार ओकासी हुई जोर की, तो काढ़ा के बदले नोन डालकर उसने चाह बनवाई। उसी से उसका दुख दूर हुआ।

फूल बाबू चाह पीने गए और मैं आँख फाड़-फाड़कर लाटफारम पर चलते-फिरते लोगों को देख रहा था। रूप-रंग के साथ यहाँ लोगों की बोली भी बदली थी। यह

1. बड़ा, 2. खाँसी।

काह-कुहे[1] सुनने का पहिला मौका था मेरे लिए। अपने गाँव पर पड़ोस में सैयदपुर के मियाँ लोगों को पजामा पहने देखा था, मुदा बोली तो हमारी उनकी एक ही थी। सामने दो पजामाधारी फर-फर बतिया रहे थे, यही काह-कुहे की बोली में। अब तो भैया, कानों को आदत पड़ गई है। मगर पहिले-पहिल जब यह बोली सुनी थी, तो ऐसा लगा था, जाने कोई कानों में खूँटा ठोंकता जा रहा है। अब तो मुझे भी इसी बोली की लत पड़ गई है। अपनी बोली भूलता जा रहा हूँ। बबुनी की तो बात छोड़ो, चार बरस का मेरा ननकिरवा[2]–परदिपवा–फर-फर हिंदी बोलता है।

ऐंजन ने सीटी दी और फूल बाबू आकर हमारे नगीच बैठ गए। उन्होंने अखबार खरीद लिया था। कैसा बड़ा फर्द था! छोटी पोथी आ[3] पंडितजी का भागवत का पोथा–अखबार के बड़े-बड़े फर्दो का मुकाबला कर सकते हैं? फैलाकर पढ़ोगे तो बाँह टूटने लगेगी। देखते नहीं नबरास्टर[4] रोज आता है। कामरेड सुक्खू पढ़-पढ़कर सुनाते हैं। चार तह, आठ तह का, पहले मोड़ लेते हैं, तब फिर पढ़ना शुरू करते हैं। फूल बाबू ने थोड़ी देर फैलाकर पढ़ा, फिर दो तह और फिर चार तह, करके पढ़ने लगे। मुझे तो नींद आ रही थी। हिलती-डुलती गाड़ी में ऐसा लग रहा था कि मलिकाइन के कलम[5] में मचकी (झूला) झूल रहा हूँ। नीचे, पैर के बिलकुल नीचे रेल के पहिए हड़ाक-हड़ाक कर रहे थे। जुड़े हुए डब्बे ढब्बर-ढब्बर बोल रहे थे। ऐंजन झज्झ काली, झज्झ काली करती चली जा रही थी। खूब आस लग रही थी। मचकी का मजा आ रहा था। झूलन का कहो। पलकें सौ-सौ मन की भारी हो उठीं। आँखें झिपतीं तो झिपकी ही नहीं, मेरा माथा फूल बाबू की केहुनी से उठंग गया। मैं सो रहा।

बड़े झटके के साथ नींद टूटी तो सामने समस्तीपुर का बड़ा इसटीसन आ गया। शाम हो रही थी। यहाँ भी गाड़ी बदलनी पड़ी। सुना कि मुजफ्फरपुर जो गाड़ी जाती है, सो सीधे कटिहार से आती है। बड़ी भीड़ थी। अतत्तह[6]। कुली से मोटा सहेजवाकर, मुझे बैठाकर मालिक खाने चले, मुझसे कहते गए–चूड़ा और ठकुआ निकालकर खा ले। पानी फिर पी लेना।

आदमी का सुभाव छन भर में मालूम हो जाता है। फूल बाबू को मैं बहुत

1. 'का'-'को' वाली बोली, हिंदी-उर्दू, 2. बेटा, 3. और, 4. दैनिक नवराष्ट्र, 5. कलमी आमों का बाग, 6. बेहद, अनन्त।

पहले से और अच्छी तरह पहचान चुका था। उनके सुभाव में एक अजीब मस्ती थी। लापरवाही कह सकते हो। जितना ही उनके बाप कंजूस थे, उतना ही फूल बाबू की मुट्ठी ढील[1] थी। मलिकाइन के यहाँ कई दफे ऐसा हुआ कि छहोड़ा-किसमिस तक उन्होंने मुझे दिया, मगर छिपाकर। अपने घर पर उन्होंने मुझे कै खेप सरबत पिलाई, मगर माँ की नजर बचाकर। मेरा मन हरा हो गया–मालिक हो तो ऐसा। कामधेनु वह जिसे खड़ी-खड़ी दुह लिया जाए, साँझ-सबेरे जब चाहो। भीतर ही भीतर मैंने एक दिन अपने आपसे कहा–जिनगी भर फूल बाबू की खबासी करूँगा।

चूड़ा और ठकुआ जिस पथिया (टोकरी) में था, वह सीट के पास ही रखी हुई थी। मन माफिक मैंने उसमें से निकाल लिया। चूड़ा भी, अचार भी और ठकुआ भी। समस्तीपुर में रेलों का भारी जुटान होता है। गाड़ियाँ पहर-पहर तक खड़ी रहती हैं। पीह-पाह करती हुई ऐंजनें इधर से उधर, उधर से इधर टहलान मारती रहती हैं। झिल्ली-कचरी, लाई-मूढ़ी, लावा-फुटंहा, पूड़ी-मिठाई, मखान-मेवा, दाख-किसमिस, गड़ी-छुहाड़ा, बीड़ी-पान, सब मिलता है वहाँ! सीसेवाली सनुकचियों[2] को सिर पर लादे बेचनेवाले चक्कर लगाते रहते हैं। कहीं घबहा कुकुर, कहीं चालाक कौआ, कहीं दतनिपोड़ा कल्लर[3]–चाहोगे कि खड़े-खड़े कुछ लें और खाएँ, नहीं होगा।

खैर, मैं तो गाड़ी के भीतर ही अपनी सीट पर बैठे-बैठे चूड़ा फाँक रहा था। बीच-बीच में तोड़-तोड़कर ठकुआ के टुकड़े मुँह में डाल देता। करेला और परवल का अचार। क्या पूछना है, कैसा लग रहा था!

फूल बाबू उधर से आए तो एक खिल्ली पान मेरे लिए भी लेते आए। और हँसकर कहा–हाँहुत्ती[4] कहीं का, सारा का सारा आज ही भकोस लेगा।

लाज से मेरी गरदन झुक गई। मुँह चलाना बंद कर मैं अपने पैरों की ओर ताकता रहा। मालिक ताड़ गए। बोले–अरे हाँ, खजूर नहीं निकाल लिया?

और तब फिर मेरा मुँह चलने लगा और दाँत चबर-चबर बोलने लगे।

वह आकर मेरे नजीक[5] ही बैठे, पान थामे हुए। मैं जब फंकी लगा चुका तो बोले–पानी पी आ। वह देख, लोग पानी पी रहे हैं। कल की टोंटी को धीरे

1. खुली, ढीली, 2. शो-बाक्सों, 3. भिखारी, 4. उतावला, अधीर, 5. नजदीक।

से दबाना, नहीं तो कपड़े भींग जाएँगे। जोर से दबाने पर जोर का फुचुक्का निकलता है।

जैसा बाबू ने कहा था, उसी मोताबिक मैंने कल की टोंटी को दबाया और पानी पिया। अजगुत लगा कि कहाँ से पानी आता है। न इनार है, न पोखर, न डाबर, न चभच्चा, तो क्या पाताल से आता है? अब तो खैर सयाना हो गया हूँ। देस-दुनिया काफी देखी है। कल-मशीन की बातें जानता हूँ, मगर घर से जब निकला तब तो मैं भी पर्बतिया बोको था। जाड़े के दिनों में पीठ पर बकुच्ची बाँधे ऊपर से भोटिया नेबार उतरते हैं! नेपाली भी उतरते हैं। पहाड़ से उतरकर जयनगर—नीचे के इलाकों को वे लोग मोगलान और मधेस कहते हैं। कातिक-अगहन में आते हैं और माघ-फागुन में लौट जाते हैं। बड़े बुद्धू, गाय जैसे सीधे। बोली अलग, बानी अलग, भेख अलग। उन्हीं को हमारे यहाँ पर्बतिया बोको कहते हैं।

मेरी सिधाई पर फूल बाबू जब कभी हँसते तो बोकुआ ही कहते थे!

पानी पीकर मैं आ गया और गाड़ी में जा बैठा। ऐंजन ने पुक्की[1] दिया। फक्-फक् कर गाड़ी चलने लगी।

रात हो गई थी। बाहर के बाध-बोन (खेत-वेत) दिखाई नहीं पड़ रहे थे। और भैया, कटिहार की गाड़ी बड़ी तेज चलती है। मैं झुकने (ऊँघने) लगा। सोने की जगह तो थी नहीं, फिर भी बैठे ही बैठे मुझे नींद आ गई। मालूम नहीं, कितनी देर बाद गाड़ी बड़े जोर से हड़र-हड़र, हड़ाक-हड़ाक करने लग गई और फूल बाबू ने मुझे झकझोरकर दिखाया कि देख, हरिहर छेत्तर का पुल। मल-मलकर मैंने आँख साफ की और हाजीपुर के उस बड़े पुल को देखने लगा। पच्छिम की ओर बड़ी दूर, पानी के पार झिलमिल-झिलमिल रोशनी जल रही थी। बाबू ने कहा—वही पटना है।

बड़ी देर तक मैं दाँत चियारे रहा—वही पटना है!!

इतने में सोनपुर आ गया। ऐसा लम्बा-चौड़ा लाटफारम सुनते हैं कि जहान भर में नहीं है। तुम तो गंगापार गए ही नहीं, जो जाते तो देखते। देखकर अकिल गुम हो जाती। इस छोर पर से उस छोर पर जाने में टाङ[2] दरद करने लगेगा।

---

1. सीटी, 2. टाँग, गोड़।

सोनपुर में हमने गाड़ी बदली। कटिहार से जो गाड़ी आती है, वह सीधे छपरा-नखलौ[1] चली जाती है। घटही[2] गाड़ी पर चढ़कर हम पहलेजा घाट आए। मगर सोनपुर में डेढ़ पहर बैठना पड़ा। घटही गाड़ी कोढ़िया होती है। आज बीस-पचीस बरिस बाद भी पहलेजावाली गाड़ी का यही हाल है। साली इतनी-इतनी देर बैठाती है कि दिमाग को कुफुत हो जाता है। सामान था हमारे पास मुलकी,[3] सो भी नहीं सकते थे। घाट पर आते-आते पौ फट गई थी।

जहाज का नाम ही सुना था आज तक। हम समझे थे कि जैसे लोहे की पटरी पर रेल चलती है उसी तरह जहाज भी पटरी पर ही चलता होगा। मगर, नहीं भैया, नहीं। वह तो नाव जैसा होता है। दोमहला-तेमहला।

कुली से सामान उठवाकर जहाज की ओर चले। जेटी पर बड़ी धक्कमधुक्की थी। सब आपाधापी करके एक-दूसरे को रेड़ते-ठेलते जहाज पर जा रहे थे। लो!हे का भारी-भारी सूटकेस बाबू लोग हाथ ही में लिए हुए थे। बाबू लोग, भाई, आखिर बाबू ही न ठहरे! कितनहू भारी होगा तो भी सिर-कंधे पर नहीं लेंगे, मोटा या बकसा हाथों में ही ढोने की कोशिश करेंगे। सिर-कंधे पर गठरी डालने से बाबूगिरी में बट्टा लगता है।

जहाज पर किसी तरह बैठे क्योंकि इतजाम[4] नहीं था। जो जहाँ पावे, बैठ जाए। यही हाल था। आजकल तो भला जहाज में दो-चार बेंच भी दिखाई देती है, लेकिन मैं जिस जमाने की बात कह रहा हूँ, उन दिनों ऐसा नहीं था। जहाज देर में छूटा। घंटा बजा। लोहे के मोटे-मोटे सिक्कड़, जो जहाज पर चारों ओर घिरे थे उनमें हरकत आई और मानो गंगा का किनारा ही पीछे की ओर खिसकने लगा। उस बखत महिंदरू और पहलेजा दोनों आमने-सामने पड़ते थे। पार होने में घंटों नहीं लगे। इधर महिंदरू घाट की जेटी से जहाज लगा कि नहीं, लगे पसिंजर कूद-कूदकर उतरने। जिनके हाथ खाली थे, उनको तो उतरने में और भी आसानी थी। धड़फड़-धड़फड़ करते कुली आए और बाबू लोगों का सामान उठाकर उतरने लगे। फूल बाबू को यह आपाधापी बिलकुल नापसंद थी। एक कुली ने बिस्तर पर हाथ रखा तो उन्होंने मना कर दिया—ठहरो, भीड़ छँटने दो।

मैं तब तक जहाज का ऐंजन देखता रहा। ऐसा समझो कि लम्बा-चौड़ा घर

---

1. लखनऊ, 2. घाट को जानेवाली, 3. काफी, 4. इंतजाम।

है। बीच में चौकोर खद्धा। उसी में तमाम कल-पुरजा बैठाया हुआ है। मोटी और पतली पेंचदार नालियाँ गरम भाफ से सुसुआ रही हैं। गाड़ी के ऐंजन का पहिया जितना बड़ा होता है, उतने ही बड़े-बड़े, धुरी-लगे चक्के नीचे-ऊपर हो रहे हैं। उधर एक ओर जमदूत जैसे काले दो जवान कोयला झोंक रहे हैं। और भैया, छरर-छरर, सरर-सरर पानी काटता हुआ जहाज गंगा मैया की छाती पर आगे बढ़ा जा रहा है। मैं तो पच्चीस बेर आया हूँ, पच्चीस बेर गया हूँ। अब जहाज मेरे लिए घर-आँगन हो गया है।

भीड़ कम हुई तो कुली ने सामान उठाया और हम जहाज से उतरे। टिकस बाबू को टिकस दे दिया गया और सीढ़ियों से चढ़कर महिंदरू घाट इसटीसन के हाते में पैर रखा। तब रिक्शा इतना नहीं चला था। पटनिया टमटम का ही राज था। टमटम पर चढ़कर बाबू और मैं डेरे पर आए। डेरा फूल बाबू का असालतन था। मतलब यह कि रहते या न रहते किराया मास-मास भरते थे। मकान किसी बनिए का था और पड़ता था मछुआ टोली में। आधे में मालिक-मकान खुद रहता। सड़क की ओर, नुक्कड़ पर चौथाई हिस्सावाला कोना भी किराए पर उठा था। बाकी हमारे फूल बाबू भाड़ा पर लिए हुए थे। इनके बखरे में[1] दो कमरा और तनी गो[2] बरंडा था।

पहले ही दिन मालिक ने मुझे एक निकर खरीद दिया, आधी बाँह की कमीज भी। दूसरे दिन भोरे उठकर कहते हैं–बलचनमा, तेरे बाल हैं कि बगड़ा-बगड़ी[3] का खोंता है? ठहर, छँटवा देते हैं आज।

लाज के मारे कनपटी लाल हो गई। क्यों भैया, बाल छँटवाने में लाज कैसी?

समझा नहीं, हमारे गाँव में पंडितों का बड़ा दबदबा है। राज ही उन्हीं का है। हाँ भैया, आजकल भी। अब तो थोड़ा-बहुत जमाना बदल भी गया है, मुदा कुछ पहिले अगर तुम इसी भाँति सतमहला बाल छँटाए, दाढ़ी-मूँछ साफ किए मेरी बस्ती में पहुँच जाते, तो परलय (प्रलय) मच जाता। दादी की कही हुई बात सुनाऊँ। मेरा बाबू एक बार ढाका से आया, बाबड़ी छँटाकर। बूढ़े मालिक उन दिनों महजूत[4] थे। उन्होंने मेरे बाप को बड़ा ही फटकारा। पछबारी टोल के पंडित बबुअन झा बुलाए गए और उन्होंने फतवा दिया। नदी के किनारे जाकर असतूरा (उस्तरा)

1. हिस्से में, 2. छोटा-सा, 3. गौरैया, 4. मौजूद।

से बाल कटाना होगा। बाबू को झख मारकर माथ मुड़ाना पड़ा। एक बार मेरा मामा आया, तो हाट पर जाकर उसने दाढ़ी बनवाई। मुझे भी ले गया था। मेरे भी बाल छँटवा दिए थे। क्या पूछते हो भाई, कितना बाबेला मचा उस रोज! अगले ही दिन मुझे भी परास्वित (प्रायश्चित्त) करना पड़ा। अब मगर जमाना पलटा खा रहा है। पंडितों और मालिकों के अपने ही घराने में यह सब नहीं चलता। दादा पूरब की ओर ताकता है, पोता बिलकुल पच्छिम की ओर खड़ा-खड़ा मूतता है। बूढ़े-बूढ़ियाँ मरते हैं, इसटीसन पर गाड़ी से उतरते समय पोते को अगर पता लग गया, तो मूड़ मुड़ाने के डर से वह सीधे पच्छिम की राह लेता है। घुरती गाड़ी से पटना-मुजफ्फरपुर आपस[1] चला आता है।

फूल बाबू ने नहीं माना। खुद सामने खड़े होकर हजाम से बाल मेरे छँटवा दिए और बिलकुल नगीच आकर आँखों में आँखें डालकर मुझे बोले—आज तो तू आदमी बन गया है।

आदमी तो मैं बन ही गया था। इसमें भी क्या कुछ शक था? नया देश, नया मुलुक, नए-नए चेहरे, नई बोली-बानी, नया भेख, नया बेहवार (व्यवहार), सबकुछ नया। मेरे लिए पटना में सबकुछ नया था। लगता था ऐसा कि मैं दूसरी दुनिया में पहुँच गया हूँ। दादी के मुँह से शहरों की कहानियाँ सुनी थीं। सुना था कि शहर में पैर रखते ही आदमी का मन फिर जाता है। घर की ओर, माँ-बाप की ओर, जोरू-जनाना की ओर उसका ख्याल ही नहीं जाता। मगर मुझे तो माँ बड़ी याद आती थी। रात-दिन रेबनी न जाने कितनी दफे याद आती। अपना वह छोटा घर, वह चितकबरी बकरी, बाड़ी में ठूँढ़े जीमड़ की टेढ़ी बाँहों पर लतरी हुई घेरा (नेनुआ) की वह हरी-भरी लत्ती...क्या बताऊँ भाई, घर-आँगन का पूरा नक्शा आँखों के सामने सिनेमा जैसा चलता-फिरता दिखाई देने लगता।

गाँव-घर की बातें याद आतीं जरूर, लेकिन निगाह के आगे पटना का शहर था। माथे पर फूल बाबू की छाया थी, फिर जरा-मरा कचोट होती भी तो दिल बहलाने के लिए वहाँ पचीसों रस्ते थे।

फूल बाबू ओकालत पढ़ते थे। साथ ही साथ एम.ए. में भी नाम लिखाए हुए थे। हमारा काम था भोरे-भोरे उठना और चूल्हा जलाकर चाह का पानी चढ़ा देना।

---

1. वापस।

यह सब उन्होंने मुझे दो ही चार दिनों में सिखला दिया। चाह पीकर सात बजे वह लॉ कॉलेज चले जाते। साढ़े नौ बजे खाना तैयार हो जाता। वह आते और नहा-खाकर फिर निकल जाते। शाम को तीन-चार बजे लौटते, तो एक संतरा छीलकर धीरे-धीरे खाते और मुझसे कहते–जा, घूम आ। देखना सम्हलकर सड़क पर चलना नहीं तो साना-पिचड़ा हो जाएगा।

दो पैसा रोज मुझे वह अलग से देते थे। मैं उसे बचाकर रखता था। जब तीन आना या चार आना जमा हो जाता था तब मैं भी टेबुल-कुर्सी पर बैठकर चाह पी आता था। एक इकन्नी चाह में, दुअन्नी बिस्कुट में। पैसे का पान और पैसे की बीड़ी। पान की दूकान के सामने बड़ी देर तक खड़ा रहकर पान से रँगे अपने होंठ और जीभ बार-बार देखने में मुझे खूब मजा आता। नया टोला से लेकर सब्जी बाग तक तमोलियों की दूकान पर जहाँ भी ऐना[1] होता, खड़ा होकर मैं अपना चेहरा जरूर देख लेता। एक-आध घंटे में वापस आता डेरे पर, फिर चूल्हे की आरती शुरू हो जाती।

भानस-भात[2] में कभी-कभी मालिक भी हाथ बँटाते। और यह तब होता जबकि उनके दोस-महीम आ जाते। महीने में एकाध दिन अंडे का हलुआ वह जरूर बनाते। उन्हें खाने और खिलाने का बड़ा सौख था। अपने भी तो भोगिंदर[3] ही थे। खेबा-खर्चा की कमी थी नहीं, फिर क्यों न खाते, क्यों न खिलाते? ऐसा नहीं कि मुझे भागीदार न बनाते हों। कैसा भी पदारथ होता मेरे लिए सँजोकर जरूर रखते। उन्हीं के परताप से पिंटू होटल का रसगुल्ला मैंने जाने कितनी बार खाया होगा, कोई ठिकाना है!

दस-पंद्रह दिन तक मैं रसोई बनाने में कच्चा रहा, मगर आगे चलकर ऐसा पक्का भनसीआ[4] हो गया कि फूल बाबू के दोस्त तक मेरे बनाए हुए पकौड़े की तारीफ करने लगे। बाकी जो कुछ मैं नहीं बना पाता वह मालिक बड़े सिनेह से, बड़े जतन से बना देते थे। एक बात थी। बात यह कि तिरहुतिया बाँभन बड़े खटकर्मी होते हैं। छोटी जातवालों का छुआ नहीं खाएँगे। अब तो खैर सब चलता है, मगर इस बात का काफी ख्याल रक्खा जाता है कि गाँव-घरवालों को न मालूम हो। पोल सबकी सबको मालूम रहती है। लेकिन एक दूसरे के सामने सभी

---

1. आईना, 2. रसोई, 3. भोगेंद्र, खाने का शौकीन, 4. रसोइया।

बाबू-भैया पाक-साफ बने रहते हैं। फूल बाबू ने मुझे भली भाँति समझा दिया था कि गाँव में यह सब मत बताना!

फूल बाबू बड़े हँसोड़ थे, बड़े खुशमिजाज। तबियत चुलबुली थी। घंटा-आध घंटा चुप रहना उनके लिए भारी सजा थी। भानस-भात, डेरे की रखवाली यह सब सिरिफ बहाना था। सच पूछो तो उन्हें आदमी की कोई जरूरत नहीं थी। और जरूरत होती भी तो क्या पटने में आदमी नहीं मिलते, मगर नहीं, मुझे जो वह ले आए सो एक ही ओजह था। अकेले उनका मन नहीं लगता था। साथी-संघाती दो-चार या कि आठ-दस घंटे साथ रहेंगे। किसी के साथ चौबीस घंटा पिंजरे में कौन बंद रहना चाहेगा? मैं उनके लिए पिंजरे का सूगा था, जिससे वह साम-सुबह, दिन-रात, बखत-कुबखत मन बहलाया करते।

बाप उनके किरपिन थे, माँ की मुट्ठी खुली थी। अपनी माँ की सुफारिस करके कुछ और जास्ती खर्चा फूल बाबू निकाल लेते। बाप ने एतराज किया—बुलुर, अरे क्या करोगे इस छौंड़े[1] को साथ रखकर? दोनों बेर सेर-सेर भर भात ठूँसेगा और टाँगें फैलाकर सोएगा, मत ले जाओ साले को। किसी होटल में ठीक कर लेना। इसको साथ रखने से नाहक ही झंझट में पड़ोगे। गले का घेघ बन जाएगा। मेरी बात पर ध्यान दो बुलुर!

इस पर फूल बाबू क्या बोले थे? बोले यही थे कि होटल का खाना तो बबे, आपका यह गोला[2] कुकुर भी फटकी[3] से सूँघकर छोड़ देगा। आप लोग तो दो-चार महीने में एक ही आध बार हाईकोर्ट जाते हैं। दो-चार साँझ ही होटल में खाने का मौका मिलता है। चार-चार, छै-छै साल तक बरोबर पटना में रहनेवाले पढ़न्तू नौजवान चार महीना भी अगर इन होटलों का खाना खाएँ, तो बबे, घरवालों को उनसे हाथ ही धोना पड़े।

फूल बाबू का उनकी माँ ने पच्छ लिया तब जाकर मैं साथ आ पाया, नहीं तो उनके बाप भारी कसाई थे। ठीक वैसे ही जैसे कि हमारे मझले मालिक। सौ कसाई के एक कसाई, न लड़के का मोह न लड़की का, न भाई का मोह न बहन का, न बाप का मोह न माय का! हाय रुपैया, हाय रुपैया! जब देखो तब रुपैया। मैं तो दो ही रोज रहा उनके यहाँ, इसी में सब समझ गया। दस-बीस हजार की

1. छौड़ा यानी छोकरा, 2. धौरा, 3. अलग से।

लगानी-भिड़ानी थी उनकी। आसपास के इलाकों में दुसाध, मुसहर, चमार, खतबे, पासी, धुनिया, जुलाहा लोगों की बस्तियाँ थीं। मुसीबत के मारे, खगती[1] से सताए हुए जन-बनिहार आजकल भी पेट बेचते फिरते हैं। और भैया, उन दिनों भी इनका यही हाल था। फूल बाबू के बाप इन्हीं गरीबों की जमीन-जजात हड़प-हड़पकर औकातवाले बने थे। इन लोगों का यही पेशा था। फूल बाबू के दादा भी लगानी-भिड़ानी करते थे। परदादा थे बनैली राज में तहसीलदार। चार-चार, छै-छै, आठ-आठ, दस-दस रुपैया देकर वह ऐसी नथान नाथते थे लोगों को कि मरने पर भी बेचारों को छुटकारा नहीं। छोटी जातवाले जन-बनिहारों के पास होता ही क्या? बहुत हुआ तो दो-चार धुर की डीह, दो-एक मड़ैया, एकाध बकरी-बाछी। मगर भैया इन कसाइयों के चलते बेचारों के पास यह सब भी नहीं रह पाता। लिलाम[2] करा लेते हैं। कुर्क हो जाती है। अदालत उनकी, हाकिम उनका, थाना-दरोगा उनका, पुलिस उनकी। गरीबों के लिए सिवाय लात-जूता के और है ही क्या? अब तो तनी-मनी जमाना बदला भी है, बाकी दस-पंद्रह साल पहले देहातों में घुप-अँधेरा था। जिसकी लाठी उसकी भैंस, यही चलता था। आजकल तो दरोगा-पुलिस लोगों से दबने भी लगे हैं। बड़ी जातवालों की माया तब भी अपार थी और अब भी। बात-बात में अपनी गोटी वही लाल करते हैं।

गरीब-गुरबा का गला रेत-रेतकर जमीन-जथा जोड़नेवाले बाप के घर ऐसा देवता किस तरह पैदा हो गया, यही मेरी समझ में नहीं आया। फूल बाबू उन दिनों तो देवता ही थे। इसलिए नहीं कहता हूँ कि मुझे कभी एक चाँटा नहीं मारा, न कभी एक बात ही कही, कहता हूँ इसलिए कि उनका सुभाव बड़ी जातवालों के सुभाव से लाख गुना अच्छा था। झगड़ा-झमेला, झूठ-फूस, लाई-लेपटाई, लल्लो-चप्पो हमारे मालिक को यह सब पसंद कहाँ था? एक दिन की बात सुनाऊँ। सुबह में रोज वह दूध पीते थे। उस रोज ऐसा हुआ कि बाहर मदारी आया था। बानर और बनरिया ताल पर नाच रहे थे। बनरिया बनी थी दुलहिन, बानर दूल्हा। शादी हो गई थी। सुहागरात बाकी थी। मैं तमाशा देखने में मगन था। उधर उधिया[3] कर सारा दूध चूल्हे पर जा पड़ा। मलाई जलने की सोंधी गमक[4] आई, तो मैं दौड़ा, पर गिरा हुआ दूध फिर कहाँ से आए? बाबू गए थे टहलने। रोज टहलने की

1. गर्ज, 2. नीलाम, 3. उफनकर, 4. खुशबू, महक।

उनकी आदत थी। टहलकर आते तो दो बिस्कुट खाते और ऊपर से यही डेढ़-एक पाव दूध पी लेते। उस रोज दूध चूल्हा पी गया था और मैं अपना कसूर छिपाने के लिए झूठ बोल बैठा–बिल्ली पी गई मालिक!

'बिल्ली पी गई?'

मैं अनबूझ अपराधी बनकर नाखून खोटता रहा, निगाह नीचे की ओर किए। मालिक ने नथने फैलाकर हवा में कुछ महक महसूस की और बोले–बलचनमा, झूठ मत बोल। झूठ बोलना और गूह खाना, दोनों को मैं बराबर समझता हूँ। दूध बिल्ली ने नहीं पिया है। साफ-साफ बतला क्यों न दिया? तुझे फाँसी कोई थोड़े देगा!

मुझे भारी अफसोस हुआ और कान पकड़े–फिर कभी मालिक के सामने झूठ नहीं बोलूँगा। एक ही बात थी, जिससे मुझे तरद्दुद होता था। अरे भाई वही तूफानी जमाना था। काँगरेसी लोग नमक बना-बनाकर जहल जा रहे थे। भले तो क्या नाम था, अभी याद नहीं आ रहा है। सबना[1] मङ आंदोलन था कि सबने भंग आंदोलन। फूल बाबू नित्त[2] अखबार पढ़ते थे। अखबारों को सरकार ने बंद करा दिया था, मगर छिपे तौर पर अखबार क्या जाने कहाँ से आता था? लेथो से छपकर निकलता था। कौन निकालते थे, इसका पता नहीं। हमारे मालिक खूम (खूब) डमकी (डुबकी) लगा-लगाकर अखबार पढ़ते थे। अखबार काहे का भैयन, कागज का छोटका ताओ देखा है न? वही ताओ, जिसको मोड़-माड़कर आठ परत की कापी बनाते हैं, वैसा ही फर्द रहता था। इतना बड़ा-बड़ा फर्द नहीं, जितना बड़ा नवराष्ट्र या स्वाधीनता का होता है। लालटेन जलाकर बड़ी रात तक पढ़ते थे। स्कूल-कालेज की किताब नहीं, यही गांधीजी का अखबार।

दस दिन कातिक बाकी रह गया था, तब हम पटना आए थे, बता ही चुका हूँ। अगहन और पूस इसी तरह कटा। आधा पूस में फूल बाबू को सनक सवार हुई, एक दिन नमक बनाने गए। भोरे कह गए–दीघा जाता हूँ, सदाकत आश्रम में हमारे दो-चार साथी-संगी हैं। उन्हीं से मिलना है। रात न आऊँ तो घबराना नहीं। मकान मालिक की बुढ़िया सास से कह दिया है। वह इसी कमरे में सो जाएगी। तुझे डर न लगेगा।

---

1. सविनय अवज्ञा या सविनय आज्ञाभंग आंदोलन, 2. रोज, नित्य।

मुझको पता ही नहीं चला कि मालिक के मन में कौन-सी बिजलता (बिजली) छिटक रही है। मगर इतना जरूर था कि मुझको भीतर ही भीतर उनके लच्छनों से अंदेसा हो रहा था। लग रहा था कि हमारे मालिक भी नमक बनाने जाएँगे और गिरफतार होंगे। मेरे सामने एक ही सवाल था। मालिक जहल चले जाएँगे तो मैं क्या करूँगा? माँ कहो बाप कहो, पटना में वही तो मेरा सबकुछ थे और उनके हेड़ा (खो) जाने से मेरी क्या दशा होगी। यह सोचते ही मेरा रोआँ खड़ा हो जाता। पटना जैसा शहर। लोगों की भीड़भाड़। सड़कों का न ओर न छोर। जान-पहचान का और कोई था नहीं, फिर अकेला होकर मैं मर न जाता? यही अंदेसा था।

सुकुर हुआ कि फूल बाबू उस रोज रात को लौट आए। मेरा तो कलेजा केले के पत्ते की तरह काँप रहा था। अपने लिए भात-दाल और उनके लिए रोटी-तरकारी बनाकर रख दिया और कोठरी में जंजीर चढ़ा दी। बाहर आकर उसी मकान के नजदीक खड़ा हुआ।

शहर में सड़क के किनारे बेकार भी खड़े हो जाओ, तो बहुत बात मालूम होगी। आने-जानेवाले तरह-तरह के चेहरे। एक्का, बग्घी, टमटम, फेरी लगाकर सामान बेचते हुए ठेलावाले। खोन्चावाले। मोड़ पर किसी दुकान के आसरे बैठे मोची। बहुत बातें देखने को मिलेंगी। बड़े घराने की औरतें ठोर रँगकर, गाल पोतकर शाम को घूमने निकलती हैं। सामने से गुजरेंगी तो खुशबू के मारे तुम्हारे नथने फड़क उठेंगे। उनकी साड़ी-जम्फर देखकर आँख दंग रह जाएगी। ऊँची एड़ी की जूती पहनकर जब वे उचकती चलेंगी तो सच बतलाना भैया, अपनी हँसी रोक सकोगे?

लो मैं फिर बहक गया। कहना था क्या और कह गया क्या! हाँ, तो सड़क के किनारे खड़े होकर बटोहियों को देख रहा था। बटोहियों को काहे देखूँगा; मालिक की बाट ताक रहा था। ताकता रहा, ताकता रहा और ताकता ही रहा। जब पैर उखड़ गए, तब कहीं जाकर फूल बाबू आते दिखाई दिए।

नजदीक आए तो देखा ठोरों में पपड़ी पड़ गई है। बाल बिखरे हुए हैं। उन पर धूल छाई हुई है। गर्दन की तरफ से कुर्ते की दो बट्टन खुली पड़ी है। बाँहवाला हिस्सा उसका केहुनियों तक मोड़ा हुआ है।

देखकर बड़ा दुख हुआ। समझने में कसर न रही कि किसी ने बाबू को पानी तक नहीं पिलाया। दिन भर भूखे रह गए। परदेस में कौन किसकी माँ, कौन किसका बाप? काहे कोई तुमसे पूछेगा कि पानी पिओगे, दो मुट्ठी भात खाओगे? काहे कोई पूछेगा? और भैया, बड़े घर के लड़के भारी संकोची होते हैं। प्यासे मर जाएँगे, मुदा गिलास भर पानी नहीं माँगेंगे। भूख के मारे अँतड़ी ऐंठती रहेगी बाकी मुट्ठी भर चना-चबेना माँगकर खा लें, सो नहीं होगा। अपने मालिक की यह दसा देखकर मेरे कलेजे में फार धँस गया। बिलकुल पास आकर वह मुस्कुराए और कहा—बलचनमा, यहाँ क्यों खड़ा है रे?

मालिक की मुस्कान का जवाब बिहुँस[1] कर दूँ, उस दिन ऐसा मुझसे न हो सका। कैसे होता? उनकी तो वह फीकी मुस्कान थी। थके-हारे आदमी की बेबस मुस्कान। उसका जवाब मुस्कुराकर देना निम्मन नहीं था भैया। मैं सीधे डेरे में आया। पीछे-पीछे बाबू आए। इतने थके थे कि धम्म से चौकी पर बैठ गए। फीता ढीला करके उनके पैरों से मैंने जूता निकाल लिया, चप्पल रख दी पास ही। चौका के अंदर जाकर, आसन पर बैठकर खाने की सामर्थ नहीं थी उनमें। जरा दूर कुर्सी पड़ी थी। उसे खींचकर मैंने सामने कर दिया। खाना परोसकर थाली ले आया और कुर्सी पर रख दी। कुल्ला करने के लिए गिलास में पानी दिया तो डबल घूँट पानी मुँह में लेकर वहीं दीवाल के कोने में बाबू ने कुल्ला फेंका। और किसी दिन वह ऐसा नहीं करते थे। हाथ-पैर धोकर कुल्ला करके चौके में आते। पीढ़ी पर बैठकर ठेकाने से खाना खाते। मगर उस दिन तो बेसुध थे बाबू।

खाना खाकर, वहीं थाली में हाथ-मुँह धोकर जो सोए, सो दूसरे रोज दुपहरिया में ही उठे। तीसरे रोज वह फिर दीघा गए और उसी तरह कह गए। उस दिन मैंने कह दिया था—रात को बाहर नहीं रहिएगा मालिक! आप नहीं रहते हैं, तो मुझे डर लगता है।

डर!—उन्होंने कहा था—डर कैसा रे? यहाँ कैसा डर? मैं तो शाम तक लौट ही आऊँगा।

सुनोगे, तीसरे रोज क्या हुआ?

तीसरे रोज दोपहर रात तक मैं उनका आसरा देखता रहा। वह नहीं आए,

1. मुस्कुराकर।

तो हारकर बिना खाए ही मैं सो रहा। यह भी नहीं समझ सका कि कब मकान-मालिक की बुढ़िया सास आई और मुझसे सटकर सो रही। जड़काला (जाड़े का समय) था न, इसीलिए सटकर सोई।

सुबह में फूल बाबू के साथी महेन बाबू आए। आते ही उन्होंने मुझसे कहा–मालिक तुम्हारे पकड़े गए हैं। फूल-माला पहनकर जहल चले गए हैं। तुझे अकेला डर मालूम होता होगा, तो चल हमारे घर। फूल बाबू का सारा सामान तब तक यहाँ बंद रहेगा। तू रहना हमारे यहाँ।

सोलह-सत्रह साल की उमर थी मेरी। देखकर दया आती थी लोगों को। महेन बाबू को भी मेरे ऊपर दया ही आई थी। मालिक उन्हें मेरे बारे में कहाँ कुछ कह गए थे। मगर जब उन्होंने सुना कि फूल बाबू सदाकत आसरम (आश्रम) के नजदीक नमक बनाते बखत पकड़ा गए हैं, तो बेचारे मेरे पास दौड़े आए। अपने साथी के टूगर[1] खबास की खोज-पुछारी करने। और उस रात नींद भी तो मुझे अच्छी तरह नहीं आई थी। उचट गई थी साली। डेढ़ पहर रात बाकी थी तभी जो नींद उचटी, सो एकदम बिहान हो गया। किरन फूटते न फूटते महेन बाबू आ धमके थे।

खटका तो मुझे था ही। मालिक की गिरफतारी सोचकर साम को रसोई बनाते समय मैं रोया था, खूब रोया था–फूट-फूटकर, सुबक-सुबककर। और अभी सच्ची बात मालूम करके बड़ा दुख हुआ। ऐसा लगा कि कोई कोंढ़-करेज में लात मारकर चला गया है। चुप मैं तनिक देर ही रहा। फिर बोला–सरकार, दरभंगा-मधुबनी की ओर आपकी जान-पहचान का कोई जानेवाला हो, तो मुझे उसके साथ कर दीजिएगा। यहाँ तो अपने महतम (मालिक) के बिना मैं रह सकूँगा, खुद भी मुझे इस बात का भरोसा नहीं। इस पर मुस्कुराकर महेन बाबू ने क्या कहा था?

कहा यही कि तेरे लिए जैसे फूल बाबू वैसे महेन बाबू। हम जंगल में थोड़े रहते हैं। आदमी हैं, आदमी के ही बीच रहते हैं। तो, हमारे यहाँ तेरा निरबाह नहीं होगा? तेरे मालिक महीना-दो महीना जेल काटकर छूट आवेंगे, फिर तू उनके साथ ही रहना।

उस बखत महेन बाबू की यह राय चिरैता-सी कड़वी लगी। मैंने सोचा–बाबू

---

1. अनाथ।

लोग बड़े मतलबी होते हैं। इनका नौकर-चाकर भाग गया होगा तभी तो मुझ पर इतना जोर डाल रहे हैं, नहीं तो मँगनी[1] में कौन किसको दाना-पानी देता है? फिर भी इनके यहाँ रहकर दस दिन देखना चाहिए। ऐसे अकेले देस पहुँचूँगा, तो मलिकाइन खोद-खोदकर सारी बात मालूम कर लेंगी। फिर सारा हाल फूल बाबू के माँ-बाप सुनेंगे, तो उनको हौलदिल हो जाएगा। मालिक की माँ तो जरूर ही अन-पानी छोड़कर जान देने को उतारू हो जाएँगी। यह सारा बरमबध[2] मेरे ही मत्थे पड़ेगा? बाप रे! नहीं, ऐसा तो हो नहीं सकता।

भीतर ही भीतर मैंने तय किया कि जब तक फूल बाबू जहल से छूटकर नहीं आते हैं, तब तक मैं देस नहीं जाऊँगा। ठीक ही तो कहते हैं महेन बाबू। जैसे महेन बाबू वैसे फूल बाबू। बोलचाल, रहन-सहन, रंग-ढंग सब बराबर। कहना मुस्किल था कि दोनों में कौन उनैस है, कौन बीस।

तो समझे भैया, जल्दी-जल्दी हमने सामान सरियाया[3], जंगला-खिड़की भली-भाँति बंद कर दी। अपने कपड़े और बिस्तरे, सिलेट-पिनसिल निकालकर बाहर रखा। डेरे में ठोक दिया ताला। चला आया महेन बाबू के साथ।

बड़े खुश हुए महेन बाबू। घर के बारे में बहुत-सी बातें रास्ते में मुझसे पूछ ली थीं। बाप मर गया। दादी मर गई। माँ है, छोटी बहन है। दो-तीन साल भैंस चराई है। यह सब महेन बाबू ने मुझसे मालूम कर लिया था।

शहर के बाहर बाँकीपुर मैदान के नजदीक एक बड़ा बँगला लाल रंग से रँगा था। वह सीधे मुझे अंदर ले गए। हमारी मलिकाइन की उमर से तनिक बड़ी कोई माँजी पीढ़े पर बैठी हुई तिल से कंकड़ चुन रही थीं। महेन बाबू ने मेरा पाखुड़ पकड़कर कहा—अम्मा, फूल बाबू का नौकर है।

अम्मा ने पहले सिर से लेकर पैर तक देखा, तब जाकर बोलीं—फूल बाबू को यह क्या सनक सवार हुई? गांधी ने भले घर के लड़कों को बिगाड़ने का ठेका ले लिया है क्या? पढ़ाई-लिखाई छोड़कर कौलेज के लड़के अब क्या नमक ही बनाया करेंगे?

इतना कहकर सूरज की ओर हाथ करके बोलीं—हे दीनानाथ दिनकर! आप इन लड़कों को सुबुद्धि दें।

---

1. मुफ्त, 2. ब्रह्मवध, हत्या का पाप, 3. ठीक किया।

भारी मकान था। बड़े-बड़े दस-बारह कमरे थे। आँगन में अमरूद, हरसिंगार और नीबू के झाड़ थे। मैं उन्हीं झाड़ों की ओर बकर-बकर ताक रहा था कि अम्मा ने पुकारकर रसोइए से कहा—बाबाजी, फूल बाबू का नौकर आया है। इसका भी खाना बनेगा।

मुझे महेन बाबू लेकर अपनी कोठरी में आए। अपना कोट उतारकर उन्होंने खूँटी पर टाँग दी। कुर्सी पर बैठे और इशारे से मुझे भी बैठने को कहा।

मैं नीचे ही पलस्तर पर बैठ गया। कोठरी अच्छी और बड़ी थी। साफ और सुथरी थी। एक पलंग। कुर्सी और मेज। किताबों से भरी रैक। कपड़े टाँगने की खूटियाँ। पलंग पर चनवे की तरह ऊपर तनी हुई मच्छरदानी। पैर पोंछने का पापोश। बड़ा अच्छा लगा।

महेन बाबू बंगाली थे। हमारे मालिक के साथ पढ़ते थे। दोनों में गाढ़ी दोस्ती थी। मालिक जो घर से चूड़ा, घी, अचार लाए थे, उसमें से आधा महेन बाबू के घर भेजवा दिया। महेन बाबू के बाप और माँ सब पहचानते थे मालिक को। अपने लड़के की भाँति वे फूल बाबू को मानते थे।

बंगाली लोगों का परिवार बड़ा ही भरा-पूरा रहता है। उनकी गिरहस्थी, उनका घर, उनका खान-पान, उनकी ओढ़न-पहिरन देसवाले लोगों से अलग किसिम का होता है। महेन बाबू आठ भाई-बहन थे। बाप थे, माँ थी। विधवा मौसी थी। दो नौकर थे। एक रसोइया था, जिसे बाबाजी कहकर पुकारा जाता। पूरा इस्टेट था भैया। महेन बाबू के बाप सिकटेरियट में अफसर थे। आठ सौ रुपया दरमाहा पाते। बारह साल की पुरानी नौकरी थी। बँगले के पिछवाड़े दो बीघा के करीब खाली जमीन मिली थी। सामने हरी घास का कटा-छटा छोटा-सा मैदान—नीम के दो झूमते-झामते जवान पेड़। लकड़ी का छोटा-सा फाटक। साहब का नाम तकथी पर लिखा हुआ था। घर में घुसने से पहले ही उस तकथी पर तुम्हारी नजर पड़ेगी।

उनके यहाँ चार दिन रहकर मेरे मन को बड़ा संतोख हुआ। महेन बाबू मुझे अपना चाकर बनाके रखे हुए थे। किसी ने एतराज नहीं किया। नौकर को उन्होंने मना कर दिया था—आज से मेरी कोठरी में बलचनमा झाड़ू लगाएगा। मेरी चाह अब से बलचनमा ही इस मेज पर रख जाया करेगा। मेरी धोती को बलचनमा ही चुनियाएगा...कहने का मतलब यह कि अपने सिनेह में महेन बाबू ने मुझे

सराबोर कर दिया। लेकिन भाई मेरे, इतनी आसानी से भला मैं अपने फूल बाबू को कैसे भूल जाता?

बड़े याद आते फूल बाबू। अकेले में कै बार कलेजा फटा, कै बार आँख डबडबाई—कह नहीं सकता। उन दिनों गांधीजी का बड़ा जोर था। पकड़-धकड़ जारी थी। सरकार बहादुर की ओर से कानून है कि नमक सब नहीं बना सकते। गांधी महतमा सरकार को झुकाना चाहते थे। चाहते थे कि दो-चार बातें उनकी मान ले—सरकार। गोरी सरकार अपनी जिद पर अड़ी थी। कलकत्ता, बंबई के सेठ-साहूकार भीतर ही भीतर गांधीजी का पछ ले रहे थे। उनको साफ-साफ लौकता था कि सुराज होने से सबसे जास्ती भलाई उन्हीं की होगी। वे देख रहे थे कि सरकार झुकती है, तो सुराज मिलता है। सुराज मिलता है, तो अधिक से अधिक कल-कारखाने वे खड़ा कर सकते हैं। अभी जो देस को दुहकर सारी धन-सम्पदा अँगरेज ले जाते हैं, सुराज होने पर वह सब सीधे उनके अपने खजाने में आने लगेगी...हाँ भैया, पहले इतनी समझ मुझमें नहीं थी। यह तो पीछे, सयाना होने पर मालूम होने लगी है।

क्या कह रहा था मैं? आंदोलन की बात?

हाँ भैया, याद आई। तीस-बत्तीस का जमाना था। गांधी महतमा के हुकुम से बाबू लोग गिरफतार हो रहे थे। हमारे फूल बाबू को भी गांधी महतमा की बसात लगी थी। मगर मेरी समझ में नहीं आता था कि क्यों लोग नाहक अपने को पकड़वाते हैं। न मार-पीट, न गाली-गलौज, न झगड़ा न झंझट। फिर क्यों किसी को पुलीस पकड़कर ले जाती है! सरकार पगला तो नहीं गई है? मैंने एक दिन महेन बाबू से पूछा भी और उन्होंने जवाब में बहुत सारी बातें बताईं। मगर भैया, मेरी समझ में कुछ नहीं आया। बार-बार यही सोचता कि बाबू को जब जहल ही जाना था, तो मुझे भी साथ ले जाते। यह जो दस-दस, पाँच-पाँच आदमी कुर्ता, धोती, टोपी पहनकर गले में माला डाले चढ़उआ (बलि देनेवाले) बकरे की तरह नमक बनाने जाते थे, सो मुझे बाबू लोगों का एक खिलवाड़ ही लगता था। ऐसे भी कहीं किसी को सुराज मिला है?

ज्यादा देर तक गुम-सुम रहने का मौका महेन बाबू के यहाँ मुझे कभी नहीं मिला। हमारी उमर के बच्चों से उनका घर भरा था। अपने भाई-बहनों में महेन

बाबू ही बड़े थे। तीसरा भाई और चौथी बहन उमर में मेरे करीब थे। चार छोटे-छोटे। उन्होंने कभी मुझे उदास नहीं रहने दिया। बड़े बाबू और अम्माजी की भी मुझ पर अच्छी निगाह थी। पंद्रह-पंद्रह रोज पर हजाम आता और बच्चों के बाल छाँट जाता। सनीचर-सनीचर को धुले कपड़ों का गट्ठर लादे धोबी आता। खाने में दो-एक कुटिया मछली रोज मिल जाती। मैं नहीं चाहता था कि चाह पीने की लत पड़े, लेकिन महेन बाबू जबरदस्ती मुझे चाह पिलाते थे।

और मेरा काम क्या था। वही जरा-मरा महेन बाबू का सेवा-टहल और साम को छोटे खोखा बाबू को रबड़ की पहियोंवाली छोटी गाड़ी पर घुमा लाना। बड़ी मौज थी। भर पेट खाओ और तानकर सोओ। हमारी उस छोटी मलिकाइन के और इस अम्माजी के बीच अकास-पताल का फरक था। यहाँ कभी किसी ने मुझे गाली नहीं दी। किसी ने कुत्ता, सुअर नहीं कहा। किसी ने कान नहीं उमेठे। उलटे यहाँ महेन बाबू की छोटी बहनें तग्गर और कनेर के झुमकों से मेरे कानों को सजातीं-सिंगारतीं। एक बात बताऊँ, कहोगे तो नहीं किसी को? नहीं कहोगे, तो कहूँगा। अच्छा तो सुनो। मुझसे साल-छह महीने की छोटी थी। अनीता नाम था। महेन बाबू की छोटी बहन। एक बहन और दो भाई उससे बड़े थे। साँवली-सलोनी। गोल चेहरा। बड़ी-बड़ी आँखें। बड़ा कपार। पतले होंठ। नाटे कद की थी। नाच-गान सिखाने के लिए उनके यहाँ मास्टर आते थे। पढ़ाने के लिए अलग मास्टर था ही।

बंगाली लोग बड़े मौजी जीव होते हैं। खाली खाना-पीना, पढ़ना-लिखना और रुपैया-पैसा नहीं, गाना-बजाना, राग-रंग भी उनको चाहिए। ठीक न है! कोई अगर ठिकाने से जिनगी को बितावे तो क्या बुरा है? तो भैया, वह अनीता अच्छी नाचती थी। गला भी उसका सुरीला था और मुझे तो बेहद मानती थी। कुछ दिन तक तो मैं उससे कन्नी काटता रहा। बड़े आदमी के बच्चे ठहरे। उनका मिजाज बड़ा ही तुन्नुक होता है। इसी से पहले कुछ दिन तक कन्नी काटता रहा। मगर बाद में देखा कि बेचारी छिपा-छिपाकर मेरे लिए बिस्कुट और चाकलेट लाती है। एक छोटी-सी कंघी और छोटा-सा एक ऐना कहीं से लाकर उसने मुझे दिया और उलहना देकर कहा—दादा (महेन बाबू) के पास रहते हो। वहाँ इतना बड़ा शीशा रक्खा है। कभी-कभी उसमें अपना चेहरा तो देख लिया करो।

'क्यों, क्या है मेरे चेहरे में?'

मैंने यह पूछा, तो अनीता ने मेरे दाएँ गाल में एक हलकी चपत लगाई और कहा—रहेगा क्या? तुम्हारे बाल बड़े अच्छे हैं। सुनहले बाल सबके नहीं होते। इन बालों में कंघी जरूर फिरनी चाहिए...

थोड़ी देर बार फिर बोली—मैं राधा बनूँगी, तू कृष्ण बनकर मेरे साथ नाचेगा?

लोग देखेंगे तो क्या कहेंगे?—उसकी ओर देखकर मैं बोला।

मेरे कान में फुसफुसाकर उसने कहा—दुपहर में कहाँ कोई रहता है! और नाचते समय घुँघरू नहीं पहनेंगे। न झुनुर-झुनुर की आवाज उठेगी, न किसी को पता चलेगा...

उसके बाद अपने दोनों हाथ मेरे कंधों पर डालकर मीठी निगाहों से अनीता ने मुझसे हाँ करा लिया और उसी दिन तो नहीं मगर तीन दिन बाद मौका मिला; हम खूब नाचे। नाचना-वाचना तो मुझे आता नहीं, तब अनीता का हठ था, सो भैया, मैंने उसकी बात रख ली।

फूल बाबू फागुन में छूट आए। महेन बाबू फुलबाड़ी सरीफ के केम्प जेल में जाकर उनसे मिल आए थे, मेरा कुसल-छेम उन्हें बता आए थे। छूटते ही वह सीधे महेन बाबू के मकान पर पहुँचे।

अपने मालिक को देखते ही मेरा मन गहबरिन[1] हो उठा। उन्होंने ठुड्डी उठाकर मेरी आँखों में देखा और कहा—कैसे रहा बलचनमा?

आँखें मेरी डबडबा आईं। कह नहीं सकता कि वह मेरी खुशी का लोर[2] था कि पहले के विछोह का।

फिर वह अम्माजी के पास चले गए। महेन बाबू थे नहीं, मुँडेर[3] गए थे। ननिहाल। उसी रोज साम को मालिक अपने डेरे में चले आए।

मैंने देखा, मालिक बहुत बदल गए थे। सुबह-साम गांधीजी का भजन गाते थे। जेल ही से गीता की एक छोटी पोथी ले आए थे। इधर अगले ही दिन एक चरखा खरीद लाए। अरे भैया, वही चरखा जो छोटे बक्से में बंद रहता। खाना-पीना भी उनका बदल गया था। मसाला-मिरचाई कुछ नहीं। तरकारी उसिन[4] कर खाते थे। एक दिन देखा, गहूम (गेहूँ) भींगने दिया कटोरे में। मैं तो समझ ही नहीं सका

1. विह्वल, 2. आँसू, 3. मुंगेर, 4. उबालकर, सिझाकर।

कि इसका क्या होगा। अगले दिन छाँककर गेहूँ को उन्होंने भीगे अँगोछे पर फैला दिया। अगली सुबह गहूम के दानों में जब अंकुर निकल-निकल आए तब फूल बाबू ने एक-एक कर उन्हें खाया। कभी उबाले हुए आलू, प्याज और गुड़ पर ही रह जाते। मुझे तो भैया, अंदेसा हो गया कि बाबू का मिजाज सनक गया है।

कौलेज से नाम कट गया था। गाँव-घर जाने का तो नहीं, मगर दरभंगा जाकर काँगरेस का काम करने का विचार वह करने लगे। महेन बाबू बीच-बीच में आते और दोनों में देर-देर गपसप होती। मैं उजबुक-सा उनकी बातें सुना करता। अपने मालिक और महेन बाबू की मेहरबानी से अच्छरों में मंतरा (मात्रा) लगाना अब मैं सीख गया था। कट-मट करके बच्चों की पहली पोथी मैं बाँचने लग गया था।

फूल बाबू का मन पढ़ाई से उखड़ चुका था। माँ-बाप की परवाह उन्हें नहीं रह गई थी। उन्होंने महेन बाबू से एक दिन साफ-साफ कहा–भाई, मुझसे यह सब नहीं होगा। घरवाले मुझे वकील बनाना चाहते हैं। वकालत में डेग-डेग[1] पर झूठ बोलना पड़ता है। अब कोई दूसरी-तीसरी नौकरी भी मुझसे पार नहीं लगेगी। जमीन इतनी है कि मेरे माँ-बाप भूखों नहीं मरेंगे। अपने देस की सेवा करने दो। तुम बालिस्टर बनोगे, बिलायत जाओगे। तुम्हारा रास्ता और है, हमारा रास्ता और।

पहले दो महीनों में मेरी माँ के नाम पाँच-पाँच रुपैया का मनिआडर भेजा था। जहल से आए, तो पाँच रुपया फिर भेज दिया।

एक दिन सुबह उठकर मुझसे उन्होंने कहा–बलचनमा, महेन के यहाँ नौकरी करेगा? भाई मैं तो पढ़ाई अब छोड़ चुका हूँ। दरभंगा, समस्तीपुर, मधुबनी, मुजफ्फरपुर, पटना जहाँ कहीं भी काँगरेस भेज देगी, वहीं रहकर काम करूँगा। अब मुझे नौकर नहीं चाहिए। गांधीजी का हुकुम है कि अपना पाखाना तक अपने आप साफ करो। अपने कपड़े आप धोओ। अपना खाना आप पकाओ।

मैं पहले से ही समझ रहा था। थोड़ी देर बाद कहा–चार-पाँच महीने हो गए। माँ याद आती है। घर जाना चाहता हूँ। माँ की राय होगी, तो फिर पटना आऊँगा।

इस पर वह बोले–तो चल, दरभंगा तक तो साथ चलें।

उसी दिन रात के जहाज से हम देस की ओर विदा हुए।

---

1. पग-पग पर।

तीन

मेरी छोटी बहन रेबनी चौदहवाँ पार कर पंद्रहवें में पैर रख चुकी थी, चेहरा-मुहरा खुल आया था। समर्थ[1] हो रही थी। गौने की यही तो उमर है, भैया! हमारी बिरादरी में शादी पर उतना ध्यान नहीं दिया जाता है जितना कि गौने पर।

मेरा मन था कि गौना हो जाए रेबनी का। मुदा माँ मेरी ऐसा नहीं चाहती थी। उसका विचार था कि अभी बच्ची है। दो-तीन साल और नइहर में खाए-खेले, फिर तो जिनगी भर गिरहस्ती का पहाड़ सिर पर ढोना है ही।

माँ जो ऐसा सोचती थी, उसका एक दूसरा ओजह (वजह) भी था। बात यह थी कि हमारे उस छोटे से पलिवार (परिवार) में कुल मिलाकर तीन ही परानी (प्राणी) तो थे। बुढ़िया मर ही चुकी थी। ले-देकर मैं रह गया था, रेबनी थी और माँ थी। मैं सात महीना परदेस में बिता आया था। रेबनी ही थी जिसे छाती से सटाकर माँ सोया करती थी। अब मैं जवान हो चला था। इसी से अलग से तो माँ का प्यार पा सकता था मगर बिलकुल नगीच से नहीं। कहने का मतलब यह है कि रेबनी का गौना हो जाने के बाद माँ बेचारी अकेली पड़ जाती। मेरा रहना और न रहना बराबर था क्योंकि मैं जवान हो रहा था, माँ की देख-रेख, हिफाजत और खबरगिरी और परबरिस तो मैं कर सकता था लेकिन रेबनी की भाँति उसकी सहेली की कमी को दूर करना मेरे बूते की बात नहीं थी। जनानी न ठहरी! समझते नहीं हो। और मैं क्या सोचता था?

अरे भैया, मैं क्या सोचूँगा। मुझे यही था कि जमींदारों का गाँव है। बड़े लुच्चे होते हैं ये लोग। असूल-तहसील का काम गुमस्ता-बराहिल के हवाले, घर-गिरस्ती

1. जवान।

की देख-रेख छुटभइयों के हवाले, सेवा-टहल का काम बहिया-खबास के हवाले, बाकी बचे बेटा-नाती, भाई-भतीजे, सार-सरबेटा। सो बैठे-बैठे तास पीटेंगे, सतरंज खेलेंगे, सहर जाकर सिनेमा देख आएँगे, बेकार मन शैतान का घर। खान-पान और आराम की कमी नहीं, काम करेंगे नहीं। किसी की लड़की सयानी हुई नहीं कि निशाना साधने लग जाते हैं। यह नहीं कि बहन-बेटी सबकी बराबर होती है। अपनी इज्जत-आबरू सम्हालोगे तो दूसरे का भी भला होगा। मगर भैया, जिनके पास दौलत होती है वह निपट अंधे होते हैं, अपना-पराया कुछ नहीं सूझता!

और हम तो गरीब ठहरे। हमारे पास और क्या चीज होती है। कमाने-खटने को ये दो हाथ, माँ-बहन, बेटी की इज्जत-आबरू, यही न हम लोगों की दौलत है? तुम्हीं बताओ, हम इनकी भी हिफाजत अगर न कर पावें तो यह जिंदगानी किस काम की?

हाँ, तो हमारा गाँव जमींदारों का गाँव था। बड़े घरों के क्या जवान, क्या बूढ़े, बहुतेरों की निगाह पाप में डूबी रहती थी। गौना होकर कोई नई-नवेली किसी के घर आती तो इन लुच्चों की आँख उसकी घूँघट के इर्द-गिर्द मँडराया करती। जब तक आधी-पौनी निगाह से ये उसे देख न लेते तब तक नींद न आती, बदमासों को। कई बार ऐसा होता कि जिसे देखने को बाप बेताब हो उठता उसी पर बेटा भी फिदा! उन दिनों मालिक लोगों का ही राज था। उनके खिलाफ तुम अपनी कानी उँगली तक न हिला सकते थे। किसी की इज्जत-आबरू को बेदाग रहने देना न पसंद था उन्हें।

मैं नहीं चाहता था कि मेरी बहन के तन पर कुत्तों की चंगुल पड़े, मैं नहीं चाहता था कि मेरी माँ अपनी लड़की को आमदनी का जरिया बनाए। गरीबी नरक है भैया, नरक। चावल के चार दाने छींटकर बहेलिया जैसे चिड़ियों को फँसाता है उसी तरह ये दौलतवाले गरजमंद औरतों को परपंच (प्रपंच) में फँसा मारते हैं! उनके पास धन भी होता है और अकल भी होती है। अपरंपार है उनकी लीला। बड़े खानदान का अवारा से अवारा आदमी पंडितों और पुरोहितों से भलमनसाहत का फतवा पा जाता है।

सो भैया, मैं चाहता था कि रेबनी अब अपने मर्द के पास रहे। बाबू लोगों की इस बस्ती में अपनी बहन का रहना मुझे नापसंद था। छोटे मालिक, चाहे मझले

मालिक, चाहे दूसरी पट्टियों के बाबू-बबुआन, किसी के इमान पर मुझे भरोसा नहीं था। और अब तो मैं पटना देख आया था। महेन बाबू क्या राजा नहीं थे? उनके यहाँ क्या खपसूरत औरत-मर्दों की कमी थी? वैसी जगहों में रेबनी का चार-छै महीना रह जाना मुझे नहीं अखरता। महेन बाबू के घर के लोग ठंडी और अच्छी निगाहवाले थे। लेकिन, यहाँ महेन बाबू का पलिवार मेरे किस काम आता? यहाँ तो छोटे, मझले मालिक थे, मलिकान की वही पट्टियाँ थीं, हीरा बाबू, बुच्चन बाबू, मानिकजी, बचोल बाबू, लाल साहेब—मालिकों के खचिया भर साहबजादे थे। एक से एक सैतान! एक से एक मजनू! यह हो नहीं सकता कि मेरी बहन पर उनकी निगाह न हो?

माँ इन बातों को नहीं समझती थी, उसको मालिक लोगों पर बड़ा ही भरोसा था। समझाने-बुझाने पर भी वह यही कहती कि पानी में रहकर मगर से बैर? जिन लोगों का जूठन खाकर तू बड़ा हुआ है उन्हीं के बारे में ऐसी-ऐसी बातें सोचता है? अधरम होगा रे बलचनमा, अधरम! गोसैंया[1] नाराज हो जाएँगे। सहर जाकर यही इलम सीख आया है? बूढ़े-पुराने भी तो तेरे इन्हीं लोगों का जूठन खाकर, फेरन-फारन पहन-ओढ़कर अपनी जिनगी गुदस्त कर गए। इतना उड़ाँत मत बन बेटा!

ऐसा ही सोचती थी मेरी माँ। छोटी जाति की दूसरी औरतों का भी मालिकों के बारे में ऐसा ही कुछ खयाल था। गिरती हालत के होने पर भी थे तो आखिर वे मालिक ही ना? मालिक राजा होते हैं और राजा ठहरे भगवान के अवतार! कौन उनके खिलाफ कुछ भी सोच सकता था?

मुदा बराबर मेरे समझाने का नतीजा यह हुआ कि माँ कुछ सोचने को मजबूर हुई। वह राजी हुई कि रेबनी का गौना कर दिया जाए।

बैसाख का महीना था। उस बार आम नहीं फरे थे। अब मुझे पूरी मजूरी मिलने लगी। कच्ची तौल से पूरे चार सेर धान मेरी मजूरी में जिस रोज माँ को मिले उस रोज वह फूली नहीं समाई। एक बुढ़िया भिखमंगनी को उसी खुसी में उसने आधा सेर धान दे दिया। उस रात जब मैं खाने को बैठा तो बड़े सिनेह से माँ पंखा झल रही थी। उसकी निगाह में भैया, अब मैं पूरा आदमी था। था न?

---

1. भगवान।

हमारे यहाँ छोटी जातवालों में मड़ुआ के लिए बड़ा आदर है। कभी-कभी मजूरी में धान के बदले मड़ुआ को ही पसंद करते हैं। इसीलिए गरीबों के पास जो थोड़ी-बहुत भीठा जमीन होती है उसमें मड़ुआ रोपना जरूरी हो जाता है। बैसाख में घड़ों पानी से पटा-पटाकर मड़ुआ का बीआ (बीज) उगाया जाता है। रोज पचीसों घड़े पानी चाहिए उसके लिए। बित्ता-डेढ़ बित्ता का हो जाने पर मड़ुआ उपार लिया जाता है, फिर उसे जोती और भुरभुरी मिट्टीवाले तर खेतों में रोपते हैं। मड़ुआ के साँवले-सलोने पौधों से लहलहाते खेत तुमने कभी देखे हैं? न देखे हों तो देख आना भैया, तबियत हरी हो जाएगी! धान के हरे पौधों की अपनी अलग सोभा है तो साँवलिया बिहारी मड़ुआलाल की अलग।

घर के पिछबाड़े में थोड़ी जमीन पड़ती थी। इस बार मैंने खुद सीक-पटइ सँभाले और मलिकान के पोखरे से भर-भरकर घड़े ढोए। मेरा बाप भी इसी तरह पानी ढो-ढोकर मड़ुआ पटाता था। बहँगी और छिक्कों के सहारे पानी ढोने का मौका इससे पहले कभी मेरी जिनगी में नहीं आया था, फिर भी जिस जोस और उमंग से उस बार मड़ुआ की खेती मैंने की उसे देखकर लोग दंग रह गए। इधर क्या, थकावट मालूम पड़ी तो जड़ा बीड़ी टान ली। बीड़ी पीने का यह चस्का पटने में लगा था। थकान पर बीड़ी की एकाध कस खूब ठीक बैठती है भैया। और फिर मेरा तो यह हाल है कि दो कस खींचा और पट से बुता दी और फिर भैया उस अधजली बीड़ी को कान पर खोंस लिया। तीन खेप में खतम करता था बीड़ी को मैं।

वह मेरी उपजाई हुई पहली फसल थी। डेढ़ कट्ठा खेत में छह पसेरी मड़ुआ हुआ था। कितना मीठा होता है अपनी मेहनत का फल, खुद के उपजाए हुए मड़ुआ की लाल रोटी खाकर पेट चाहे भर जाए, हियाव नहीं भरेगा तुम्हारा; हाँ।

मड़ुआ के बाद धान रोपने के दिन आए। मालिकों के खेतों में दिन भर मैं धान रोपता रहता, घर का सारा काम माँ और रेबनी सँभालतीं। थका-माँदा, मेहनत से चूर-चूर साँझ को जब मैं लौटता तो घर में खाना तैयार पाता, दुपहर का खाना मालिकों की ओर से खेत में ही पहुँच जाता था—दाल, भात, अचार। धनरोपनी के दिनों में गिरहथ लोग खेत के मजूरों को हमारे तरफ खाना भी खिला देते हैं।

इसमें दया-माया की कोई बात नहीं, उनका अपना स्वारथ काम करता है। अपने-अपने खेत पहले आबाद करा लेने की फिकिर पड़ी रहती है। दूर-दूर से मजूर बुलवाए जाते हैं। बाबा, दादा, काका कहा जाता है। सूगा, राजा, मुन्ना की बोली दी जाती है। पूरी मजूरी और एक जून का भरपेट खाना देकर सब अपनी-अपनी खेती कराते हैं। उस बार पहली दफे मैंने पूरी मजूरी पर धान रोपने का काम किया था। छोटी मलिकाइन कुछ दिनों के लिए नइहर गई थीं। नौकरी छोड़कर मालिक घर बैठे थे। खेती का काम मलिकाइन का भाई देख रहा था। मालिक बाबू भर दिन किताब और हारमुनियम में डूबे रहते।

माँ उनके यहाँ घरेलू काम पहले की ही भाँति अब भी किए जा रही थी– बरतन माँजना, पानी भरना, झाड़ू-बुहारी देना, लीपना-पोतना, चूल्हा जलाकर रसोई चढ़ा देना यही कुछ काम थे। काम जास्ती नहीं था, मगर लपटौनी बहुत बड़ी थी। लपटौनी का मतलब समझे भैया? नहीं समझा होगा तुमने। अरे भाई एक होता है काम लेना–चट से कहा पट से काम हो गया। दूसरी होती है घिचिर-पिचिर। घिचिर-पिचिर का मतलब होता है खुद भी उलझन में पड़े रहना और दूसरे को भी उलझाए रखना। न अपने बखत की कदर न दूसरे के। देहात में जो बड़े लोग कहलाते हैं उनके यहाँ न काम की कीमत, न कमकर मजदूरों की। हमारे बाप-दादे दो-दो पहर बैठकर मालिकों की उँगलियाँ चटकाया करते थे। मलिकान के जरा-सी उमर के बच्चे के पैर धोने में उन्हें घंटों लग जाता था। बूढ़े मालिक के लिए तमाकू (सुरती) चुनाते तो आधा पहर उसी में बीत जाता। सुना है, मेरा दादा बड़ी अच्छी खबासी करता था। अपने मालिक की धोती को वह इस तरह चुनियाता–ऐसी बारीकी और इतनी नफासत के साथ–कि कोई फूँक दे धोती को तो सर से उड़ जाए और आकर खाली फिर जस की तस बैठ जाए। मालिस वह इस तरह करता था कि पागल से पागल आदमी की आँखों पर नींद सवार हो जाती। छड़ी बनाने में दस कोस तक उसकी सोहरत थी। लेकिन भैया, उसकी हथेलियों का समूचा रस चाट-चाटकर मालिक के तलवे भले ही गुलाब बने रहे, अपना बाल-बच्चा तो उसका सायद ही कभी पूरी देह कपड़ा पहन सका या पूरा पेट खा पाया। तीन पुरखों का हाल तो मैं भी बता सकता हूँ। मालिकों के जूठन का गुन गाते, उनकी बिकट गालियों को परेम-भाव से सुनते दादी को देखा।

रात-दिन की सेवा करते रहने पर भी पाव-आध पाव खुदी[1] के लिए माँ किस तरह रिड़ियाती फिरती थी, यह क्या भूलने की बात है? और अपने बचपन का थोड़ा-बहुत हाल मैं बता ही चुका हूँ। अब तुम्हीं बताओ कि हमारे तीन पुरखे भला किस काम आए? मालिकों के लिए जिए, मालिकों के लिए मरे। सहर में देखा है, कैसी फुरती से लोग काम करते हैं, कैसे एक दूसरे की मेहनत और बखत का उन्हें ध्यान रहता है। ओह तीन पुस्त पहले जो आदमी कुली-मजूर बनकर पटना पहुँचा और वहीं बस गया उसके बाल-बच्चे पढ़-लिख गए हैं भैया, अच्छा पहनते-खाते हैं। कारीगर, मिस्त्री, फिटर या फोरमैन बन गए हैं। और सात पुस्त उस गाँव में हमें रहते हो गए, फटीचरी में कोई फरक न पड़ा। दादी के मुँह से सुना है, हमारे पुरखा पहले पनिचोभ में बहियागिरी (गुलामी) करते थे। मेरे परदादा के परदादा को वहीं के एक जमींदार ने दहेज में दामाद के साथ कर दिया था। तब से लेकर यह सातवाँ पुरखा चल रहा है। दुनिया बदली है, जहान बदला है। मालिकों की हालत बदली है। हमारी बहियागिरी पर भी काफी असर पड़ा है लेकिन अब भी मालिकों की रहन-सहन इस ढंग की रही कि रात-दिन हम उनके आगे-पीछे दुम हिलाते फिरते थे। काम उतना नहीं जितनी कि खुशामद। हमारे मुँह से दिन में पचास-पचास बार मालिक-मालिक, सरकार-सरकार, हजूर-हजूर सुनने में जाने बाबू लोगों को क्या रस आता। और माँ का तो कुछ पूछो ही नहीं, वह तो बात-बात में रट लगाए रहती—मलिकाइन-मलिकाइन, सरकार-सरकार। कलकतिया, मालदह, किसुनभोग और बंबई की एक फाँक के लिए वह घंटों मलिकाइन के पैर दबाती रहती।

हाँ, तो क्या कह रहा था मैं? यही न कि काम कम था, जी-हजूरी जास्ती थी। हाँ यही कह रहा था। हमारे छोटे मालिक रँगीली तबियत के आदमी थे। चालीस पार कर चुके थे। मोछ-दाढ़ी साफ। लाल-गुलाबी और गोल-मटोल चेहरा ऐसा खपसूरत लगता था कि क्या कहूँ। सिर के बाल कारी-भुजंग थे, घुँघराले। चोटी अलग से नहीं थी। सहर की हवा खाए हुए थे न? बी.ए. तक पढ़कर छोड़ दिया था। पहले कुछ साल सुपौल में मास्टरी करते रहे। बाद में राँची, हजारीबाग की तरफ किसी राजा के यहाँ मनीजरी हाथ लगी। जब तक वहाँ रहे,

1. चावल की कनी।

पौबारह कटी। इधर दो-तीन महीने से घर बैठे थे। मलिकाइन थीं नहीं, मन उदास था।

एक रोज माँ के साथ रेबनी भी गई काम पर। आटा पीसना था। माँ ने कहा–तनि चल गे[1]। दो हाथ लगा देगी तो जल्दी पीस लूँगी। मालिक बाबू मधुबनी जाएँगे, दिन को आम, दूध और फुलका खाकर।

गई रेबनी साथ। दोनों माँ-बेटी आटा पीस चुकीं तो मालिक ने आवाज दी–बलचनमा की माँ, अरे लड़की तो तेरी बढ़कर ताड़ हुई जा रही है।

यह कहकर उन्होंने सिर से पैर तक रेबनी के समूचे बदन पर उड़ती निगाह मारी और नचाकर आँखें मींच लीं। उतरबरिया[2] घर के ओसारे पर पलंग पड़ी थी। तोसक था, उलेंच[3] थी। तकिया थी जिसके दूध जैसे हप-हप उजले खोल पर लाल-हरे धागों से कसीदगिरी की गई थी–चोंच में चोंच भिड़ाए दो सूगा। उसी पर केहुनी टिकाए मालिक बैठे थे।

आँख फाड़-फाड़कर उन्होंने रेबनी को देखा था। आटा पीस चुकने पर माँ से जब उन्होंने रेबनी की बात उठाई तो उसने कहा–बच्ची है बाबू अभी, क्या खा-पीकर ताड़ होगी?

इतना कहकर वह फिर किसी काम में लग गई। बड़ी जातवालों के सामने हमारे घर की माँ-बहनें बहुत कम बोला करती हैं। और उसमें भी रिस्ता अगर मालिक और नौकरानी का रहा तो लिहाज और भी बढ़ जाता है। मगर भैया, बड़े आदमियों की चुलबुली तबियत को इतने में संतोख कहाँ। वे नाहक ही हमारे घरों की जनीजात (औरतों) से बेबात की बात करने का बहाना ढूँढ़ते रहते हैं।

माँ के उस जवाब से छोटे मालिक की तबियत नहीं भरी। थोड़ी देर के बाद वह बोले–तू जाकर आग जला बलचनमा की माँ, रेबनी इधर आए और जरा पंखा झल दे। इतना कहकर मालिक ने ऐसी फुफकार छोड़ी मानो आग में पड़ी बैगन हो। बतला ही चुका हूँ कि मेरी माँ को मालिकों की नीयत पर बड़ा भरोसा था। वह उन्हें देवताओं का अवतार समझती थी।

तो उसने आँख से रेबनी को इशारा किया–जाओ, झल दो पंखा।

पंखा नहीं था, बिजनी थी जो रेबनी के हाथ में थमा दी गई और वह निगाह

---

1. जरा, साथ चल री, 2 उत्तरवाले, 3. बिछाने की चादर।

नीचे किए बिजनी चलाने लगी। बिजनी में मूठ की जगह पतले बाँस की फोंफी होती है। गोल और चिकनी फोंफी के अंदर बिजनी की डंठल पड़ी रहती है। मूठ में लेकर जरा-सा हिलाओ कि बिजनी मानो अपने आप चलने लगेगी–किर्र किर्र, खिर्र खिर्र, किरिर...बड़ी मीठी आवाज होती है भैया! पास बैठकर कोई बिजनी हाँके और तुम लेटे-लेटे हवा खाते रहो तो तुम्हारी कसम भैया, पलक न झुक जाए तो जो कहो।

रेबनी जब बिजनी झल रही थी तो आहिस्ते से मालिक ने सिरहाने के अंदर हाथ डाला और अठन्नी निकाली। पलंग के पावे का मत्था चिपटा था। उसी पर उन्होंने अठन्नी रख दी। रेबनी की आँख में लालच की लकीर नहीं खिंची, उसने अठन्नी की ओर देखा तक नहीं। पहले की तरह थिर रहकर मालिक को हवा करती रही। मन में सोचा कि दुकान से उसका कोई चीज-वस्तु मँगवाना चाहते हैं। इसी से अपना चुपचाप रेबनी बिजनी झलती रही।

और इधर मालिक के मन में भैया, सैतान झिंगुर की तरह झझकार रहा था। वह सोच रहे होंगे, लड़की है कि खंभा है। न हिलती है न डुलती है। कैसी पत्थर है।

उन लोगों का ऐसा सोचना फाजिल नहीं था। क्योंकि जब वे नौजवान थे तो इसी गाँव में दुअन्नी के बदले जवान लड़की मिलती थी।

खैर, रेबनी अडिग होकर मालिक को हवा कर रही थी।

फिर मालिक ने अठन्नी की तरफ इशारा करते हुए कहा–उठाती क्यों नहीं?

रेबनी ने एक नजर अठन्नी की ओर डाली और फिर बिजनी झलने लगी। जरा रुककर मालिक से उसने कहा–कुछ मँगवाना है सरकार? दुकान जाऊँ?

कहते समय रेबनी की निगाह नीचे की ओर थी। आँखों में तनिक भी बिकार नहीं था। एक तो इस उमर में लड़कियाँ योंही लजाधुर[1] हुआ करती हैं भैया, और हमारी बहन का तो हाल ही न पूछो। लड़कपन से ही वह सील-संकोचवाली थी। आँख मिलाकर किसी से बातचीत करते कभी उसे देखा ही नहीं। यह सोचकर कि बनती है, मालिक मुस्कुराए। सिर हिलाकर, भौंहें तानकर आँखों को नचाया। वह हवा करती जा रही थी, सैतानी खुरापात से बिलकुल अनजान।

---

1. शर्मीली।

अपनी पहली उमर में खेले-कूदे हुए थे मालिक। ऐसे मौकों पर गुम-सुम खड़ी या ना-ना कहती बीसियों रेबनी की उन्होंने कलाई पकड़ी थी। वह उनके लिए महज मामूली बात थी–खाँसने-छींकने की तरह भैया, बिलकुल मामूली बात।

रसोईघर के अंदर उधर माँ हँसिया से लौकी चीर रही थी। जानते ही हो, बड़े आदमियों का आँगन कितना बड़ा होता है। उतरबरिया और दछिनबरिया घरों के बीच कितनी दूर का फैसला होता है। उस ओसारे पर कोई बात करेगा तो इधरवाले को कुछ भी सुनाई नहीं देगा, भैया।

इस ओसारे पर छह महीने का चिलका[1] गला फाड़-फाड़कर मर जाएगा तो उस ओसारे पर बैठी चिल्काउर[2] को पता न चलेगा। काज-परोजन के दिनों में पड़ोस के हजारों बाभन पाँती में बैठकर जीमते हैं। सूखने के लिए पचास-पचास मन धान का पथार लगता है। इतने-इतने बड़े आँगन होते हैं जमींदारों के। तो भैया, मालिक ने यही मौका देखा और चट से रेबनी की कलाई पकड़ ली।

हाथ झटककर फुरती से रेबनी दो कदम पीछे हो गई। मानो किसी ने सिर पर सूप भर आग उझल दी हो! बिजनी हाथ से छूट गई थी। चीख के बदले हल्की हाय सुनकर मालिक ने इसे नाटक समझा और पलंग से उठकर आगे बढ़े।

मैयाँ गे मैयाँ–चिल्लाती हुई रेबनी भागी तो मालिक ने उलटे चिल्लाकर कहा–कहाँ गई री बलचनमा की माँ, तेरी लड़की को तो भूत लग गया है। एक हाथ में हँसिया और दूसरे में छिली हुई लौकी की फाँक लिए माँ दछिनबरिया घर से बाहर निकली तो रेबनी बेतहासा दौड़ी और उससे चिपट गई–गे माँय गे माँय! वह सैतान भी आँगन में कुछ दूर बढ़ आया था और सूखे गले से बुरी तरह खिलखिला रहा था।

मेरी माँ इस तरह हक्का-बक्का हो गई कि आँखें फाड़कर रेबनी की तरफ ताक भर रही थी। इधर मालिक ने पैंतरा बदला। अपना दाहिना हाथ हिला-हिलाकर जोरों से चीखने लगा–होय् होय्! बाप रे बाप! बिड़नी (बर्रे) ने काट खाया।

रेबनी को छोड़कर माँ दौड़ आई। इसी बीच मालिक ने बाँह पर अपने आप चिकोटी काट ली कि जरा-मरा लाली निखर आवे। इसके बाद उन्होंने माँ से कहा–दो बूँद मिट्टी का तेल तो ले आओ।

---

1. नवजात शिशु, 2. जच्चा।

हमारे यहाँ बर्रे काटने पर मिट्टी का तेल लगाते हैं। घर में मिट्टी का तेल था नहीं। यह बात मालिक को मालूम थी। इसलिए माँ से उन्होंने कहा–दौड़ो, कहीं से ठोप[1] भर मिट्टी का तेल तो लाओ।

उधर दछिनबरिया ओसारे पर बैठकर रेबनी सिसक रही थी। आँगन फिर सूना पड़ गया क्योंकि माँ मिट्टी का तेल लाने चली गई थी। नजदीक आकर मालिक ने रेबनी से कहा–पगली कहीं की! आखिर हुआ है क्या तुझे? मैंने तो योंही जरा छू दिया था और तू करनपिसाची खेलने लगी! तेरी जितनी उमर में ही तेरी माँ का गौना हुआ था। और इसी तरह पचासों बार मैंने उसका हाथ पकड़ा होगा...

झूठ–गुस्से में तुनककर रेबनी ने जवाब दिया–झूठ बोलते हैं आप! इतना कहकर उठ खड़ी हुई। दोनों हाथ फैलाकर आगे से मालिक ने उसे घेरना चाहा। रेबनी की भवें इस बार तन गईं, चेहरे पर घिन छा गया। हिम्मत बाँधकर उसने कहा–यह क्या हो गया है आज आपको मालिक? सरकार...

सरकार...सरकार...सरकार...! गिरहथ ऐसी हँसी हँसे कि रेबनी का होस गुम हो गया। गुस्सा, नाराजी और बरजोरी की यह खिलखिलाहट पंद्रह साल की उस अबोध लड़की के लिए बिलकुल नई चीज थी भैया, एकदम नई चीज!

डर के मारे उसका कलेजा काँपने लगा, काँपने लगा जैसे कि केले का नया चिकना पत्ता बयार की हलकी से हलकी सिहकी पाकर काँप उठता है। थोड़ी देर के लिए बिचारी का होस-हवास गुम हो गया। अचेत जैसी हो गई। मगर रही खड़ी ही।

एकाएक रेबनी के अंदर बिजली जैसी गुस्से की लहर दौड़ गई। उसका अंग-अंग मानो झनझना उठा। आँखों में लाली चढ़ आई। सीना धड़कने लगा। होंठ फड़फड़ाने लगे।

मालिक अपनी धुन में मस्त थे। उस राच्छस ने तय कर लिया था कि आज इस छोकरी को अछूती न छोड़ूँगा। बहुत दिनों से उसकी आँखें मेरी बहन पर लगी हुई थीं। वह मौका खोज रहा था। और दैव की इच्छा, आज सैतान को वह मौका हाथ लगा था। एक साधु के मुँह से मैंने एक बड़ा ही अच्छा पद सुना था भैया! लेकिन अब याद नहीं है। उस पद का मतलब यही था कि कामिनी और कंचन

1. बूँद।

के पीछे किसी का मन जब खिंचता है तो उस पर सौ बोतल दारू का नसा चढ़ जाता है। सो, हमारे छोटे मालिक पर भैया उस दिन सौ बोतल दारू का नसा चढ़ गया था। अपना होस-हवास वह खो बैठे थे।

आखिर उन्होंने रेबनी को जबरन जमीन पर गिरा दिया और खुद उसके बदन पर काबू पाने की कोशिश करने लगे। पंद्रह साल की वह असहाय लड़की अपनी समूची ताकत बटोरकर उस पस्त हालत में भी मुकाबिला करने लगी। कुत्ते और बिल्ली की लड़ाई कभी तुमने देखी है भैया? वही हाल था, मेरी बहन ने हार नहीं मानी। उसने मालिक के पहुँचे पर इतने जोर से दाँत गड़ा दिए कि ससुर अचेत हो गए और रेबनी बिजली की फुर्ती से उठकर भाग आई।

इसके बाद जो बवंडर उठा उसने मेरी जिनगी के बहाव को ही मोड़ दिया।

बात यों हुई कि छोटे मालिक बिलकुल आगबबूला हो गए। मिट्टी का तेल लेकर माँ जब उनके पास पहुँची तो उस बेचारी की पीठ पर उन्होंने कसकर चार लात जमाई। मेरी माँ रोई नहीं, ऐंचकर रह गई। रेबनी को जब उसने वहाँ न देखा तो किसी भारी अंदेसा से उसका सिर चकराने लगा। छोटे मालिक के इस राच्छसी सुभाव को वह नहीं जानती हो, ऐसी बात नहीं थी। वह सब जानती थी। बेचारी का चेहरा सफेद पड़ गया। अदंक (आतंक) के मारे आँखों के आँसू सूख गए। आँगन को सूना पाकर मालिक ने पीछे उसे पानी भरने की रस्सी से हाथ-पीठ कसके पलंग से बाँध दिया। अब वह फूट-फूटकर रोने लगी तो मालिक ने गुर्राकर कहा—बोल साली, अपनी बेटी को यहाँ ले आएगी कि नहीं? बोल!

वह बेचारी क्या जबाब देती! अपनी जान के डर से लोग क्या नहीं बक जाते हैं। मगर मेरी माँ बड़ी दिलेर थी। हमारी दादी की तरह बात-बात में दाँत निपोड़ना उसने नहीं सीखा था। तबीयत की झगड़ालू न होने पर भी अपनी आन-बान की वह बहुत पक्की थी।

उस रोज वैसी हालत में भी मालिक हमारी माँ से किसी तरह का बचन न ले सके। बड़ी पिटाई पड़ी थी उस पर, आह-ऊह करके हाय राम-हाय राम, हाय गोसैंयाँ-हाय गोसैंयाँ करके हमारी माँ ने सारा दरद, सारी पीर निकाली, घड़ों आँसू बहाए फिर भी उस बहादुर औरत ने इस शर्त पर मालिक की कैद से छूटना न चाहा कि रेबनी को हमारे पास ले आना होगा। ना, पीछे उसने आँसू भरी आँखों

से रो-रोकर बताया था—बबुआ बालचन! मर जाना लाख गुना अच्छा है मगर इज्जत का सौदा करना अच्छा नहीं।

अपनी माँ के मुँह से ऐसी भारी बात सुनकर मेरी छाती बाँसों उछलने लगी। बहुत बड़े भागमंत को ही ऐसी माँ मिलती है भैया। मैंने भी यह ठान लिया कि चाहे उजड़ जाना पड़े, चाहे जहल-दामुल हो, चाहे फाँसी चढ़ूँ मगर कभी जालिम के सामने सिर नहीं झुकाऊँगा।

मैं उस रोज घर में नहीं था, बाहर गया हुआ था। दूर नहीं, दो-अढ़ाई कोस पर। बात यह थी कि महपूरा में खान बहादुर सदुल्ला खाँ कुस्ती के बड़े सौकीन थे। नवाबी खानदान के थे। बहुत बड़ी जमींदारी थी। इलाके भर में यही दो खानदान थे जो सैकड़ों साल से राज करते चले आ रहे थे। एक खानदान यही हमारे मालिकों का था, और दूसरा खान बहादुर का। हमारे मालिकों की जमींदारियाँ बहुत सारी बिक चुकी थीं। दस ही पाँच हजार सालाना आमदनी के मौजे बच रहे थे। यह मामूली जमींदारी भी कई पट्टियों में बँटकर छोटी से छोटी हो गई थी। सोलह आने की सरकार छोटी-बड़ी पट्टियों में बँटते-बँटते एकन्नी, अधन्नी, पैसा, पाँच कौड़ी, दो कौड़ी और आधी कौड़ी तक की हो गई थी। हमारे मलिकान की ऐसी एक पट्टी के बाबू का नाम पचकौड़ी बाबू था। एक दूसरी पट्टी के किन्हीं बाबू का नाम तिनकौड़ी बाबू था। मगर नवाबी खानदान की जमींदारी अभी तक बरकरार थी। पुराना रोबदाब महपूरावालों का भी उठ नहीं गया था। फिर भी पचास-साठ हजार रुपयों के वसूल-तहसीलवाली जमींदारी जैसी होनी चाहिए सो तो था ही।

खान बहादुर को कुस्ती लड़ने का बड़ा सौक था। दो पहलवान तो उन्होंने खुद ही पाल रखे थे। उनका कहना था कि हाथियों के बदले पहलवान पालना चाहिए, सवारी का काम तो बग्गी-टमटम से भी चला लिया जा सकता है मगर अखाड़े में जब दो पैंतरेबाज पट्ठे आपस में गुथते हैं फिर जो मजा देखनेवालों को मिलता है वह भला हाथी पालने से क्या खाक मिलेगा!

तो मैं उस रोज महपूरा गया था दंगल देखने। लौटा तो शाम हो चुकी थी। गाँव के बाहर ही चुन्नी मिला। यह मेरा हमजोली था। उसी ने हमको पहले टोका—कौन? बालचन?

पानी का बाहा[1] था। उसमें लाठी घोंपकर उसके सिरे के सहारे छलाँग मारकर मैं बाहर टप आया और जबाब दिया–हाँ चुन्नी, देर हो गई। महपूरा से आ रहा हूँ।

"खूब कुस्ती देखी होगी! कै जोड़े थे?"

मैंने आगे बढ़कर कहा–मीता, तू तो गया ही नहीं। तुझे तो न अपनी भैंस से फुरसत मिलती है न मेहरिया से। भैंस खोलता है तो मेहरिया बन्ही रहती है। मेहरिया को चराता है तो भैंस बन्ही रहती है।

मुझे हँसी आ गई। जोर से भभाकर मैं हँसा लेकिन जबाब में चुन्नी चुप रहा। मैंने सोचा–अँधेरा है, चुन्नी मुसका रहा है। फिर पूछा–बोलते नहीं? भाभी ने दुलत्ती झाड़ी है? चोट लगी हो तो चलो मैं मालिस कर दूँगा। पटने से सीख आया हूँ।

अब हम एक दूसरे के करीब पहुँच गए थे। झाँककर मैंने देखा। चुन्नी का चेहरा बड़ा उदास था। खुले होंठों से सफेद दाँत भी उदासी का ही सबूत दे रहे थे। लाठी को बगल में दबाकर दोनों हाथों से मैंने चुन्नी के कंधे झकझोरे और कहा–क्या बात है? इतनी देर से तुम चुप क्यों हो? कोई नई बात तो नहीं हुई है?

अब भी चुन्नी कुछ नहीं बोला। धीरे से मेरे हाथों को अपने कंधों से छुड़ाते हुए वह बोला–कुछ नहीं।

इतना कहकर चार डेग[2] आगे बढ़कर चुन्नी फिर ठिठक गया। खटका तो मेरे मन में पहले ही हो गया था, अब संदेह पक्का हो गया कि हो न हो टोल-पड़ोस में कुछ खराब बात जरूर हुई है। अब मेरी भी चुहलबाजी खतम हो गई और किसी खतरे का अंदेसा सूआ बनकर मन को बेधने लगा। चार कदम मैं भी आगे बढ़कर चुन्नी के आगे खड़ा हो गया और बोला–मेरी कसम। बोलो, क्या हुआ है, भैंस तो तुम्हारी किसी के खेत में नहीं चली गई थी? मलिकान के किसी छोकड़े ने तो कोई बात नहीं कह दी।

अब भी चुन्नी चुप ही रहा। सिर्फ मेरा हाथ पकड़कर वहीं पगडंडी के किनारे पोखर के भिंडे पर धम्म से बैठ गया। मैं भी बैठा। मन मेरा भी भारी हो चुका था।

थोड़ी देर हम दोनों चुप रहे, फिर चुन्नी बोला, फुसफुसाकर–तुम घर न जाओ।

---

1. नाला, 2. कदम, पग।

क्यों?–आँखें फाड़कर और दम साधकर मैं उसकी ओर देखने लगा। वह संछेप में दिनवाली सारी बात मुझे बतला गया और फिर कंधे पकड़कर कहने लगा–बालचंद, आज दिन भर छोटे मालिक के हरवाह-चरवाह तुम्हें खोजते फिरे हैं, पचीसों आदमियों से उन्होंने तुम्हारे बारे में पूछा है कि कहाँ गया बलचनमा। भाई, थोड़ी देर यहीं तू बैठ, मैं झाड़ा[1] फिरकर आता हूँ फिर तुझे अपने यहाँ ले चलूँगा।

मेरे पैरों के नीचे से मिट्टी खिसकने लगी। आँखों के आगे अँधेरा छा गया। मैं गूँगा बन गया। मुझे उसी हालत में छोड़कर चुन्नी दीसा[2] फिरने गया। घुटनों पर कपार रखकर मैं गुमसुम उसी तरह बैठा रह गया। मेरे मन में किसिम-किसिम के भाव उठ रहे थे। एक मन तो यह होता था कि पघरिया हाँसू[3] लेकर दोपहर रात में जाऊँ और छोटे मालिक का गला काट आऊँ। दूसरा मन यह होता था कि मालिक के कागजातों के उन बंडलों को उड़ा लाऊँ जिनमें हजारों की लेन-देन का तमस्सुक और सैकड़ों दस्तावेज रक्खे हुए हैं। तीसरी बात जो मन में उठ रही थी वह यही कि माँ-बहन को लेकर रातोंरात पटना भाग जाऊँ। चौथी बात यह भी मन में बड़े जोर से उठी कि उलटे यहीं से दरभंगा चला जाऊँ अकेले। वहाँ जाकर फूल बाबू से छोटे मालिक की करतूत बतला दूँ। इस तरह किसिम-किसिम की बातें मेरे मन में उठ रही थीं। ऐसे तूफान में मैं कभी नहीं पड़ा था भैया, छोटे मालिक के बारे में ऊँचा विचार तो मेरा कभी नहीं रहा लेकिन यह आदमी ऐसा राकस होगा, यह तो मैंने सपने में भी नहीं सोचा था।

चुन्नी इतने में दीसा फिरकर पोखर में पानी छूने आया। आवाज आई–छपर-छपर-छप्प–छपर-छपर-छप्प।

इस आवाज से मुझे कुछ होश हुआ और मैं सँभला, आखिर चुन्नी से भी पूछ लूँ। अकेले दिमाग कुछ काम नहीं कर रहा था। मन बवंडर का तिनका बन रहा था।

हाथ मटियाकर, पैर धोकर, कुल्ला करके चुन्नी ऊपर आया पोखर के भिंडे पर, जहाँ मैं बैठा हुआ था। मेरा कंधा हिलाकर उसने कहा–पगलई से तो कुछ होगा नहीं, ठंढा मन से सोच-विचार कर और दोस्त-मीत से सलाह-राय लेकर तब ठीक करना चाहिए कि इस राच्छस को हम किस तरह से सजा दें।

1-2. टट्टी-फराकत, 3. बड़ी हँसिया।

चुन्नी की यह बात मुझे ओजनदार मालूम हुई। दोस्त-मीत, हीत-बंधु तुम्हें सब जगह मिलेंगे भैया! जहाँ अपनी अकिल काम न करे वहाँ हीत-मीत से राय लेनी ही चाहिए। एक आदमी की अकिल से दस आदमियों की मिली-जुली अकिल लाख गुना अच्छी है। मुझे उस बखत कुछ नहीं सूझ रहा था। चारों ओर घुप्प अँधेरा नजर आ रहा था। कोंढ़-करेज थर-थर काँप रहा था। ऐसी हालत में चुन्नी हमारा सहारा हुआ और मैं उठकर खड़ा हुआ।

वह बोला—जा तू भी घाट पर, हाथ-मुँह धो आ। ठेहुना-गोड़ धोने से, मुँह-हाथ धोने से थकान भी मिटेगी और मन भी हलका होगा।

लाठी उसे थमाकर मैं पोखर के घाट की ओर बढ़ा। नीचे छाबा भर[1] पानी में उतरकर हाथ-मुँह धोए, खखारकर गला साफ किया। रगड़-रगड़कर ठेहुना-छाबा धोया। आँख-नाक, कपार, कान, कनपट्टी, गरदन, बगल पर हाथ फेरा और बाहर निकल आया। चुन्नी तब तक खड़ा ही था। फिर हम दोनों आगे बढ़े गाँव की ओर। वह आगे-आगे और मैं पीछे-पीछे।

चुन्नी मुझे सीधे नहीं ले गया। मलिकान की पट्टियों से फरक-फरक गोसाईंजी के भीठे खेतों की मेंड़ पर से तीरी अमात के घर के पिछबाड़े होते हुए वह मुझे अपने यहाँ ले आया। भैया, तुम भी तो देहात के ही रहनेवाले हो। जानते ही हो कि गाँव के लोग साँझ-सकारे खा-पीकर सो जाते हैं। बूढ़-पुरनियाँ तो रात में बड़ी देर तक खाँसते-खोंखते रहते हैं या फिर अँधेरे में ही अपने बीते दिनों की याद में विभोर होकर बतियाते-बतराते रहते हैं। दिन की कड़ी मेहनत से चूर-चूर जवान और अधेड़ लोग बहुत तड़के सबेरे ही सो जाते हैं। खेती का मौसम न रहा तो बेकारी में सोते-ऊँघते दिन बीतता है और तब भी रात को जल्दी नहीं सोते। लोरिक, बिरहा, सल्हेस या कबीर के भजन गुनगुनाते रहते हैं या फिर किसी चौपाड़ पर पुआल के बीड़ों पर बैठे हुए उन्हें तुम खैनी मलते और चिलम फूँकते पाओगे। औरतें देर तक जगी रहती हैं और तड़के उठ जाती हैं।

चुन्नी का बाप मनियार मंड़ड़ मामूली ढंग का खेतिहर था। अपनी पहली उमर में सात साल तक ढाका के किसी चटकल में मजूरी करके काफी रुपैया चुन्नी की माँ को उसने भेजा था। चुन्नी की माँ जिन्हें हम छोटी उमर से ही धन्नो चाची

1. घुटना भर।

कहने के आदी हो गए थे, बड़ी लछमिनियाँ थी। अपने घरवाले की कमाई से धीरे-धीरे उसने तीन बीघा खेत भरना ले लिए थे। अब ये लोग छोटी जातवालों में हैसियतवाले माने जाते थे। माने ही नहीं जाते थे, हैसियत थी भी। दो भैंस थी, एक जोड़ा बैल था, आँगन में चारों ओर घर थे। कमाने-खटनेवाले तीन समर्थ जवान थे। मजबूत काठी की दो कमासुत जनाना थीं। बेर-बखत पर सलाह देने के लिए बूढ़ा था। लछमिनियाँ बूढ़ी थी। हमारे यहाँ ऐसे पलिवार को भरा-पूरा पलिवार कहते हैं।

उस रात कहीं बिरादरी का भोज था। चुन्नी के दोनों भाई और बूढ़े मंड़ड़ खुद बाल-बच्चों को साथ लेकर पत्तल गरमाने गए थे। रसोई का झंझट न रहने से जनीजात भी पड़ोस के आँगन में गप्प लड़ाने गई थीं। दरवाजे पर भैंस और बैल बँधे थे। बैठक खाली थी। घर सूना था।

ऐसे समय में पैर मारकर हम दोनों उस आँगन में घुसे। चुन्नी ने अपने पुरबिया घर का केबाड़ा खोलकर कहा—आराम कर, मैं खाने का इंतजाम करता हूँ और तुम्हारी माँ की खबर भी लिए आता हूँ।

चुन्नी चला गया। मैंने अपनी लाठी कोने में भीत के सहारे खड़ी कर दी। गंजी निकालकर अरगनी पर टाँग दिया। धोती का ढट्ठा जरा ढीला कर लिया और बिछी हुई सितलपाटी[1] पर अँधेरे में लेट गया।

बड़ी भूख लगी थी भैया, मगर जो कुछ हुआ था उसके आगे भूख साली सूखकर अँतड़ी के किसी कोने में समा गई थी। दादी ने एक बार कहा था—बहुत जास्ती खुसी हो तब भी भूख मिट जाती है, जास्ती रोग-बिरोग हो तब भी भूख मिट जाती है। सो उस दिन मेरी भूख उड़ गई थी। मैं बार-बार अकेले उस अन्हरिया में यही सोचता था कि छोटे मालिक से बिना डटकर मोर्चा लिए निस्तार नहीं। साफ-साफ बात थी। या तो तुम अपनी बहन को उस जालिम के हवाले कर दो या फिर मुसीबतों का पहाड़ खुशी-खुशी सिर पर उठा लो। दो ही बात थी, तीसरा रास्ता नहीं था। मैंने मन ही मन अपनी ओर से पक्का कर लिया कि कैद काटूँगा, फाँसी चढ़ूँगा, गाँव से उजड़ जाऊँगा। जोश में आकर भैया, मैं उठकर बैठ गया। कमर सीधी कर ली। उस घुप्प अँधेरे में भी अपने दुश्मन की परछाहीं

1. खजूर के पत्तों की बिनी चटाई।

मैं साफ-साफ देखने लगा। उस राच्छस को ललकारते हुए मैं बोल उठा—बेसक! मैं गरीब हूँ। तेरे पास अपार संपदा है, कुल है, खानदान है, बाप-दादे का नाम है, अड़ोस-पड़ोस की पहचान है, जिला-जवार में मान और मेरे पास कुछ नहीं है। मगर आखिरी दम तक मैं तेरे खिलाफ डटा रहूँगा। अपनी सारी ताकत को तुम्हारे विरोध में लगा दूँगा। माँ और बहन को जहर दे दूँगा लेकिन उन्हें तू अपनी रखैल बनाने का सपना कभी पूरा न कर सकेगा...

मैं बैठा नहीं रह सका। अंदर से निकलकर आँगन में घूम-फेर करने लगा। तुमने कलकत्ते का चिड़ियाघर देखा है भैया? वहाँ जिस पिंजड़े में शेर रहता है, वह देखा होगा। शेर जब नाराज रहता है, गुस्से से उसकी आँख लाल रहती है और वह पिंजड़ा में बंद रहता है तो क्या करता है? करता है यही कि अपने पिंजड़े में पाँच कदम इधर, पाँच कदम उधर, किसी भाँति अपनी नाराजी की आँच को चहलकदमी करके पचाता है। सो भैया, मैं भी अपने गुस्से की आँच को चुन्नी के उस छोटे से आँगन में फेरा लगाकर पचाने लगा।

अरे तुम घूम रहे हो—चुन्नी की आवाज आई तो मेरा ध्यान टूटा। उसके एक हाथ में रोटी थी, दूसरे में कटोरा। मेरे कुछ पूछने से पहले ही वह बोला—रेबनी सो गई है और चाची (मेरी माँ) लेटी पड़ी है। मैंने उन्हें समझा-बुझा दिया है। तुम्हारे बारे में निचिंत कर दिया है। लो पीढ़ा पर बैठ जाओ, खा लो। मैं डोल लेकर ताजा पानी भर लाता हूँ।

मैं नहीं बैठा तो चुन्नी ने हाथ पकड़कर बैठा दिया। रोटी का बड़ा-सा टुकड़ा तोड़कर तरकारीवाली कटोरी में उसे डुबाकर चुन्नी ने मेरे मुँह में कोंच दिया। मिरचा मैं बचपन से ही थोड़ा कम खाता हूँ मगर रामतरोई की उस तरकारी में बनानेवाली ने न जाने कितना मिरचा झोंक दिया था! मिर्च के तीखे-तीते स्वाद ने मेरा नसा तोड़ दिया। नसा ही कह लो भैया, क्योंकि मन की बेचैनी, दिमाग की परेसानी, अंदर की बेकली भी आदमी को उसी तरह बेहोस कर देती है जिस तरह दारू और ताड़ी।

तो तरकारी के कड़ुएपन से मेरा ध्यान टूटा, मैंने पूछा—और तुम क्या खाओगे?

मैं तो खाकर गया था पोखर की ओर। छोटी भैंस की तबियत खराब है। सरदी हो गई है। इसीलिए बिरादरी के भोज में न जा सका। खाना दिन का ही

रक्खा हुआ था। तुम्हारे लिए रामचरन चाचा के यहाँ से रोटियाँ ले आया हूँ। उनके यहाँ बुढ़िया के पथपानी के लिए बराबर आग जलती ही रहती है।

चुन्नी ताजा पानी ले आया था। रोटी जौ की थी। रामतरोई की तरकारी और जौ की सोहारी[1] बड़ी अच्छी होती है, लेकिन उस रोज तो मेरी जीह ही पथरा गई थी। जैसे-तैसे निगलकर भर छाँक पानी पिया और बाहर जाकर मुत्ती कर आया। मैं चाहता था चुन्नी से बातें करना। लेकिन उसे किसी जरूरी काम से बभनटोली जाना था। उसने कहा—अभी आराम करो, तड़के हम उठेंगे और तब बातचीत होगी।

मैं देर तक गुन-धुन में पड़ा रहा। किसिम-किसिम की बातें सोचता रहा और उसी सोच-फिकिर में पता नहीं, कब नींद आ गई।

1. चपाती।

चार

चुन्नी ने अगले रोज तड़के ही मुझे उठाया और बताया कि फूल बाबू से काम सधेगा, छोटे मालिक उन्हीं से दबेंगे।

चुन्नी की यह सलाह अच्छी जँची। चुपचाप मैं लहेरियासराय पहुँचा, टरेन (ट्रेन) मौके पर मिल गई थी। लोगों से पूछ-पाछकर बरहमपुरा आया, आसरम गाँव के बाहर ही था। पहुँचने में तनिक भी दिक्कत नहीं हुई।

दोपहर का बेर था। आसरम की अँगनई में आम के एक बड़े पेड़ के नीचे कंबल की आसनी डालकर फूल बाबू पलथी मारे हुए थे। मगन होकर चरखा कात रहे थे।

फूल बाबू का पैर पकड़कर मैं रोने लगा।

एकाएक अपने पैर पकड़कर मुझे जो उन्होंने रोते पाया तो बाएँ हाथ की पूनी का तार बीच में ही टूट गया और दाहिना हाथ चरखे की मूठ से अनेरे (अनायास) अलग हो गया। चरखे का तूमा रफ्तार बंद होने से धीरे-धीरे थिर हो गया। सामने कते हुए सूतों के तीन-चार लच्छे, आठ-दस पूनियाँ एक पथिया (टोकरी) में रक्खी हुई थीं।

फूल बाबू की दाढ़ी-मूँछ बढ़ी हुई थी। बाल भी बढ़े हुए थे। बदन पर कमीज या बनियाइन कुछ नहीं था। खद्दर के पचहत्थी टुकड़े से धोती का काम तो भला क्या चलेगा, हाँ, घुटनों तक लपेटकर किसी तरह लाज-सरम का परदा उससे जरूर हो जाएगा। बाबू-भैया लोगों को कहीं मैंने आज तक इस तरह फकीरी भेख में नहीं देखा था। फूल बाबू ने कमर में खादी का टुकड़ा लपेट रक्खा था और देह पर सूत के नाम पर सिरिफ जनेऊ भर देखा। इस रूप में मुझे फूल बाबू महतमा जैसे लगे। अब तो खैर बैरागी-बरहमचारी लोगों को बिना पिछुआ के धोती लपेटे

काफी देख चुका हूँ। अपने जनकपुर को ही ले लो। चोरौत है, मटिहानी है, और भी बड़े-बड़े महंथान अपने मुलुक में महजूत (मौजूद) हैं। वहाँ तुम, भैया, बैरागियों की पलटन पाओगे। बारीक महीन मलमल की धोती को बैरागी लोग जिस तरह गले से लपेटकर कमर में डालते हैं, उनकी बोली में उसे क्या कहते हैं, जानते हो? नहीं न जानते हो। अरे भैया, अपने इस पहनावे को बैरागी लोग बरहमगाँती कहते हैं। मैं तो महंथान में रह चुका हूँ, इसी से यह सब जानता हूँ।

तो आसरम में पहुँचकर फूल बाबू को मैंने उस भेख में जो देखा तो भीतर की सारी सरधा उमड़ आई। ऐसे तो पहले ही पहल जब उन्हें उस बार मलिकाइन के यहाँ देखा था तभी मेरा मन उनमें गड़ गया था। बाद में चार-छै महीने उन्होंने मुझे अपने साथ पटना में रक्खा। बड़े परेम से रखते थे, जैसे बाप बेटा को रखता है। और अब इस भेख में उनको देखकर मेरे घायल मन को ऐसा लगा कि यही फूल बाबू मेरा उद्धार करें तो करें नहीं तो छोटे मालिक के परकोप से छुटकारा पाने का और कोई रास्ता नहीं है।

सो, मैं लुद्द से उनके पैर दोनों छानकर धरती पर पड़ गया और सुसुक-सुसुक कर रोने लगा।

फूल बाबू ने मुझे उठा लिया। बार-बार पूछने लगे कि क्या हुआ है बालू? बलुआ, कौन-सा संकट तुझ पर है? माँ तो नहीं बिमार है बालचन? तेरी बहन को नहीं कुछ हो गया बालो?

मेरा हिचकना बंद ही नहीं हो रहा था। बड़ी देर तक वह मेरे देह पर हाथ फेरते रहे। अँगुलियों से कई बार आँखों का आँसू पोंछा।

मेरा यह हाल देखकर फूल बाबू का चेहरा एकाएक सपेता मालदह[1] जैसा हो गया। उसी दिन मुझे पहले-पहल यह बात मालूम हुई कि दिल भरा हो, भारी ठेस लगी हो तो खूब रोओ। इससे मन हलका होता है। बहुत आँसू बहाने पर मेरा भी मन जब हलका हुआ तब जाकर हिचकी बंद हुई।

फूल बाबू वहाँ से उठे, खादी की लच्छियों और पूनियोंवाली टोकरी खुद उठा लिया। आसनी और चरखा मैंने ले लिया। वह आगे-आगे, मैं पीछे-पीछे। दोनों जने उस कुटिया में आए जहाँ फूल बाबू रहते थे।

---

1. लँगड़े की जाति का, लेकिन कुछ बड़ा कलमी आम (सफेद छिलके का)।

फूल बाबू ने मन ही मन सोचा होगा—चलो, खाएगा-पिएगा, इधर-उधर की बातें करेगा, घूम-घामकर आसरम की चीज-बस्त देखेगा। मन हलका होगा। तब अपने सब बात बता देगा।

बता ही चुका हूँ पहले कभी कि फूल बाबू का सुभाव बड़ा मीठा था, उनकी बातों से मधु (शहद) टपकती थी। उनकी आँखों से मानो दूध की ठंडी धार फुहार बनकर निकलती थी। देखने में भी बेस (खासा) खपसूरत थे।

अपनी कुटिया में जब वह पहुँचे तो दिन का एगारह बज चुका था। वह काठ के बक्कस में सूतों की लच्छियाँ सरियाने लगे। मैं चकुआ-चकुआकर चारों ओर ताक रहा था। यह कुटिया एक बहुत बड़े और लंबे फूसघर का छोटा-सा कमरा था। बाँस के झाझनों की देवाली एक कमरे को दूसरे कमरे से अलग किए हुए थी। खंभे सीसम के थे। तड़खताड़ के। बरेड़ी में लंबा, पतला साखू का इस्तेमाल किया गया था। ऊपर छप्पर घने खर के छवाए गए थे। चौकोर काटकर झाझन की दीवार में खिड़की बनाई हुई थी। बरंडे को बाँस की बातियों से बनी बढ़ियाँ जाफरी से बीच-बीच में घेर दिया गया था। बाँस की ऐसी कारीगरी इससे पहले मैंने कभी नहीं देखी थी। फूल बाबू के कमरे में सामान मामूली था। बस एक तखतपोस। लकड़ी का एक बकसा। सामने दो-दो ईंटें डालकर लकड़ी का तकथा रखा था, उस पर दस-बारह मोटी मझोली पोथियाँ रक्खी हुई थीं। एक कोने में मिट्टी का घड़ा पानी से भरा रक्खा हुआ था। छोटा-सा कलगइयाँ[1] लोटा भी। छोरों पर डोरी बाँधकर अरगनी के नाम पर बाँस का लट्ठा लटक रहा था। उस पर पचहत्थी खद्धड़ और छोटा-सा अँगोछा सूख रहा था। शीशा में मढ़े हुए तीन फोटो तीनों ओर लटक रहे थे। उनकी ओर आँख गड़ाए मुझे पाया तो फूल बाबू अपनी गरदन सहलाते हुए बोले—महात्मा गांधी हैं।

महतमाजी का नाम सुना तो मैंने जरूर था और सुना भी था ऐसे कि सरकार बहादुर से अगर कोई लोहा ले सकता है तो गांधी महतमा ही ले सकते हैं। अँगरेज बहादुर के उन्होंने नाक में कौड़ी बाँध दी है। सरकार हरान-हरान है। महतमा गांधी को पकड़ना और पानी में आग लगाना दोनों मुस्किल हैं। महतमाजी को

1. कहलगाँव (भागलपुर) में बहुत बड़े पैमाने पर पहले पीतल के बर्तन बनते थे, वहाँ का बना हुआ लोटा तिरहुत में कलगइयाँ कहलाता है, (कहलगउवाँ=कलगइयाँ)।

अपसर लोग जहलखाना में डाल देते हैं लेकिन, भैया, अगले ही रोज उनको दूसरी जगह खड़ाऊँ पहनकर टहलते हुए देखकर सरकार बहादुर के पेट का पानी हिलने लगता है। बम्बई में पकड़कर बंद किया तो महतमाजी कलकत्ते में दिखाई पड़े। अहमदाबाद में पकड़ा तो मद्रास में मिटिन (मीटिंग) करते नजर आए। मनियार चाचा के मुँह से सुना था कि गांधी महतमा को पूना के जेलर ने नाराज होकर कोल्हू में जोत दिया, दो मन सरसों पेरने को कहा। जेलर ने सोचा होगा कि दुबला-पतला कमजोर आदमी है, कोल्हू में क्या बहेगा; माफीनामा लिखकर बैठ जाएगा! मगर भैया, मनियार चाचा ने बतलाया कि गांधी महतमा के हाथ लगाते ही आपे आप दोनों मन सरसों करुआ तेल में बदल गया। मनियार चाचा बतलाते थे–काला पहाड़ जैसे दो बड़े-बड़े बेताल गांधी महतमा के दासोदास बनकर साथ चलते हैं, उन्हीं बैतालों का यह खेल था...इस तरह की अजीब बातों के साथ महतमा का नाम जब हमारे जिला-जवार में फैला तब मेरे कान में इनका नाम पड़ा। मैं सोचता था कि कैसे होंगे गांधी महतमा। मगर समझ में कुछ आता नहीं था। सोच-सोचकर रह जाता था। सो, आज फोटो में देखा तो मन को तनिक तसल्ली हुई। सिर के बाल उड़े हुए। कान छोटे-छोटे और उठे हुए। कपार बड़ा। चेहरा नीचे की ओर होता गया है। अरे, यही महतमा गांधी हैं! यह तो बिलकुल हमारे चुम्मन बाबा की तरह लगते हैं!

दूसरा फोटो रोब-दाब का था। बढ़िया अंगा पहिने, सिर पर पगड़ी डाले। बड़ी-बड़ी मूँछ। तेज-तर्रार आँखें।–यह कौन हैं? मैंने फूल बाबू से पूछा।

जबाब मिला–लोकमान तिलक।

तो यह भी काँगरेस के भारी अपसर हैं?

नहीं, हैं नहीं, इनका सुरगबास हो चुका है लेकिन बहुत बड़े लीडर थे।

तीसरे फोटो की ओर हाथ दिखलाकर फूल बाबू ने कहा–और यह तो अपने यहाँ के राजिन्दर बाबू हैं।

अपने यहाँ के, दरभंगा के?

फूल बाबू ने हँसकर कहा–दुत पागल कहीं का! अपने यहाँ का मतलब सिरिफ अपना ही गाँव और जिला नहीं होता है। इसका मतलब होता है अपना परांत, अपनी कमिसनरी, अपना जिला, अपना इलाका, अपना देश। इस भारत

मुलुक के छोटे-बड़े नौ सूबे हैं।[1] हम लोग जहाँ रहते हैं वह सूबा बिहार कहलाता है। इसके अंदर उड़ीसा भी सामिल है। छोटानागपुर भी सामिल है। भोजपुरी इलाका सामिल है, अपना तिरहुत है। मगह का इलाका है। राजिन्दर बाबू छपरा के रहनेवाले हैं और गांधी महतमा के बहुत बड़े चेला हैं। आला दरजे के वकील थे। बड़ी अच्छी प्रैकटीस थी। सैकड़ों मोकिल थे। खानदानी रोबदाब था। जमींदारी ठाट-बाट था। सब छोड़-छाड़कर गांधी महतमा के पीछे फकीर हो गए हैं।

फूल बाबू ऐसे तो कम बोलते थे मगर कभी-कभी जैसे बोतल का काग खुल जाता है उसी तरह से उनके मुँह का भी काग खुल जाता और तब भैया उनसे दुनिया भर की अल्लम-बल्लम सुन लो। ऐसे मौके पर कुछ और पूछना आग में घी डालना होता था। इसीलिए मैं चुप रहा।

वह बोलते ही रहे कि इतने ही में घंटी बजी। मैं चकुआने लगा। फूल बाबू ने कहा—खाने का बुलावा है। 'बिझओ'[2] समझो। हमारे मलिकान में भोज-भात होता ही रहता था। टोल-पड़ोस और कभी-कभी समूचे गाँव के बाभन देवता नोता (न्योता) खाने आते थे। बूढ़े, बच्चे, जवान सब जब आ चुके होते तो कोई घरबैया आकर जोरों से यह आवाज लगाता कि 'बिझओ हो, बिझओ हो।' सो बिझओ का मतलब मुझे मालूम था लेकिन खाने के बुलावे के लिए घंटी बजाकर यह बिझओ करना मेरे लिए बिलकुल नई बात थी।

मालिक ने कहा—चल साथ खाएँगे। यहाँ ऊँच-नीच का झंझट नहीं है। गांधी महतमा को अपना गुरु माननेवाले आसरम के लोग न तो छूतछात मानते हैं न ऊँच-नीच।

सच बतलाता हूँ भैया, फूल बाबू की यह बात सुनकर मुझे बड़ा अचंभा हुआ, भीतर-भीतर हँसी आई। ऊँच-नीच का भेद सदा से चला आया है, सदा रहेगा। चार आदमियों के मानने से क्या आता-जाता है?

फूल बाबू ने कहा कि लोटा ले ले और जल्दी चल।

---

1. उन दिनों (1830) उड़ीसा अलग नहीं हुआ था, 2. 'बिझओ' का साधारण मतलब है 'विजय हो' लेकिन भोज-भंडार के समय खास तौर पर कहा जाता है, याने भोजन तैयार है, चलिए [विजय हो]।

आसरम का रसोईघर दूसरे छोर पर पिछवारे की ओर था। दो छप्परोंवाला छोटा-सा घर। झाझन का टाट। सीसम के दो खंभे। बड़ेरी पर टिके हुए चार (छप्पर), पीछे की ओर धुआँ निकालने के लिए जाफरीदार जँगला था। खाने के लिए एक छप्परवाली लंबी एकचारी थी। ताड़ के पत्तों की छोटी-छोटी आसनियाँ वहाँ बिछी हुई थीं। एक ही कतार में मालिक जाकर बैठ गए। और भी दस-बारह बाबू लोग थे। अपने जैसा मैं अकेला था। कई लोगों ने हमारे बाबू से पूछा—बुलाने आया है? फूल बाबू, उस बेचारी को आप नाहक सता रहे हैं!

मैं समझ गया। यह इसारा बाबू लोगों का किसके तरफ था सो समझे भैया? यह इसारा था फूल बाबू की जनाना के तरफ। उन्हें फूल बाबू ने नइहर में छोड़ रक्खा था। खुद आसरम में बैरागी जीवन बिता रहे थे।

फूल बाबू ने कहा उन लोगों से—आप लोग योंही अललटप्पू मारते हैं। यह मेरे घर से नहीं, फूफी के यहाँ से आया है। उन्हीं का बहिया (पुश्तैनी मजूर) है।

एक दूसरे बाबू ने हँसते हुए कहा—तो, आपके लिए कोई दूसरी लड़की ठीक की जा रही है?

इस पर सभी बाबू-भैया खिलखिलाकर हँस पड़े।

सामने पुरैन[1] का पत्ता परोसा जा चुका था। पानी भर-भरके गिलास रक्खा जा चुका था। बाबाजी महराज अब भात परोस रहे थे। मैंने देखा, उजले धुले खद्दर के कपड़े पहने हुए, चिक्कन-चुनमुन चेहरा-मोहरावाले उन बाबू लोगों के सामने भनसीया (रसोइया) कराँकुल जैसा लग रहा था। पतली-पतली टाँग। लंबी देह। धँसी आँखें। सूखा चेहरा। कमर में उसने मैली धोती लपेट रक्खी थी। जनेऊ भी मैला था। छाती के हाड़ झकझक कर रहे थे।

मैंने सोचा, मुलुक से अँगरेज बहादुर चला जाएगा, फिर यही बाबू-भैया लोग अपसर बनेंगे। और तब इस बाबाजी महराज का भी उद्धार हो जाएगा। इसके हाड़ों पर मांस चढ़ेगा। चेहरे पर चिकनई आवेगी। बूढ़ा सूगा हो जाने पर पढ़-गुन तो यह क्या सकेगा मगर बाँकी आराम-सुभिस्ता इस रसोइया को भी मिलेगा। सोराज होने पर क्या होगा? यह बात मैंने एक बार पटना में महेन बाबू से पूछी थी। उन्होंने क्या जबाब दिया था, भैया, क्या बताऊँ? महेन बाबू ने यही कहा

1. कमल।

था कि सोराज होने पर सबके दिन लौटेंगे, सबका भाग चमकेगा। हमारा भी, तुम्हारा भी।

पत्तल में भात परोसा गया। पीतल की कटोरी में अरहर की दाल। बिना मिरचाई की तरकारी थी आलू की। एक-एक फाँक प्याज मिला था।

बाबू लोग खाते समय बोलते-बतियाते रहे। मेरा तो मिजाज ही ठीक नहीं था, किसी तरह दस कौर मार लिए और हाथ रोककर बैठ रहा। देखा, किसी ने पत्तल में जूठा नहीं छोड़ा है। उठते समय पत्तल को लपेटकर सब बाहर निकले और उसे एक बड़ी टोकरी में डाल दिया। हाथ-मुँह धोने के लिए कोई खास जगह नहीं थी, खुला मैदान था।

खाकर फूल बाबू और मैं उसी कमरे में आए। फूल बाबू बिना बिस्तर के ही तखतपोस पर लेट गए और मुझे भी बैठने को कहा।

फूल बाबू को सुपारी का कतरा और छोटी इलायची खाने का सौक था लेकिन इस आसरम में आकर तो उन्होंने यह भी छोड़ दिया था। इधर-उधर आँख मारकर कुटिया में मैंने देखा तो जूता भी नहीं पाया, हाँ, खड़ाऊँ जरूर थे। तब मुझे फूल बाबू की पटनावाली पहली जिनगी याद आई। किसिम-किसिम की बनियाइन, किसिम-किसिम का कमीज-कुरता, पाँच-पाँच, छै-छै कोट, तीन-तीन जोड़ा जूता, चार जोड़ी धोती, दो तौलिया, दो छोटे अँगोछे, दूध-सी धुली हुई सानदार मसहरी, बिस्तरे में गयावाला सफेद कम्मल, खपसूरत सतरंजी तोसक, उलेंच, तीन गो तकिया। हमारे फूल बाबू राजा की तरह रहते थे, अब फकीर हो गए हैं। मन में भारी कचोट हुआ मगर साथ-साथ सरधा भी बढ़ने लगी थी।

थोड़ी देर बाद फूल बाबू ने मुझसे पूछा कि क्यों आया है।

फिर तो मैंने एक-एक करके सारी बात उन्हें बता दी। अंत में कहा—छोटे मालिक ने थाना में रिपोट करवाई है, मुझ पर चोरी का इलजाम लगाया है। दरोगा तो नहीं मानेगा। या तो घूस लेगा या फिर बात को आगे बढ़ा देगा। इससे मेरा उद्धार कैसे होगा?

इतनी सारी बात सुन लेने पर भी फूल बाबू के मुँह से एक आखर नहीं फूटा। हमारी सारी बात को वह पी गए।

मैंने सोचा कि छोटे मालिक इनके फूफा लगते हैं, यह अगर सिफारिस कर

देंगे तो छोटे मालिक का मन साइत (शायद) नरम हो जाएगा। साइत थाना में जो बात मालिक ने रिपोट करवाई है वह खतम हो जाए। फूल बाबू पुरजी लिखकर मुझे दे देंगे या किसी दूसरे आदमी को मालिक के पास भेजेंगे? कैसा भी हो, काम तो हो ही जाएगा।

मगर फूल बाबू तो अगम कुआँ बन गए, जिसमें झाँकने से भी डर लगता है।

मैंने बिचारा—आज बाबू सोच-सोचकर कोई बात करेंगे, भोरे जब मैं जाने लगूँगा तो पुरजी जरूर देंगे। मैंने बहुत-सी बातें सोच रखी थीं। अगर फूल बाबू चाहेंगे तो मैं सात पुस्त का अपना डीह[1] छोड़कर उन्हीं की बहियागीरी[2] करूँगा। फूल बाबू का मन होगा तो रेबनी का गौना चटपट कराकर अपनी माँ के साथ मैं पटना चला जाऊँगा, वहाँ रिक्सा खींचकर या डीघाघाट पर जहाज का माल ढोकर—माँ की और अपनी जिनगी गुदस्त करूँगा। नहीं अगर फूल बाबू की यही राय होगी कि कटिहार या सिलीगुड़ी-जलपाईगुड़ी जाकर चटकल में मजूरी करूँ तो वैसा भी करूँगा ही। इस तरह बहुत-सी बातें सोचकर मैं आसरम पहुँचा था। मुझे यह भी भरोसा था कि फूल बाबू जब गांधी महतमा के चेला बन गए हैं तो हमारे मालिक को इस जोर-जुलुम के लिए दो बात वह जरूर कहेंगे। गांधी महतमा न बड़े लाट से डरते हैं, न छोटे लाट से, न सरकार से, न अमला से। गरीबों का पच्छ लेते हैं। फूल बाबू उन्हीं गांधी महतमा के चेला होकर मेरे लिए क्या इतना भी नहीं करेंगे कि अपने फूफा-फूफी को जरा समझा दें?

उस रोज फिर फूल बाबू ने मेरे सामने मुँह नहीं खोला। मैं बड़ी देर तक सोता रहा। जेठ का महीना था। आसरम एक बड़े कलमबाग के बीचोबीच होने से ठंढा था। कुटिया के बाहर बरंडे में एक चटाई पड़ी थी, टूटी-फूटी-सी। उस पर मैं चित होकर जो लेटा सो तभी नींद टूटी जब गोसैंयाँ (सूरज) लुक-झुक कर रहा था, साम होने ही वाली थी।

आँख मलते-मलते उठा और फूल बाबू की कुटिया के नजदीक पहुँचा। साँकल चढ़ी थी, दोनों पट बंद थे। फिर मैं कमरा खोलकर अंदर नहीं गया। इधर-उधर टहलता रहा।

इतने में फिर घंटी बजी।

---

1. वासभूमि, 2. गुलामी।

यह क्या है?

देखा कि एक चौमुहाँ दलान पर बाबू-भैया लोग इकट्ठे हो रहे हैं। मैं भी उधर ही आया।

दलान बड़ा नहीं था। बल्कि उसे दलान न कहकर मड़वा (मंडप) कहो तो अच्छा। चौकोना मंडप, कमर भर ऊँचा। ऊपर चढ़ने के लिए चार ईंटें रखकर सादी सीढ़ियाँ बनी हुई थीं। खजूर के पत्तों की बनी बड़ी-सी चटाई बिछी हुई थी, हँसली के सकल में लोग बैठ गए। बाबू-भैया थे। हमारी छोटी मलिकाइन जैसा चेहरा-मोहरावाली एक जनानी भी थी। पच्छिम की ओर कम्मल की एक चितकबरी आसनी रक्खी थी, उस पर अधेड़ उमरवाले धोतीधारी एक बाबू बैठ गए। इसके बाद सब एक आवाज में सिलोक पढ़ने लगे। मेरी हिम्मत नहीं हुई कि मड़वा पर जाकर बैठूँ। नीचे ही अलग खड़ा रहा। थोड़ी देर बाद जो जनानी थी उसने भजन गाना शुरू किया। बाकी बाबू-भैया उसके गाए हुए पदों को दुहराने लगे।

जास्ती कुछ न समझने पर भी इतना तो मैं समझ ही गया कि गांधी महतमा के पूजा-पाठ का यही ढंग है। हमारे फूल बाबू भी मगन होकर भजन गा रहे थे।

उमेद थी कि रात को, खाने के बाद फूल बाबू कुछ बोलेंगे। लेकिन नहीं बोले तो कछमछाकर मगर तनिक नरमी से मैंने पूछा—सरकार, हमारा निस्तार कैसे होगा?

इस पर थोड़ी देर गुम रहकर बाबू बोले—मुझे तो अब गाँव-घर से भी कोई तालुक नहीं रहा। माँ और बाबूजी भी अब मुझसे हार मान बैठे हैं। पहले चिट्ठी लिखकर बात-बिचार पूछते थे। जब मेरी ओर से लगातार उन्होंने उदासी देखी तो अब उस तरह की बात चिट्ठी में नहीं लिखते हैं। पीसी (फूफी) के यहाँ दो साल से मैं नहीं गया हूँ। पीसा (फूफा) से भेंट-मुलाकात किए तीन बरख हो गए हैं। बालचन, अब तू ही बता कि ऐसी हालत में मेरी किसी बात का तुम्हारे मालिक पर कितना असर पड़ेगा?

अन्हेरी रात थी। दूसरी कुटियों से खाँसने-खखारने की आवाज उठती थी तो पहली रात का हलका सन्नाटा फट जाता था। आसपास की बस्तियों से कुत्तों के भूँकने की आवाज साफ-साफ आ रही थी। रात अधिक नहीं, डेढ़ पहर बीती होगी। मगर आसरम में रहनेवालों के लिए दिन को सोना मना था। नींद की

झोंक से गर्मी के दिनों में आसरम के बाबू-भैया कैसे मोरचा लेते थे? जानते हो भैया?

होता ऐसा था कि कोई-कोई सोराजी बाबू चरखा चलाकर दुपहरिया खेपते थे। कोई बाबू लंबे बरंडे पर टहल-फिरकर अपनी नींद को पचाते थे। कोई-कोई बाबू दो-तीन जने मिलकर गीता या रमायन ले बैठते थे। एक गो बाबू साहेब ऐसे थे कि छोटी-छोटी सीसी में से दवाई का सरिसबा[1] दाना निकालते और गिन-गिनकर उसी सीसी में फिर उन दानों को रखते जाते। यह भी आलस-ऊँघ को पचाने का एक तरीका था।

मतलब यह कि दिन भर पलकों पर आसरम में कड़ा पहरा रहता था। इसी से साँझ सकाल ही खा-पी चुकने के बाद बाबू-भैया लोग अपने-अपने बिस्तरे पर ढेर हो जाते थे। बिहान को, बिलकुल तड़के घंटी बजती थी। उठना लाजमी होता था।

मैंने सोचा—अभी मालिक को सोने देना चाहिए, भोर होने पर बाकी बात हो जाएगी। मगर फूल बाबू ने यह कहकर तभी बात खतम कर दी कि तुम्हारा तो आपस का झगड़ा है, बहिया-महतो[2] का। इसका निपटारा भी तुम्हीं दोनों कर लोगे। इसमें मेरी कोई जरूरत नहीं। जा, जाकर अपने मालिक के ही पैर पकड़। वह तुझे माफ कर देंगे।

फूल बाबू से मुझे इस बात की उमेद नहीं थी। भरोसा था कि वह मेरे बचाव का कोई न कोई रास्ता जरूर निकालेंगे।

कैसे धोखे में मैं पड़ा हुआ था! मेरा सारा मोह छन-भर में फट गया। साफ-साफ लौकने लगा कि बाबू-भैया लोग वहीं तक हमारा पच्छ लेंगे जहाँ तक उनका अपना मतलब रहेगा। देखो न, फूल बाबू एक छोटी-सी पुरजी अपने फूफा के नाम मुझे दे देते तो इसमें उनके महतमापन का क्या बिगड़ता? अँधेरा था, सूझ नहीं रहा था कुछ। लेकिन मुझे साफ-साफ दिखाई पड़ा कि फूल बाबू का माथा भारी हो उठा है और तकिये पर एक ओर लुढ़क गया है। अरे भैया, फूफा और सरबेटा का रिस्ता बाप-बेटा का रिस्ता समझो। इस रिस्ते से उस छोटी-सी पुरजी से खरोच न पड़ जाती! सोराजी हो गए तो क्या, थे तो आखिर बाबू-भैया ही न! गरीब-गुरबा का दुख ये लोग क्या जानें?

---

1. सरसों की शक्ल का, 2. गुलाम और मालिक।

सच जानो भैया, उस बखत मेरे मन में यह बात बैठ गई कि जैसे अँगरेज बहादुर से सोराज लेने के लिए बाबू-भैया लोग एक हो रहे हैं, हल्ला-गुल्ला और झगड़ा-झंझट मचा रहे हैं उसी तरह जन-बनिहार, कुली-मजूर और बहिया-खबास लोगों को अपने हक के लिए बाबू-भैया से लड़ना पड़ेगा।

फूल बाबू से रत्ती भर भी भरोसा नहीं रहा। थोड़ी देर अँधेरे में मैं बैठा रहा, फिर बाहर आकर बरंडे पर उसी टूटी चटाई की ओर बढ़ा। अँधेरा था, निपट अँधेरा। पैर से टटोलकर चटाई मिली और उस पर लेट गया। उसके बाद कब नींद आ गई और कैसे भोर हो गया पता नहीं।

आँख मलकर उठा और फूल बाबू के कमरे की ओर बढ़ा तो देखा जंजीर चढ़ी हुई है, किबाड़ा बंद था। बाबू नहाने गए होंगे। मैं भी पोखर की ओर बढ़ा।

यहाँ जरा आसरम के बारे में तुम्हें बता दूँ।

यह आसरम दस बीघा जमीन के हाते में फैला हुआ था। साकीन बरहमपुरा, थाना लहेरियासराय, जिला दरभंगा। यहाँ के बहुत बड़े जमींदार बाबू शुभंकर ठाकुर भुँइहार खानदान के थे। अच्छे जमींदारों में इनकी गिनती थी। अस्सी-नब्बे हजार की मालगुजारी असूल होती थी। डेढ़ हजार बीघा धनहर खेत अपने जोत में था। बीजू और कलमी आमों के बाग पचीसों बीघा तक फैले हुए थे। करजान[1] था, खढ़ोर[2] थी। गाय-बैल, घोड़ा-भैंस के चरने लायक पचासों बीघा जंगल था। आठ-दस छोटे-बड़े पोखर थे। गुमाश्ता-बराहिल, अमला-फैला, नौकर-चाकर, देवानजी-मुन्सीजी सब थे।

बूढ़ा मालिक इलाका भर में राजा बाबू कहलाते थे। दो बेटे थे। एक हीराजी, दूसरे मानिकजी। हीराजी का दूसरा नाम था किसुनबल्लभ नरायन ठाकुर। मानिक बाबू का नाम था राधाबल्लभ नरायन ठाकुर।

मानिकजी पढ़ने में बड़े तेज थे। कलकत्ते में रहकर बी.ए. तक पढ़े थे। उसके बाद गांधीजी की लहर में हमारे फूल बाबू की तरह मानिकजी भी भसिया गए। जज-बालिस्टर न बनकर अपने जिला के लीडर बन गए। अपना दरबारी नाम (मानिकजी) छोड़कर वह सीधे राधा बाबू कहलाते थे। बड़े पक्के काँगरेसी थे। ऐसे पक्के कि बाप और बड़े भाई से झगड़कर आसरम के लिए इतना बड़ा अहाता

1. केले का बाग, 2. छप्पर छवानेवाली फूस का जंगल।

राधा बाबू ने दफान लिया था। वही इस आसरम के सर्बेसर्बा थे। उनके पीछे सोराजी बाबुओं की छोटी-सी पलटन थी। शुरू-शुरू में उनकी साहखरची ने इस जिले में गांधी महतमा के कामों को आगे बढ़ाने में काफी मदद पहुँचाई। उसके बाद बाप और बड़े भाई ने इसटेट से एक पैसा भी देना इनकार कर दिया। इससे नराज होकर राधा बाबू ने घरवालों से असहयोग कर लिया।

असहयोग क्या होता है भैया?

गांधी महतमा ने यह तरीका निकाला था कि दुस्मन अगर ताकतवर हो तो तुम लाठी से उसका मुकाबला कर नहीं सकते, हाँ उससे बोलचाल बंद कर दो, उसके किसी काम में मदद न पहुँचाओ। दुस्मन दच्छिन की ओर मुँह करके खड़ा रहे तो तुम पीठ फेरकर अपना मुँह उत्तर कर लो। सहयोग माने साथ देना, साथ जुड़ जाना।

सो, भैया, राधा बाबू ने अपने घरवालों से असहयोग कर लिया था। यहाँ तक कि बाल-बच्चे ननिहाल में रहते थे। जनानी उनकी अपने नइहर में रहने लगी। भगवान के परताप से ससुर भी उनके बहुत बड़े जमींदार थे। और भैया, राजा अपने बाल-बच्चों की सादी करता है तो राजा के ही खानदान में करता है न? राधा बाबू को नगद पचास हजार तिलक चढ़ा था। हाथी, घोड़ा, पालकी, खबास, जमीन-जजात दहेज में मिला था। राधा बाबू जब सोराजी बने तो—उनके बीबी-बच्चे को सँभालने में ससुराल की दौलत ने बड़ी मदद पहुँचाई। जिले में दो-तीन बाबू-भैया ने अपनी-अपनी जनानी को परदे से बाहर निकाला था। उन्हीं में से एक थे राधा बाबू। बूढ़े मालिक ने अपने पतोहू की बेपर्दगी के बारे में जब सुना तो उनका दिमाग पथरा गया, आँख चुन्हिया गई। उन्होंने राधा बाबू को कहवा दिया—ड्यौढ़ी के अंदर पैर न रक्खें। बाप ही ने असहयोग की शुरुआत की थी, बेटे ने असहयोग की हद कर दी। राधा बाबू की माँ मरीं तब भी उन्होंने घरवालों का साथ नहीं दिया। लोग कहते थे कि राधा बाबू अकरी[1] हो गए हैं, नास्तिक हो गए हैं। माँ के मरने पर न बाल कटाए न असौच माना। आसरम का सारा काम-काज पहले की तरह करते रहे। जब उनकी माँ मरी थीं उन दिनों थाना मधेपुरा-फुलपरास की ओर जोर की बाढ़ आई हुई थी। लोगबाग, माल-मवेसी

1. अक्रिय, करम-धरम को जो छोड़ दे।

सबका बुरा हाल था। राधा बाबू चार ठो डेंगी लेकर उस इलाके में अपने साथियों के साथ रिलीफ का काम कर रहे थे।

शाम को, मंडप में अलग आसनी पर बैठकर जो बाबू पूजा-पाठ कर रहे थे और पीछे मगन हो-होकर भजन गा रहे थे वही तो थे राधा बाबू।

पोखर की ओर जाते बखत उन्हीं राधा बाबू से मेरी भेंट हो गई। रुककर उन्होंने पूछा–धानुक है कि ग्वाला?

ग्वाला हूँ सरकार!–मैं बोला।

वह चार कदम आगे चले गए। मैं गर्दन टेढ़ी करके उनकी ओर देखता रहा। एकाएक रुककर राधा बाबू ने पीछे से मेरी ओर देखा और कहा–आसरम में रहेगा? तुझे अपने साथ रक्खूँगा, कुछ पढ़-लिख भी जाएगा। दस-पाँच रुपए ऊपर से दे दूँगा, घर भेज दिया करना।

मैंने कुछ कहा नहीं, गुमसुम रहा। उँगलियों से उँगलियाँ फोड़ने की कोशिश कर रहा था।

राधा बाबू बिलकुल नजीक आ गए। मेरे कंधे पर अपना हाथ रक्खा तो बड़ा अच्छा लगा। नहाकर न आए थे, हथेली हेमाल[1] हो रही थी! मैं सोकर उठा था। सो, रात भर की गरमी बदन पर तैर रही थी। कंधे पर उनका हाथ मुझे बड़ा अच्छा लग रहा था। एक नजर उनकी ओर देखकर अपनी पपनी[2] फिर मैंने नीचे गिरा ली।

क्या बात है?–बाबू बोले।

मैं फिर चुप रहा।

अबके और करीब आकर उन्होंने मेरी ठुड्डी उठाई। सरम और झिझक भरी मेरी आँखों में अपनी आँखें डालकर वह बोले–नहीं रहेगा आसरम में?

सिर हिलाकर मैंने मंजूरी बताई तो उन्होंने छोड़ दिया। फिर कहा–जा, नहा आ; मैं फूल बाबू से बातें कर लूँगा।

मैं पोखर के भिंडे पर पहुँचा। दो पुस्त पुराना पोखर था। हरियर[3] कचोर पानी। चारों ओर सीमिंट का पक्का घाट। भिंडे पर तीन तरफ कलमी आमों के पेड़, एक ओर सीसम की सुंदर कतारें देखकर कुछ देर तक वहाँ मन गड़ा रहा।

---

1. बिलकुल ठंडी, 2. पलक, 3. हरियाला–हरा और काँच-सा (पारदर्शी)।

भिंडे से नीचे उतरकर खेत में दीसा[1] फिरा, पोखर के एक कोने में जहाँ पैरों के निसान बने हुए थे, जाकर छोंच[2] किया।

पक्के घाट पर आकर हाथ मटिआया। आम का पल्लो तोड़कर दतवन की, उसे चीरकर जिभिया बनाई और जीह को साफ किया।

कपड़े मेरे पास मामूली थे। आठ हाथ की मैली पुरानी धोती थी। बदन पर बनियाइन, दो हाथ का गमछा। धोती फेरकर पहनने के लिए रख लिया। डरॉडोर[3] के सहारे गमछा[4] को कमर से लपेटकर पोखर में नहाने उतरा। कहावत है 'आन गामक पोखरि अपना गामक गाछी' याने अपने गाँव का बाग और दूसरे गाँव का पोखर डरावना होता है। मुझे भी पानी में जाते हुए कुछ डर लगा। मगर मैं तैरना तो जानता ही था, डर काहे का? हाँ, उन बड़े-बड़े पोखरों या झीलों से जरूर डरना चाहिए जिनमें गोह, बोच, घरियाल, सोंस या बड़े-बड़े रेहू-भुन्ना या भाकुर माछ हुआ करते हैं। यह गाँव नदी के किनारे न होने से पोखर में गोह और घरियाल हो ही नहीं सकता था, सो निफिकिर होकर बड़ी देर तक पानी में बोहियाता रहा। तैरना और बोहियाना दो अलग बातें हैं भैया! हाथ-पैर मारते जाओ तो तैरना हुआ। ऐसा अक्सर अथाह पानी में किया जाता है। गरमी के दिनों में तरावट का मजा लेने के लिए लोग देर तक थाह पानी में अपने को डाले रहते हैं; समूचा धड़ पानी के अंदर होता है, सिर ऊपर रहता है। इसी को बोहियाना कहते हैं; समझा भैया?

मन जब तिरपित[5] हो गया, देह जब हेमाल[6] हो गया, तब बाहर निकला। जल्दी-जल्दी धोती पहनकर गमछा फींचा और ऊपर आए।

मुझे हो तो रहा था कि आसरम में रह जाऊँ मगर माँ और बहन को उस हालत में छोड़ देना बुरा लग रहा था। दूसरी बात यह भी थी कि छोटे मालिक ने थाने में चोरी की रिपोट कर दी थी। मुझे लगता था कि चार-छः महीने जेल में सजा काटनी पड़ेगी।

नहाने से देह तो ठंढा हुआ लेकिन मन को फिकिर फिर गरमाने लगी। भारी पैरों से मैं आसरम लौटा और फूल बाबू के कमरे के अंदर आया। वह कुछ पिनसिल से लिख रहे थे। मुझे हुँकारी भरकर इसारा किया कि पास आकर बैठ जा।

---

1. शौच, 2. आबदस्त, 3. कटिसूत्र, कमर का धागा, 4. अँगोछा, 5. तृप्त, मस्त, 6. ठंडा, सर्द।

मैं बैठ गया। लिखाई खतम करके बोले–राधा बाबू मुझे तेरे बारे में बतला रहे थे। वह तुझे अपने पास रखना चाहते हैं। क्यों नहीं रह जाता है।

मेरी गर्दन तो फँसी हुई है–मैंने कहा–जहल होगा कि जरिमाना, पता नहीं।

बाबू बोले–कुछ नहीं होगा, तू राधा बाबू के पास रह जा। सारी बात ठीक कर ली जाएगी।

मुझे बड़ा अचरज हुआ, कैसे सारी बात ठीक कर ली जाएगी। कैसे कोई छोटे मालिक पर आँकुस देगा।

फिर मन ही मन मैंने यह थिर किया कि हो न हो राधा बाबू ने फूल बाबू से सारी बात न सही थोड़ी बात तो जरूर मालूम कर ली है और वही कोई ब्योंत लगाएँगे। नहीं तो फूल बाबू से क्या होगा? यह तो अपने ही भारी दब्बू हैं।

बात भी यही थी भैया! राधा बाबू नामी सोराजी थे। हमारे यहाँ के बड़े मालिक से राधा बाबू का कोई रिस्ता भी लगता था। उन्होंने एक खत तो बड़े मालिक के लड़के के नाम से भेजा और दूसरा खत दरोगाजी के नाम। दरोगाजी एक बार एस.पी. की कड़ी निगाह से राधा बाबू की ही मेहरबानी से बचे थे और तब से दरोगाजी के दिल में राधा बाबू के लिए बड़ी इज्जत पैदा हुई। कहने का मतलब यह है कि मेरा मामला खतम हो गया। सजा-वजा नहीं हुई, न जरिमाना हुआ। बात जहाँ की तहाँ दब गई। छोटे मालिक इसके बाद गाँव से चले गए।

छोटे मालिक की यह करतूत छिपी न रह सकी। हमारी बहन पर जो उन्होंने हमला किया था, यह बात धीरे-धीरे समूचे गाँव में फैल गई। बाबू-भैया लोग अंदर-अंदर एक दूसरे पर सह चलाते रहते हैं। बिरादरी की दुस्मनी बड़ी खतरनाक होती है। हमारे मालिकों में भी आपस का दाव-पेंच खूब चलता था। एक दूसरे की कमजोरी का फायदा उठाने की कोसिस में बाबू-भैया अपनी सारी अकिल लगा देते थे। कहते हैं सतरंज खेलनेवाले को आगे की दस-दस चाल सोचकर रख देनी पड़ती है। बाबू-भैया आपस में एक-दूसरे को मात करने के लिए सतरंज की ही भाँति सह पर सह सोचते रहते थे।

सो, छोटे मालिक पर जब मलिकान के छोटे-बड़े बाबू लोग नाक-भौं सिकोड़ने लगे तो बेचारे को तत्काल गाँव से टल जाने में ही अपनी भलाई मालूम हुई। रेबनी

पर, मेरी माँ पर और मुझ पर जो खीझ थी उसे उन्होंने जुगत कर मन के किसी गाँठ में बाँध लिया और कलकत्ते की ओर चले गए।

मैं राधा बाबू के पास रहने लगा। सबसे पहला काम उन्होंने जो किया सो यही कि मेरे लिए नीले रंग का नीकर सिलवा दिया, खाकी रंग का हाफ कमीज और सफेद टोपी। सब खद्दर का। पहनकर जब मैं तैयार हुआ तो कहा—कोई पूछे तो यह मत कहना कि आसरम का नौकर हूँ।

तो क्या कहूँगा?

कहना कि काँगरेस का भोलनटीयर हूँ। समझा?

मैंने सिर हिला दिया।

अब फूल बाबू से मेरा कोई लाग-भाग नहीं रहा। राधा बाबू ही मेरे मालिक थे।

मेरी उमर सत्रह पार कर रही थी। पम्ह आ रहा था। मूँछ की रेख को हमारे यहाँ पम्ह कहते हैं। देखने में खपसूरत नहीं था तो बदसूरत भी नहीं था। बता ही चुका हूँ, मेरे बाप-दादा अच्छी काठी के मजबूत आदमी थे। चौड़ी छाती, बड़ा कपार, भारी चेहरा, तगड़ी डील। सोंटे हुए हाथ-पैरवाले। मेरी माँ भी ठिंगनी या नाटे कद की औरत नहीं थी। कुछ साँवली जरूर रही मुदा चेहरा-मोहरा, साँचा-ढाँचा बड़ा अच्छा था। थोड़ी ही उमर का था मैं, तभी बाबू मर गया। घर पर मुसीबत का पहाड़ गिर पड़ने से हमारी गिरस्ती चौपट हो गई थी। दादी और माँ ने न जाने कितनी कठिनाई से हम दोनों भाई-बहनों को पाल-पोसकर चेतन बनाया था। न जाने कै घड़ा आँसू से हमारा बचपन सींचा गया था।

छोड़ो भैया इस बात को, हाँ तो मैं क्या कह रहा था?

राधा बाबू की बात कह रहा था।

राधा बाबू आसरम के महंथ थे। बहुत पढ़े-लिखे थे। भागलपुर और कलकत्ता में रहकर अपनी पढ़ाई उन्होंने पूरी की थी। पूरी क्या की थी, पार पहुँचते-पहुँचते किनारा छोड़ दिया था। थोड़ा-सा और पढ़ते तो—परफेसर हो जाते। धन-दौलत की तो कोई कमी थी नहीं, बिलैत भी जा सकते थे और बालीस्टर भी हो सकते थे। लेकिन बीच में ही मगज़ी उलट गई। दिमाग बदल गया। कहते हैं, बूढ़ा मालिक राधा बाबू से बड़ी आस रखते थे। उनका ख्याल था कि मानिकजी चाहे

कलट्टर बनें, चाहे एस.डी.ओ., इससे छोटा हाकिम भला क्या होंगे। फिर बूढ़ा मालिक सपनाते (स्वप्न देखते) रहे होंगे कि मानिक (राधा बाबू) जब कलट्टर बनकर अपने जिला में आवेंगे तो इस खानदान का रोबदाब कितना बढ़ जाएगा। जिला भर के बड़े-बड़े आदमी मानिकजी के सामने हाथ जोड़े खड़े रहेंगे। बड़े-बड़े बाबू-बबुआन मानिकजी से हाथ मिलाने में अपना अहोभाग्य समझेंगे। खरोड़े[1] खानदान के भारी-भारी राजा-राजकुमार आदर और जतन से मानिकजी को भेंट-सौगात भेजेंगे। महराज खुद भी मानिकजी का आदर-सम्मान करेंगे।

यह सब सोचते-सोचते राधा बाबू के बाप, बूढ़ा मालिक चौधरी शुभंकर ठाकुर इतना मगन हो जाते कि कलट्टर की कलट्टरी भूलकर उनके लिए बपौती-बिरासत जैसी दिखाई देने लगती थी।

तनिक सोचो भैया कि राधा बाबू ने एकाएक पढ़ाई छोड़कर अपने बूढ़े बाप के आस-भरोसा पर कितना भारी बज्जर गिराया!

राधा बाबू के ससुर भी बहुत बड़े जमींदार थे। अपने दमाद के बारे में उन्होंने भी बड़ी-बड़ी उम्मीद लगा रक्खी होगी सो वह बेचारे भी चितंग होकर गिरे होंगे।

राधा बाबू डेढ़ साल की सजा काट आए थे। पटना कम्प जहल में उनको रक्खा गया था। जब महतमा गांधी का लाट बहादुर इरवीन से बुझारत (समझौता) हो गई तो मुलुक भर में सभी जहलों से सुराजी कैदी छोड़ दिए गए। फूल बाबू भी तभी जहल से छूटकर आए थे। राधा बाबू भी तभी छूटे थे।

आसरम में बाबू-भैया और नौकर-चाकर मिलाकर बीस जने थे।

महतमाजी का हुकुम नहीं था कि सोराजी बाबू आसरम में किसी को नौकर-चाकर के तौर पर रक्खें। फिर भी आसरम में हम चार जने थे जो नौकर ही थे। कहने को भोलनटियर कह लो, सेवक कह लो लेकिन थे तो हम नौकर ही। एक का नाम था रूपलाल, दूसरे का नाम था छट्टू, तीसरा था मंगल, चौथा मैं था। रुपललवा, छठुआ, मंगला, बलचनमा। हम चारों अलग-अलग बिरादरी के थे। रुपललवा धानुक था। छठुआ था मलाह। मंगला पासी था। मैं ग्वाला। इसके अलावा परगना बछौर के एक मीसिरजी थे, वह भी नौकर ही थे। भनसिया का काम करते थे। भनसिया का माने समझा?

1. दरभंगा महाराज का ब्राह्मण खानदान।

अरे भाई हमारी बोली में भानस कहते हैं रसोई को। रसोइया भनसिया कहलाता है। मीसिरजी को खाना-पीना देकर ऊपर से बारह रुपैया तलब मिलता था। मेरा तलब ठीक नहीं था। कभी सात, कभी आठ, कभी दस। राधा बाबू मौजी जीव थे। मुझ पर सिनेह (स्नेह) भी उनका भारी था। खाना-पीना, कपड़ा-लत्ता अच्छी तरह मिलता था। अपना खास भोलनटियर बनाकर वह मुझे रक्खे हुए थे। टूर में जहाँ जाते थे, मैं भी जाता था। राधा बाबू को मेरा बड़ा ध्यान रहता था। लोग उन्हें देवता के तरह मानते थे। अच्छत-फूल-नबेद उनको जो मिलता था, सो थोड़ा-बहुत मैं भी पाता था।

रुपललवा बुतात छोड़कर आठ रुपया दरमाह पाता था। छठुआ भी आठ। मंगला का तलब छै रुपैया था।

रुपललवा के जिम्मे आसरम की खेतीबाड़ी का काम था। छठुआ आसपास के गाँवों से मुठीया बटोरकर लाता था। मंगला आसरम का चपरासी था। झाड़ू देना, घड़ों में पानी भरके रखना, डाक लाना-ले जाना, बिमार हो जाने पर बाबू-भैया का पथ-पानी करना—यही सब मंगला का काम था।

ऐसे तो राधा बाबू ने मुझे और आसरम भर के लोगों से यही कह रक्खा था कि छै रुपैया महीना मिलेगा। मगर देते बखत बाबू हमेसा मुझे कुछ जास्ती ही देते थे। ऐसा क्यों होता था?

बात यह थी भैया कि राधा बाबू राजा खानदान के थे। पढ़ाई करते समय इसटेट का पैसा फूँकते रहे और अब पबलिक का। चंदा आसरम में काफी आता था। कोई उनसे हिसाब लेनेवाला नहीं था। जैसी मरजी आई वैसे खरच किया। मुझे भी उसी झोंक में कभी सात, कभी आठ, कभी दस और एक आध दफे तो बारह रुपैया मेरे हाथों में उन्होंने थम्हा दिया था। अलावा इसके मेला-ठेला, हाट-बाजार, पबनी-तिहार के मौकों पर इकन्नी-दुअन्नी, चौअन्नी-अठन्नी देते ही रहते थे।

नए मालिक से मेरी अच्छी पटती थी। फूल बाबू के तरफ से जो उदासी मन को घेरे हुए थी वह अब धीरे-धीरे फटने लगी। आसरम का हवा-पानी, बोल-चाल, रंग-ढंग मुझे अच्छा लगता था। यह दो-चार बाबू-भइया ऐसे भी थे जो भीतर से गरीबों का दुख-दर्द समझते थे। बातचीत में उनके मुँह से मलिकाना बू-बास नहीं

आता था। राधा बाबू तक काफी नरमी से बोलते-बतियाते थे। हाँ, कभी-कभी नाक-भौं चढ़ाकर वह अपना रोब जरूर परगट करते थे। मगर उनका गुस्सा, उनकी नाराजी आसरम के लोगों के लिए वैसे ही थी जैसे किसी अच्छे खानदान के इमन्दार (ईमानदार) मुखिया की होती है।

पाँच

हमारी बिरादरी में शादी बड़ी ही कच्ची उमर में हो जाती है। शादी न कहकर उसे सगाई कहना ही ठीक होगा। छः वर्ष की उमर ही में शादी हो गई थी। और तो कुछ याद न रहा लेकिन बरात में सिंगा बजानेवालों का नजारा कभी नहीं भूलेगा। बड़े मालिक के यहाँ से पालकी मँगनी की गई थी। कनेर के फूल से थोड़ा बहुत सजाकर उस पर बैठाया गया। बरात में दस-बारह जने गए थे। पीले रंग की धोती, धारीदार हरा-सा कुरता। माथे पर जरी गोटेवाली टोपी। पैर खाली। मुझे सबकुछ याद नहीं है। लेकिन केला और लाई खाना अच्छी तरह याद है। अपने मन से पके हुए केले देखने में पीले और खाने में खूब मीठे लगे थे। मुरही के लड्डू को हमारे यहाँ लाई कहते हैं। बच्चे उन्हें खूब पसंद करते हैं। शादी के सिलसिले में मुझे तीन रोज माँ से और दादी से अलग रहना पड़ा क्योंकि जहाँ शादी तय हुई थी, वह गाँव हमारे गाँव से बारह कोस दच्छिन पड़ता था। बरियाती में हमारे लोग औरतों को नहीं ले जाते हैं। सुना है, पच्छिम में ऐसा रिवाज है। उतनी छोटी उमर में इससे पहले मैं अपने घर से बाहर नहीं निकला था, गाँव से कहो। हमारी दुलहिन की उमर रही होगी यही कोई तीन-चार के करीब की। हम दोनों ही इतने छोटे और नादान थे कि सिवाय धूमधाम के, सिवाय भोज-भात के, सिवाय बाजा-गाजा के और कुछ याद नहीं है। हाँ, यह भी याद है कि हम दोनों पालकी में बैठे उस गाँव के बड़े-बड़े बाबू लोगों के यहाँ बिलोकि माँगने गए थे। आज तक मैंने तुम्हें अपनी शादी के बारे में नहीं बताया था। मगर आज तो बताना ही पड़ा। सतरह साल की उमर हो चुकी थी। माँ पिछले साल से ही जोर डालती आ रही थी कि गौना करा लाऊँ। और सच पूछो तो इसीलिए मेरी मइया अपनी लड़की के गौने की ओर से उदास

थी। वह सोचती थी–कि घर में पहले पतुहु आ ले, लड़की का गौना पीछे होगा।

यह तो बीच में मालिक से खट-पट हो गई, इसी से गौना रुका रहा। नहीं तो, अब तक हो गया होता।

शादी और गौने के बीच के ये एगारह साल हमारे लिए खाने-खेलने के दिन थे। इस बीच में कभी ससुराल नहीं गया। गौना से पहले ससुराल जाना हमारी बिरादरी का कैदा नहीं है। और भी कई बातों में हम लोगों का शादी-ब्याह बड़ी जातवालों के शादी-ब्याह से अलग किसिम का होता है। एक तो बिना जनेऊ हुए उनकी शादी नहीं होती, दूसरी बात यह है कि शादी और गौना के बीच-बीच में भी वे लोग ससुराल जा-जाकर रह आते हैं। और भी बहुत-सी बातें हैं।

मतलब यह कि माँ के जोर डालने से मुझे खुद भी गौना के लिए तैयार होना पड़ा। छोटी मलिकाइन ने अम्मा को बोल-भरोस देकर मना लिया था। मालिक मलिकाइन से डरते थे और हमारी बहन के इस मामले से तो मालिक बाबू अपनी जनाना को मुँह दिखाने के काबिल नहीं रह गए थे। बहुत दिनों तक चिट्ठी-पतरी बंद थी। बहुत दिनों तक मालिक घर नहीं आए।

मालिक बाबू के घर नहीं आने से हमारी छोटी मलिकाइन का बंगोर भी नहीं बिगड़ता। वह खुद ही सात मरद की एक मरद थीं। जरूरत पड़ने पर उनके भाई भी घोड़ा पर चढ़कर पहुँच जाते थे। हरवाहा था। चरवाहा था। चार बरजाना थे। खेती में खटने के लिए रात-दिन तैयार बनिहारा की भी कमी नहीं थी। खानदानी रोबदाब था। सोना के टुकड़े जैसे सैकड़ों बीघा धनहर के खेत थे। बाग-बगैचा, गाछी-बिरछी, झार-झाखर, पोखिर-पनिबट सब सम्पदा थीं। चार जोड़े बैल थे। गुजराती नसल की दो भैंसें थीं। नौकर-चाकर, बहिया-खबास सब थे। छोटी मलिकाइन घर-गिरहस्थी का बड़ा अच्छा इन्तजाम करती थीं। यह गुण उनका नइहर का था। फूल बाबू के बाप भी खूब चतुर गिरहथ थे। बड़े घर की जनानी बड़ी अकलवाली होती हैं। हवेली और ड्योढ़ी से बाहर पैर नहीं रखती हैं, ससुर-भैंसुर, गुमस्ता-बराहिल, भंडारी-पुजारी, मुनसीजी-देवानजी, सीधे वह किसी से बातचीत नहीं करतीं। या तो नौड़ी से कहवाती हैं या फिर चिक या परदा की आर से, खम्भा कि देवाल को संबोधित करके अपना काम चलाती हैं। समझ में न आया होगा भइया, खुलासा समझा दूँ।

अँगनई में या सहन में तुम खड़े रहोगे। मलिकाइन को तुमसे कुछ कहना रहेगा तो देवाल या केवारे की आर लेकर वह यों कहेंगी–किसी को बाजार जाना ही होगा, यह न जाएँगे तो कौन जाएगा। बेर बखत पर इन्हीं का तो भरोसा रहता है...

इस तरह मलिकाइन तुमसे बातें करेंगी। तुम या आप सीधे न कहकर यह और इन कहकर काम चलाएँगी। हमारी छोटी मलिकाइन इसी तरह काम चलाती थीं। कोई काम छोटी मलिकाइन का रुका नहीं रहता था। मालिक घर में रहें या न रहें, मलिकाइन खुद ही गिरिस्ती का सारा काम सँभालती थीं।

यह जनानी बड़ी चालाक थी। दबकर, झुककर, तनकर या ऐंठकर जैसे भी हो अपना मतलब पूरा करने में ओस्ताद थी। सच समझो भइया, अगर वह मरद होती तो डेनबी साहब के कान काटती।

सो, उसने भइया मेरी माँ को न जाने कौन-सी जड़ी सुँघा दी कि अपनी बेजती भूलकर मेरी माँ गाय-सी सीधी हो गई। आसरम में दो महीना रहने के बाद ही जब मैं माँ से मिलने गया था तो उसके मुँह से मलिकाइन का गुनगान सुनकर रोआँ-रोआँ लहरने लगा। माँ ने कहा–तो, इसमें मलिकाइन का क्या कसूर था? वह तो यहाँ थी भी नहीं।

मैंने कहा–गिरहथनी ही कौन देवता है! जिसके यहाँ मेरा निरबाह नहीं हुआ, उसके यहाँ तू अगर रहती है तो अपना थूक चाटकर ही रहती है।

मुझे तैस में पाकर माँ चुप रह गई थी। कुछ देर बाद गौने की बात उठी। खर्चा कहाँ से आवेगा?

माँ बोली–भगवान कोई न कोई ब्योंत जरूर लगाएँगे।

मैं देखता था, जब कोई ऐसी बात आ पड़ती थी जिसका जबाब हमें नहीं सूझता तो चट से भगवान का नाम वह ले लेती थी। यह उसकी पुरानी आदत रही। मगर मैंने कहा–भगवान कहाँ से ब्योंत करेंगे? चोरी हम करेंगे नहीं, डाका हम डालेंगे नहीं, घर में भूजी भाँग नहीं। आगे-पीछे कोई खोज-खबर लेनेवाला नहीं है। तो फिर भगवान बाकी कौन उपाय करेंगे।

इस पर माँ कुछ नहीं बोली। मैंने सोचा–इस बार यह मानेगी नहीं, बिना पतोहू का मुँह देखे इसे चैन कहाँ? और, आज न कल, परसों न तरसों, कभी न कभी गौना कराकर लाना ही पड़ेगा। ऐसा नहीं है कि आज निछछह दलिद्दर है

तो कल कहीं से पैसों से भरा घरा मिल जाएगा? ऐसा नहीं है कि आज खाने का उपाय नहीं है तो कल करणपिचासी काबू में आ जाएगी। गरीब-गुरबा का बिआह-गौना साहखरची में नहीं, सादगी ही में होता आया है।

सोचते-सोचते मन को थाह मिली। बात यह थी कि राधा बाबू मुझे बहुत मानने लगे थे। थे तो वह फकीर मगर अलछा फकीर नहीं। शाही फकीर थे। बड़े-बड़े महन्थ-महतमा, भारी-भारी जमातवाले साधु-संत, दूध जैसी धुली हुई मलमल से समूचे देह को ढके हुए बैरागी महराज, यह सभी शाही फकीर होते हैं। कमर में नगोछे की तरह चार हाथ की खड़ुकी लपेटनेवाले यह जो एक आध त्यागी नेता दिखाई पड़ते हैं, वह भी शाही फकीर हैं। शाही फकीरों की लीला अपरम्पार होती है। यह औढर तुम पर अगर ढर जाएँ तो कसम तुम्हारी, तुम्हारे एकैसो पुरखा का उद्धार कर देंगे।

हमारे राधा बाबू खानदानी मिलकियत छोड़कर बाबाजी बन गए थे सही लेकिन अब भी उनकी मुट्ठी खुली हुई थी। मुझे गिनकर रुपैया-पैसा नहीं दिया। जब दिया तब आँख मूनकर जेब में हाथ डालने पर जितना कुछ निकल आता उतना निकालकर। बतला ही चुका हूँ, यह गांधी महतमा का जमाना था। सुराजी बाबू-भइया देवता की छाँह बने डोलते-फिरते थे। जहाँ चरन पड़ जाए वहीं चबूतरा तैयार? जिधर इनकी निगाह मुड़े उधर से ही जय-जयकार सुनाई पड़े।

ऐसे ही लीडर के साथ मेरा भाग जुड़ गया था।

और, भइया, जब ऐसी बात थी तब फिकिर काहे का? सोच-संकोच कैसा? भीतर ही भीतर मुझमें एक तरह की उमंग भर गई। मैंने गिरह बाँध लिया कि गौना करा ही लाऊँगा।

दूसरे दिन माँ से पूछा—साइत-मुहूरत पुछवाया है?

सिलौट पर वह हलदी पीस रही थी। लोढ़ी चलने की घिसिर-घिसिर आवाज में पहिली खेप उसे मेरी बात नहीं सुनाई पड़ी। दूसरी बार मैं तनिक जोर से बोला तो बीच ही में लोढ़ी रोककर माँ ने कहा—तेरा मन हो तो साइत-मुहूरत की क्या!

किससे पूछेगी?

डिह टोल जाकर वैदिकजी से पूछ आऊँगी। तू तो यों ही मेरे साथ खिलबार कर रहा है। कब तक मेरे मन को टोता रहेगा?

माँ की यह बात सुनकर मुझे साफ-साफ झलक गया कि दूसरी के घर की गघरू जवान बेटी को अपनी पतोहू के तौर पर दरवाजे पर परिछन करने के लिए यह बेचैन है, अपनी रूखी-सूखी जिनगी में हेर-फेर कौन नहीं चाहता? बारहों महीना जाड़ा ही पड़ता रहे तो कैसा लगेगा? कभी रात न हो, सुबह शाम न हो, हर-हमेस दुपहरिया ही तपती रहे तो कैसा लगेगा?

कहने का मतलब यह है कि क्या जिनगी क्या जहान, क्या जुग क्या जमाना, सभी में फेर-फार चलती रहती है। हेर-फेर का यह चक्कर घूमता ही रहता है?

मइया के लिए मुझे तैयार होना पड़ा। मेरे मुँह से गौने की बात सुनकर बड़ी खुश हुई।

यह आशिन का महीना था। उस साल भदई खूब हुई थी। आठ मन मरुआ अपने बटाई के खेतों में मुझे भी हुआ था। दो-अढ़ाई मन धान की भी उमीद थी। अगहन में गौना का दिन होगा, यह हम जानते थे।

माँ की राय थी कि धनकटनी के दिनों में आसरम से महीने भर की छुट्टी ले लूँ। माँ, रेबनी और मैं तीनों जने मिलकर मलिकान के खेतों में धान काटेंगे। मजूरी में जो धान मिलेगा उससे दो-अढ़ाई महीना गिरहस्ती का खर्चा जरूर निकल आवेगा।

अलावा इसके, मेरा अपना भी मन था कि धान काटने के दिनों में इस बार परदेस में नहीं रहना चाहिए। खेत में काम करने के लिए सच पूछो तो मेरा मन तरसता रहता है। कमर में अँगोछा लपेटकर या फिर लँगोट ही कसकर जब मैं खेत में धान रोपने उतरता हूँ तो दो बोतल दारू का नशा सिर पर सवार हो जाता है। लगता है ऐसा कि संसार में कुछ नहीं है। मैं हूँ और खेत है। मेरे हाथ हैं और धान के छोटे-छोटे, हरे-हरे, भले-भले मनमोहक पौधे हैं। कई बार जोतकर तैयार और कदबाए हुए खेत में मेरे ऐसे और भी कितने बनिहार धान रोपनी करते हैं। मगर मुझे दूसरों का ख्याल नहीं रहता है। पनियाए हुए चास में धान का पौधा रोपते समय छुप-छुप, सुप-सुप आवाज उठती रहती है। यह आवाज इन कानों के लिए सुरैया के तान से भी मीठी है। हमारे जिला-जबार में नामी-नामी गवैया हैं। उनका सुर हवा के पंखों पर जब थिरकने लगता है तब सुननेवाला मगन होकर आँख मून लेता है। बाबू घराने की औरतें महीन गले से जब मलार और बटगवनी या समदाउन का तान अलापती हैं तो गाय-बैल भी चरना छोड़कर इधर-उधर

ताकते रह जाते हैं। धान रोपते समय छुप-छुप, सुप-सुप की जो आवाज आती रहती है उससे बढ़कर कोई दूसरी तान मेरे लिए मीठी नहीं होती। इसी तरह धान काटते बखत हँसिया से जो खप-खप की आवाज आती है अपने कानों को उसके आगे बाकी सारा तान-तमौड़ा बेकार लगता है। अगर ये खेत, ये चास अपनी ही मिलकियत के होते तो फिर छुप-छुप, खप-खप की आवाज सौ गुनी मीठी लगती।

सो, भइया, भीतर ही भीतर मैंने ही पक्का कर लिया कि अगहन-पूस गाँव में ही बितावेंगे। गौना भी होगा। धनकटनी भी होगी, आना चोठी घर गिरहस्थी का रस भी मिलेगा।

मरुआ की रोटी देखने में भी अच्छी लगती है, खाने में भी अच्छी लगती है। रंग बैंगनी होता है। मगर स्वाद सोंधी और मीठी होती है। मजूर-बनिहार लोगों का खास खाना हमारे यहाँ यही मरुआ की रोटी ठहरा। जिसके पास भैंस या गाय हुई वह दूध के साथ ही मरुआ की रोटी खाता है। मामूली बनिहार नमक, करुआ तेल और हरी मिरचाई के सहारे खाते हैं। बरसात के दिनों में तिरहुत का मुलुक किसिम-किसिम की तरकारी का बगीचा बन जाता है। गरीब से गरीब, नचार से नचार आदमी अपनी मरैया के पिछवारे या अगल-बगल झिमनी, रामझिमनी, ठरिया, गेनहारी, पोरो, घेरा, कड़ैल, ओल, अरकोछ, तेकुना, खम्हाउर, हल्दी, अदरख, मिरचाई, बैंगन, कदीमा, कुम्हर, सजमन लगा लेता है। बाबू-भइया के पोखरों से छिप-छिपकर मछरी भी मार लाते हैं। मछरी का हमारे तरफ बड़ा महातम है। बरसात के दिनों में ऐसा कौन अभागल होगा, जो जल-सीम का भोग नहीं लगाता है!

जलसीम, समझा भैया? नहीं न?

बैरागियों को भरमाने के लिए चतुर-चलाक बाबू-भइया लोगों में से कभी किसी ने मछरी को सीधे मछरी न कहकर जलसीम यानी पानी के अंदर पैदा होनेवाला सेम कह दिया होगा। तब से जलसीम चालू हो गया।

नदी-नाला, डबरा-पोखर कहाँ नहीं मिलेगा? हमारे तिरहुत में पानी का अकाल नहीं बराबर समझो। गाँव-गाँव में पोखर, गली-गली में डबरा, जबार-जबार में धार; कहीं-कहीं समुंदर जैसे बड़े-बड़े पोखर देखने को मिलेंगे। ऐसे पोखर को दैत-का-खोदा-पोखर कहते हैं। दैत का खोदा इसलिए कि बूढ़-पुरनिया लोगों को

भी उसके खोदनेवालों का पता नहीं। मुदा, मैंने राधा बाबू के मुँह से सुना है कि पुराने जमाने में किसी-किसी राजा का मिजाज जब सनकता था तो जर-जबार के लोगों को बेगारी में लगाकर बड़ा-बड़ा पोखरा खुदवाता था। ऐसे पोखर का नाम 'शिवसागर', 'गंगासागर' जैसा हुआ करता था। सुना है कि राजा सगर के साठ हजार बेटों ने खोद-खोदकर समुंदर को तैयार किया था। सो, भैया जहाँ कहीं तुम बड़ा-बड़ा पोखरा देखते हो, सब धरती मैया के हजारों बेटों के हाथ से खुदा हुआ है। दूसरों की मेहनत से खोदे हुए पोखर का नाम रखते बखत अब भी मालिक लोग उसमें अपने माई-बाप का नाम जोड़ देते हैं। इसी तरह सेठ लोग चावल-चीनी मिल का नाम अपने बाप-भाई के नाम पर रखते हैं।

हाँ, भैया, बात कहते-कहते फिर मैं भसिया गया। क्या कह रहा था? मछरी की बात? पोखर की बात?

हाँ, हाँ, जलसीम से तरकारी का काम चलता है। भुइयाँ-मुसहर भी आसानी से सेर-आध सेर इच्चामारा, पोठीकतरा डबरे से छाँक लाते हैं। आग में भूनकर बिना नमक भी मछरी खाओ तो बुरी नहीं लगेगी। गरीब-गुरबा लोग महँगी-अकाल के जमाने में महीनों मछरी पर गुजार देते हैं। महंथ-बैरागी किसके-किसके गले में कंठी बाँधते फिरेंगे? कोठी-बखारी में धान-चाउर भरा हो, बाग-बगीचे में तर-तरकारी, फर-फूल लगा हो तभी कंठी की इज्जत बची रहती है। गरीबों के गले में चार दिन भी कंठी सही-सलामत बँधी नहीं रह सकती।

मतलब यह कि बाहर मजूरी करनेवाला भी साल में हर महीने घर पर बिता सकता है। समांग (तंदरुस्ती) दुरुस्त रहे तो सब ठीक है। मैंने सोचा—औरतिया भी तो कुछ न कुछ करती ही रहेगी। खेत में गोबर डाल आवेगी, घर का काम-काज करेगी। झाड़ू-बुहारी, चक्की-चूल्हा, उखड़-ढेंकी, रस-रसोई। सबकुछ करेगी। माँ को तभी आराम मिलेगा। दम मारने की तनिक फुरसत मिलेगी। रेबनी की जुदाई अम्मा को नहीं अखरेगी, क्योंकि पतोहू नगीच में रहेगी। मैं छः महीना घर रहूँगा, छः महीना बाहर रहूँगा।

आशिन, कातिक, अगहन, पूस और माघ। अभी पाँच महीना बाकी था। छै पंजे तीस। तीस रुपैया हुआ। कुछ ऊपर से मालिक भी देंगे ही। कुछ पहले का जमा है। मिला-जुलाकर काम चल जाएगा।

बात बिलकुल पक्की हो गई। गौना होगा ही। मगर अगहन में नहीं, माघ में होगा। और, जब होना ही है तो जैसे अगहन में वैसे माघ। चार महीना कसकर घर रहूँगा। चैत में ओरहा खाकर गाँव छोडूँगा। नहीं तो यह भी हो सकता है कि बैसाख में मड़ुआ की पटौनी करके तब गाँव छोड़ूँगा।

इस तरह बिचारता हुआ मैं आसरम लौट आया।

राधा बाबू जहल से छूट आए थे। गांधी महतमा के हुकुम से खद्धर और चरखा का परचार करते फिरते थे। मधुबनी में बाबू-भइया का जुटान था। आसपास के इलाकों में हजारों चरखा चलने लगे, सैकड़ों जवान जगह-जगह कते हुए सूतों की लच्छियों का हिसाब लेते थे। बदले में कातनेवाली औरतें पैसा भी पाती थीं और कपड़ा का भी अच्छा इंतजाम था। राधा बाबू इलाके-इलाके में घूम-घूमकर काम देखते थे।

जहाँ-जहाँ जाते, मुझे भी साथ लिए फिरते। मेरा काम था बाबू के कपड़े साफ करना, कागज-पत्तर सरियाकर रखना, किसी के पास भेजें तो वहाँ से हो आना, कभी पैदल चले हों तो पैर-डाँड़ जाँत देना और सामान की खबरगिरी रखना। डूटी (ड्यूटी) कभी-कभी कड़ी हो जाती थी। यह तब होता जबकि बाहर से कोई लीडर आए रहते। लीडर के आने पर उन्हें लेकर इलाकों में घूमना पड़ता। कभी टमटम से, कभी बैलगाड़ी पर। एकाध बार राधा बाबू मोटरगाड़ी का भी जोगाड़ कर लेते थे।

मेरी डूटी (ड्यूटी) इसलिए बढ़ जाती थी कि बहुत से सोराजी बाबू इकट्ठे हो जाते थे। राधा बाबू का टहलुआ होने की ओजह से सभी सोराजी बाबू मुझे अपना-अपना टहलुआ समझते थे। पचीस फरमाइश पूरा करते-करते मैं तबाह हो जाता। लीडरों में से जो जितने बड़े खानदान के होते उनकी आवाज से उतनी ही मालिकाना गंध आती। सभी राधा बाबू के तरह संत महतमा तो थे नहीं। उनकी अपनी-अपनी आदत थी, अपना-अपना सुभाव (स्वभाव) था, अपनी-अपनी रुझान थी। किसी को चुनियायी हुई धोती चाहिए, तो किसी के बदन में घंटा भर मालिश होनी चाहिए। सोते बखत पैर जँतवाना (चपवाना) किन्हीं बाबू के लिए जरूरी था तो किन्हीं को साहौर का दतवन चाहिए। कोई पान के पीछे पागल थे तो किन्हीं को बढ़ियमका (बढ़िया) सिगरेट। किन्हीं को उँगली फोड़वाने का सौख (शौक़)

था, तो किन्हीं के माथे पर जवाकुसुम का तेल सोते बखत मलना ही पड़ेगा। दो बाबू ऐसे भी थे जो अपना चरखा साथ लिए रहते। वही सूट-केशी चरखा जिसको अरवद्धा या जरवहा चक्कर (चखदा चक्र) कहते हैं। यह चरखा हमारे राधा बाबू के पास भी था। मगर बाबू जब टूर में निकलते तब चरखा को साथ नहीं लेते। आसरम में रहते बखत ही राधा बाबू चरखा चलाते थे। कभी-कभी ऐसा होता कि बाबू लोग खुद बड़े लीडर के साथ मोटरगाड़ी में लटककर चले जाते और उनका चरखा मुझे ढोना पड़ता। एक बार ऐसा हुआ कि समस्तीपुर के किसी बाबू का चरखा इसी आपाधापी में पीछे छूट गया। सुबह-साम परार्थना के बाद वह 15 मिनट चरखा चलाते थे। मगर उस रोज संयोग से उनका चरखा पीछे रह गया था। बाबू मुँह फुलाकर बैठ गए—न पानी पीएँगे न खाएँगे। मुझको तो भइया, बड़ा रस आ रहा था बाबू के इस नाटक में। आखिर बड़े मुस्किल से बाबू को मनाया गया और संतरा, बेदाना खाने को राजी हुए। राधा बाबू मुझको बड़ा डाँटिन (डाँटा)—क्यों श्रीपति बाबू का चरखा छोड़ आया?

इस तरह लीडरों के जुटान में डर के मारे मैं सिक-सिक करता रहता कि कुछ भूल-चूक न हो जाए, बाबू नाराज न हो जाएँ। मगर जानते हो भैया, राधा बाबू अपने नुकसान के लिए मुझे थोड़े डाँटते? नहीं। राधा बाबू का सुभाव तेज जरूर था लेकिन मेरे लिए नहीं। मुझे तो वह बहुत मानते थे। अकेले में कभी-कभी नरमी से मेरे कान-नाक मलते थे, कभी ठुड्डी छू लेते थे, कभी पीठ थपथपाते थे। लेटते बखत जो मैं उनके नजदीक बैठा रहता तो अपनी टाँग मेरी गोद में या जंघे पर डाल देते और घर-गिरहस्ती की बात पूछते। एक-एक करके मेरे घर की सारी बातें मालूम कर ली थीं। मेरे दुःख-सुख का ख्याल रखते थे। वह नहीं चाहते थे कि मैं मैला या ओछा कपड़ा पहनूँ। इस बार आशिन में घर से लौटकर जब आसरम पहुँचा तो उन्होंने मुझे धोती खरीद दी, कमीज बनवा दिया, चप्पल ले दिए। एक दिन राधा बाबू ने मुझसे कहा—खबास की तरह नहीं, आदमी की तरह रहना होगा; टहलुआ बनाकर नहीं, साथी बनाकर तुझे मैं रखना चाहता हूँ।

पहले मैं उन्हें बात-बात में जी सरकार-जी सरकार कहा करता था। मुदा बाबू एक रोज जोर से डाँट दिहीन। तब से खाली जी-जी कहने लगा। यह तो हुई राधा बाबू की बात। लेकिन दूसरे सुराजी बाबुओं में सैकड़े-नब्बे ऐसे ही मिले हैं, जिनको

जी सरकार कहलाने में बड़ा निम्मन (अच्छा) बुझाता है। न कहो तो गुर्रा-गुर्राकर ताकते रहेंगे। जिनगी भर जिनके कान 'मालिक-मालिक', 'सरकार-सरकार', 'हजूर-हजूर' सुनते आए हैं उनके लिए इन शब्दों का बड़ा महातम (महत्व) है। बिना छौंकी (बघारी) दाल की तरह बिना जी-हजूरी की बात उनको पसंद नहीं पड़ती। पच्छिम के मुलुक हैं गुजरात, रजपुताना, पंजाब। एकाध दफे पच्छिम के सुराजी बाबू से मेरी मुलाकात हुई है। उनको दो-चार बार जब मैंने सरकार-सरकार, हजूर-हजूर कहा तो बड़े भड़के भैया! कहने लगे–कैसा बदजबान छोकड़ा है! बात-बात में हजूर-हजूर, सरकार-सरकार करता है! बेटे, हजूरों और सरकारों के खिलाफ तो हमारी जद्दोजहद चल रही है, फिर मुझे तू गालियाँ देता है? मैंने बड़ी मुश्किल से उन्हें समझाया कि हमारे यहाँ बाबू-भइया लोग 'हजूर-सरकार' के बगैर बात ही नहीं सुनते...यह जानकर पच्छिम के सुराजी बाबू की आँख दुगुनी हो गई और जीभ छट से निकल आई, ऐसी बात है! धत तेरी की! मैंने कहा–जी हजूर, जी हजूर, हमारे यहाँ यही रिवाज है।

लीडरों की जुटान डेढ़-दो महीने पर होती थी। तब मेरी डूटी बढ़ जाती थी, बता ही चुका हूँ। बाकी मौज था। राधा बाबू कुरता, कमीज, गंजी (बनियाइन) नहीं पहनते थे। सिला हुआ कोई कपड़ा नहीं। कभी तीन गज की, कभी चार गज की धोती पहनते थे। बदन पर छोटी-सी चादर रहती थी। जाड़े के दिनों में काश्मीरी लोई ओढ़ते थे। एकाध पल्ला अंडी का भी रहता था। मतलब यह कि धुलनेवाले कपड़ों की गिनती चार से ज्यास्ती कभी नहीं हुई। सुदेसी (स्वदेशी) कपड़ा और सुदेसी साबुन तिस पर से सुदेसी हाथ। जहाँ चार चोट मारते थे कि कपड़ा साफ हो जाता था। चार-चार रोज, पर राधा बाबू के कपड़े मैं साफ करता था। सुना कि पहले अपना कपड़ा वह आप साफ करते थे। मगर बाद में काम बहुत बढ़ जाने से यह जिद्द उनको छोड़नी पड़ी। खाना वह उसी तरह खाते थे जैसे आसरम के बाकी लोग। महतमाजी के यहाँ से टमाटर और पियाज खाना सीख आए थे। सो, आसरम के बाग में खूब टमाटर लगा हुआ था। पियाज भी वहीं उपजता था। मौसम में चार ठो पियाज और आठ ठो टमाटर खाते थे हमारे राधा बाबू। पियाज तो मैं भी खाता था मगर तैयार टमाटर जब-जब मैंने खाने की कोशिश की, तब-तब फेल हो गया। भेहाइन लगता था, ऐसा महकता था मानो

सरकारी अस्पताल के कम्पोटर का कमरा हो। तरकारी में डालकर पचासों दफे टमाटर मैंने खाया होगा मगर आम की तरह पक्का टमाटर चूसना मुझसे कभी नहीं सपरा। आसरम में माछ-मछरी खाना मना था। मुझे महीने में एकाध दफे मछरी मिल जाती थी। कैसे मिलती थी? छट्टू भाई मलाह थे। उनकी चाची का नइहर पास ही एक गाँव में पड़ता था। छट्टू जाते ही रहते थे। पुरैन के पत्ते में लपेटकर मेरे लिए दो-चार कुटिया मछरी लाते थे। मैं आड़ में ले जाकर जलसीम का भोग लगाता था। एक बार राधा बाबू ने कहा—अरे, तेरे मुँह से तो मछरी का गंध आता है। मैंने माथा झुका लिया तो बोले थे—कोई हर्ज नहीं, हम वैष्णव हैं तो इससे क्या सारी दुनिया कंठी बाँध लेगी? यह कहकर बिहुँस पड़े। पीछे कहा—मछरी खाने के बाद एकाध खिल्ली पान खा लेना चाहिए। इससे मछरी का महँक मर जाता है।

हम तो भुच्च गँवार ठहरे। हमें क्या मालूम कि किसकी महक कैसे मरती है। फिर भी हमारे राधा बाबू बड़े अच्छे आदमी थे। खुले मिजाज के। कभी उन्होंने मुझे मना नहीं किया। मैं बीड़ी पीता था, मछरी खाता था, कभी उन्होंने मना नहीं किया।

अगहन में उनके सार (साले) आए। साथ में एक आदमी था। धान का चूरा, पकमान, गुड़, अँचार, औरा (आँवला) का मुरब्बा। दो टोकड़ी सनेसा ले आए थे। आसरम भर, मुनी लोगों ने खूब खाया। चार दिन रहने के बाद लौटे तो मुझे भी साथ लेते गए। मालूम हुआ, मलकिनी आनेवाली हैं। मालिक के दूगो बेटा हैं, ऊ भी आएँगे। बोझा-मोटा ढोने के लिए एक आदमी उधर से भी आवेगा और मैं भी रहूँगा।

अभी तक मलकिनी का मैंने नाम ही सुना था, दरसन तो किया था नहीं। इसी से मेरे मन में हुदहुदी बैठ गई। अगर हमारी छोटी मलिकाइन की तरह ये मलकिनी भी हुईं तो चार ही रोज में आसरम छोड़कर भागना पड़ेगा। नहीं, अगर फूल बाबू की माँ जैसी होंगी तब तो निरबाह होगा।

इस तरह सोचता-बिचारता मैं कुटुम के साथ हो गया। लहेरियासराय से समस्तीपुर। वहाँ से पहलेजा। पहलेजा से महेन्दरू। फिर बड़की इसटीसन।

आज तक मैं बड़की गाड़ी पर नहीं चढ़ा था। तब तक पटना जंकसन का

यह नया बिलडिंग नहीं बना था। अब तो खैर बहुत बड़ा बिलडिंग है। पहले इससे छोटा था। बाहर भी इतनी बढ़िया सिलमिटवाली चिकनी सड़क नहीं थी। लेकिन गाड़ी तो बड़की ही ठहरी। मैं पहले सोचता था कि बड़की गाड़ी का टिकट भी बड़का होता होगा, तास की तरह। मगर नहीं, टिकट में कुछ फरक नहीं। हाँ, टिकट कटाने में वैसी धक्कामुक्की नहीं, जैसे कि हराही (दरभंगा जंकसन) में होती है।

गया जानेवाले हम तीन जने थे। कुटुम, उनका नौकर और मैं। कुटुम ठहरे जमीनदार के बेटा। गाड़ी में साथ कैसे बैठेंगे! इंटर का टिकट लिहिन। बाकी दो टिकट थड़ के थे।

गया लैन की गाड़ी तीसरे लाटफारम से सटकर लगती है। पहला, दूसरा लाटफारम मेन-लाइन के लिए है। पूरब की ओर जाओगे तो सीधे हबड़ा पहुँचोगे। पच्छिम की ओर जाओगे तो नखलऊ, दिल्ली। बड़ी-बड़ी इंजन, बड़ा-बड़ा डब्बा, बड़की-बड़की सीट। आने-जाने के लिए खुशफैल रास्ता। बड़की ठो फाटक, सबकुछ बड़ा। कुली भी पक्की बोली बोलते हैं। बीड़ी-सिगरेट बेचनेवाले भी काहे-कूहे करते हैं। साहबी ठाठ में कोट-पैंट पहने हुए पचासों आदमी कोई जमशेदपुर जा रहा है, कोई धनबाद। कोई हजारीबाग जा रहा है तो कोई चइबासा।

बड़ी लाइन की गाड़ी के आगे छोटी लाइन की मधुबनी, झंझारपुरवाली गाड़ी बकरी जैसी लगती है। पटना के तरफ शहरूपन भी ज्यादा है। उधर जिसको रखना कहेंगे, इधर उसको हम धरना कहेंगे। उधर के लोग साफ जबान बोलते हैं। यहाँ ग.ड़ी में बाबू लोगों के मुँह से 'किहिस-दिहिस' निकलता है, तो उधर तुम लोगों के मुँह से 'किया-दिया' सुनोगे। अकास-पताल का फरक पड़ जाता है, भइया।

रात का बखत था। गाड़ी पर बैठते ही मुझे नींद आ गई।

गया पहुँचने पर ही नींद टूटी। वहाँ से दूसरी गाड़ी पकड़कर नवादा पहुँचे। नवादा से आधा कोस पड़ता है मोहनपुर। दूर से ही कोठा चमक उठा। कुटुम के लिए टमटम आया था। वह उसी पर चढ़कर गए। हम दोनों जने पाँव-पैदल।

राधा बाबू के ससुर लखपती जमींदार थे। दो पट्टियों में इसटेट बटा हुआ

था। उपज और आमदनी ही बटती थी, जायदाद-जमीन इकट्ठी ही थी। हाथी भी था। मोटर भी थी। टमटम भी था, बग्गी भी थी। खड़खड़िया पालकी भी थी। पक्का बैठकखाना था। कुरसी, आरामकुरसी, कोच, बेंच, टेबुल सबकुछ था। नौकरों के लिए कच्ची ईंट की दो-तीन कोठरियाँ उस तरफ बनाई गई थीं, जिधर गाय-भैंस के रहने की जगह थी। मुझे टिकाने के लिए कुटुम का नौकर उसी कोठरी में ले गया।

दस नाँदों की लंबी कतार। दोनों ओर बँधे हुए बीस भैंसे। भैंसा को इधरवाले 'पाड़ा' कहते हैं। उन्हीं से उधर हल जोते जाते हैं। मगर राधा बाबू के ससुर का एक भी भैंसा ऐसा नहीं था जिसके पीठ और कमर की हड्डी झकझक न करती हो! बीस-बीस गो भैंसा, उनके खिलाने का कोई ठिकाना नहीं। सभी रोते रहते थे। सभी की आँखों में मैंने कीचड़ देखा। पेट और काछ में अठगोरवा कीड़ा बजबज करता था। सच जान लो भैया, बहुत बड़ा कुकरम किया होगा तभी जमींदार के यहाँ भैंसा होकर जनम लिया होगा उन्होंने। न मरना न जीना, हुकहुक करना। मैंने एक आदमी से पूछा—ये कमजोर आदमी किस तरह हल खींचते हैं? उसने कहा—खेती के मौसम में इन्हें थोड़ा बहुत खाने दिया जाता है, जब खेती हो गई तो सत राम! लार-पुआर, घासी-भूसी को अमला लोग छिपा-छिपाकर बेचते रहते हैं। किराए पर मकान उठानेवालों को जितनी ममता अपने मकानों के प्रति होती है, उससे भी कम ममता जमींदारों को अपने माल-मवेशियों के तरफ हुआ करती है। नौकर-चाकर, अमला-फैला बहुत मामूली तनखाह पाते हैं। उन दिनों किसी की तनखाह दो रुपए माहवार थी, किसी की चार, किसी की सात। दस से ऊपर किसी की नहीं।

भैया, तुम पूछोगे कि इतनी कम तनखाह में जमींदार के नौकरों की दुनिया-जहान कैसे चलती होगी?

जवाब टेढ़ा नहीं, बिलकुल सीधा है। अमला लोग तनखाह की कमी लूट-पाट से पूरा करते हैं। रैयत को लूटने में जमींदार के नौकर-चाकर किसी बात की परवाह नहीं करते। हरी-बेगारी से लेकर कोहरा-कद्दू तक रैयत की एक-एक चीज पर मालिकों का एकछत्र अधिकार रहता है। इसमें सरकार बहादुर अपनी पुलिस-पलटन से जमींदारों की मदद करती है। नौकर-चाकर लूट-पाटकर,

छीन-झपटकर निर्वाह करते हैं। जमींदार का भी खजाना भरते हैं और अपना भी घर भरते हैं। जमींदारों के अमला लोगों का सब जगह यही हाल है।

कुटुम के दरवाजे पर ठाट-बाट की कमी नहीं थी। हाल में दू गो आरामकुर्सी, चार गो मामूली कुर्सी, एक ठो गोल मेज पड़े थे। मोटे गद्दे का एक भारी-भरकम कोच पड़ा था। सिर टेकने की जगह तेल से काला और चिकना करवाया था। कोच की बाँहों पर जहाँ-तहाँ चूना और सुँघनी के दाग पड़े थे। जरूर ही बैठनेवाले सुँघनी के सौकीन होंगे, पान खा चुकने पर ऊपर से और चूना खाते होंगे।

दूसरी ओर बैठक में दो बड़े-बड़े तख्तपोस पड़े थे। उनमें कहीं-कहीं कील उभरी हुई थी। सतरंज के खाने चाकू से खरोंचकर कभी किसी ने बनाए थे, यह निसान भी मौजूद था। तख्तपोस के नीचे मकड़ी ने जाले लगा रक्खे थे। जरूर ही झाड़ू देनेवाला लापरवाह या अहदी होगा। बक्सर के गाँव की ओर के दो मेहमान टिके हुए थे।

राधा बाबू के सार को मेरे बारे में अच्छी तरह मालूम था। अपनी आँखों से देख भी चुके थे। इसलिए मेरे साथ मामूली जन-बनिहार का-सा बर्ताव नहीं किया। टहलुआ की तरह मुझे भितरिया समझा गया।

मलकिनी दो ही भाई-बहन थीं। नाम लवंगलता। भाई का नाम बाबू कामेन्द्रप्रसाद नारायण सिंह था। सरकारी अफसर—बाबू के.पी.एन. सिन्हा कहा करते थे। हमारी मलिकाइन दुलार के मारे बबुनी कहलाती थीं। उनका रहना नइहर ही होता था। राधा बाबू ठहरे सोराजी, अपने घरवालों से मनमुटाव चल रहा था। बाल-बच्चों को ससुराल ही में छोड़े हुए थे। यहाँ भी किसी चीज की कमी नहीं थी। लाख से ऊपर की जमीन-जायदाद थी। पच्चीस-तीस हजार का लहना था। हजारों मन की उपज थी। पुश्त-दर-पुश्त से आई हुई खानदानी इज्जत थी।

बाबू कामेन्द्रप्रसाद नारायण सिंह कौलेज की पढ़ाई पूरी नहीं कर पाए थे। बाप को आसाम के जंगलों में हाथी फँसाने का शौक था। इस शौक के चलते बेचारे की जान भी गई। कहते हैं, एक बार छोटे लाट साहब के कोई दोस्त बिलायत से आए। उन्हें हाथियों के बारे में बड़ी दिलचस्पी थी। कैसे आसाम के जंगलों में हाथी पकड़े जाते हैं? कैसे उन्हें पालतू बनाया जाता है? कैसे फिर वे बिकने के लिए हरिहरछेत्तर तक लाए जाते हैं? यह सब लाट बहादुर के दोस्त

साहब अपने तजुर्बे से जानना चाहते थे। इसी सिलसिले में रायबहादुर जानकीनाथ कुँवर को छोटे लाट साहब ने आसाम भेजा था। डिग्बोई के पास जंगल में कैंप डाला गया था। हाथी पकड़नेवाले पहाड़ियों की असावधानी से हाथी का एक झुंड कैंप पर टूट पड़ा था। साहब बहादुर ने पेड़ पर चढ़कर अपनी जान बचाई। मगर रायबहादुर एक बिगड़ैल दंतार हाथी के गुस्से के शिकार हो गए। उनकी लाश तक घर नहीं पहुँच सकी थी।

तभी 19 वर्ष की उमर में कामेन्द्रप्रसाद नारायण सिंह के कंधों पर इसटेट का भार पड़ा। बाप के न रहने से चाचा की नीयत बदलने लगी, मगर माँ की होशियारी की वजह से इनको नोकसान नहीं उठाना पड़ा। बाबू साहब की माँ बड़ी अकिलमंद मोसमात थीं। उन्हीं की अकिल का परताप कहो कि इसटेट तरक्की करता गया।

अपनी नई मलिकाइन को इससे पहले मैंने नहीं देखा था। लम्बी डील-डौल, चाकर (चिपटा, चौड़ा) मुँह, बड़ा कपार, फैली हुई आँखें, औसत दर्जे की नाक, पतले ओठ, सुराही-जैसी गरदन। रंग गेहुँआ था। हाथ-पैर बड़े-बड़े थे। धानी रंग की तीन पढ़िया साड़ी पहने हुई थीं। बोलने से पहले आँखें फैलाकर माथा नचाने की आदत थी। याद है, मुझे देखकर उन्होंने गहराई से माथा हिलाया था और जरा देर के लिए मेरी ओर देखती रह गई थीं। पैर छूकर मैंने प्रणाम किया तो मुस्कुरा उठीं। दाड़िम के दानों जैसे उनके दाँत पान की हल्की लाली के कारण खूब खिल रहे थे। कुछ कहा नहीं था। थोड़ी देर हवेली में बैठकर मैं बाहर आ गया।

कातिक का महीना था। जाड़े की शुरुआत। सुबह चावल की फरही, नीमक, हरी मिर्ची। यह रहा नास्ता। उसके बाद मैं बाबू साहब की धोती में साबुन लगाता रहा। फिर अपने मालिक के छोटे बच्चों के साथ तास खेलकर जान-पहचान बढ़ाई। बच्चे उनके तीन थे। एक लड़की, दो लड़के। लड़की नौ साल की। लड़के सात और पाँच साल के। लड़कों का चेहरा बाप से मिलता था, लड़की का नहीं। बड़े घर के बच्चे तुनुक-मिजाज तो होते ही हैं। घमराड़, फरेब और झूठ—यह बड़ी आसानी से उनके अंदर जड़ कर जाते हैं। मचलना, रूठना, बिदकना, रंज होना—यह सब वे माँ-बाप ही से सीखते हैं। अच्छाई जो कुछ सीखते हैं उनमें से ज्यादा हिस्सा नौकर-चाकर और गरीब पड़ोसियों की देन रहता है।

हमारे मालिक के बच्चे बराबर ननिहाल में रहते आए थे। बाप-चाचा की सोहबत उन्हें नहीं मिली थी। ननिहाल के नौकर-चाकर उनकी ओर एक अजीब तरह की लापरवाही बरतते थे। नतीजा यह था कि वे नौकरों के बच्चों से हिलमिलकर खेलते थे। अम्माजी (राधा बाबू की सास) अपना बखत पूजा-पाठ करने और कथा-पुरान सुनने में बिताती थीं। हवेली के कामों की देखभाल बाबू साहब के ममेरे भाई साहब करते थे। हमारी मलिकाइन को किताब पढ़ने का भारी चाव था। किस्सा-कहानी की पोथियाँ खूब पढ़ती थीं। बच्चों की देखभाल नौड़ी (लौंडी) करती थी।

मुझे मालूम हुआ कि मलिकाइन भी अब आसरम में ही रहेंगी। बच्चे भी अब वहीं रहकर पढ़ेंगे। यह जानकर मुझे बड़ी खुशी हुई।

इसमें खुश होने की क्या बात थी भैया?

समझा नहीं? बात यह थी कि आसरम मर्दों से भरा था। एक देवी थीं। कभी रहतीं, कभी नहीं रहतीं। और अब राधा बाबू का पलिवार (परिवार) बराबर आसरम में रहेगा। जनानी और बच्चों की बात सुनने को मिलेगी, उनका चेहरा देखने को मिलेगा। आसरम जहलखाना जैसा नहीं लगेगा। घर जैसा मालूम होगा।

खाने गया तो थाली में दो तरह के भात दिखाई पड़े। बाबू लोगों के लिए महीन चावल का खुशबूदार भात होता है। जूठन में बच रहने पर खुशबूदार महीन चावल का भात नौकर-चाकर की किस्मत में जाता है। मैं देखते ही समझ गया कि राधा बाबू के साले साहब का जूठन है। बता ही चुका हूँ पहले कि उन दिनों बाबू-भैया का जूठन हम बड़े चाव से खाते थे। या यों कहो कि अच्छी चीज जो भी खाते थे वह जूठन ही होती थी। नौकरों के लिए मोटे चावल का जो भात बना था, उसमें धान के छिलके और कंकड़ थे। हाय रे तिरहुत! क्या मजाल कि तिरहुतिया चावल में एक भी कंकड़ तुम निकालो। यह कंकड़-वंकड़ गंगा के उत्तर तरफ जाने की हिम्मत नहीं करेंगे। खैर, खाना कोई खराब नहीं था। मगर बैंगन की भुजिया इस बात का गवाह थी कि हवेली में कंजूसी का राज है। बूँद भर तेल डालोगे और चाहोगे कि अच्छी भुजिया बन जाए तो यह कैसे होगा? अचार अलबत्ता अच्छा था। थाली देखने में कठौती जैसी थी। हमारे इलाके के बड़े घरों

में थालियाँ बड़ी अच्छी और छोटे किनारेवाली होती हैं। ऐसी नहीं कि देखने पर परांत याद आए।

खा चुकने पर मलिकाइन के इशारे से रसोइया ने जरा-सा दही दिया। यह उनकी मेहरबानी थी। मालिक लोगों के कहने के मुताबिक, 'नौकर-चाकर, टहलू और खबास को दही खाने का हक नहीं है।' फिर जो थोड़ा-सा दही मिला, इससे मुझे बड़ी खुशी हुई। खुशी इसलिए नहीं हुई कि दही मिला। खुशी की वजह थी कि मलिकाइन को मेरा खयाल था। मलिकाइन के मन के किसी कोने में मैं जरूर बैठ चुका था। इस बात से यह साफ हो गया कि आगे भी मलिकाइन मेरा खयाल रक्खेंगी।

खाने के बाद, हाथ धोकर जब मैं लोटा रखने आँगन में गया तो सरौते से सुपारी कतरती हुई मलिकाइन बोलीं—पुराना स्वीटर है, ज्यास्ती पुराना नहीं, दो साल का पुराना। तेरे देह में अँटे तो पहन ले।

उन्होंने सरौतेवाले हाथ को उठाकर अंदर ट्रंक की ओर इशारा किया। उस पर कपड़ों का गट्ठर पड़ा था। उसी गट्ठर पर वह स्वीटर भी था। मैं जाकर उसे उठा लाया। मलिकाइन ने आँखें नचाकर पहनने का इशारा किया तो मैंने उसे पहन लिया। बिना बाँह का वह स्वीटर मेरे बदन पर चुस्त होकर बैठा। मलिकाइन के बदन का होगा, यह सोचकर मुझे खुशी हुई।

एक कुर्ता भी सिलवा दूँगी—वह बोलीं। अहसान के बोझ से मेरी गर्दन झुक गई। मन ने कहा—जिएँ जुग-जुग हमारी यह मलिकाइन! सिनेह से भरी निगाह में ऐसा ही जादू होता है भइया। बाल-बच्चोंवाली का दिल बड़ा ही मुलायम होता है। हमारी छोटी मलिकाइन ने कसाई का दिल पाया था। वह तुम्हें अमिरती भी देतीं तो उसमें करैले का स्वाद लगता!

पालथी मारकर बैठ जाना और पान का डब्बा खोलना और फिर कायदे से बीड़े लगाना। दो बीड़े मलिकाइन पहले अपने मुँह में डालतीं, बाद को मेहमान के लिए या किसी और के लिए। भाई मौजूद होते तो पहले उन्हीं को। आखिर में अलग से एक पत्ती का छोटा-सा बीड़ा वह मेरे लिए भी लगातीं। चाँदी की डिबिया से बनारसी सुर्ती निकालतीं और मुँह में चुटकी भर डाल लेतीं। इसमें दूसरा कोई साझीदार नहीं था। बाबू कामेन्द्रप्रसाद नारायण सिंह सुर्ती नहीं खाते थे।

कामेन्द्र बाबू का ससुराल छपरा के देहात में था। ससुर नेता थे, लड़की को गांधीजी के आश्रम में रखकर पढ़ा-लिखा रहे थे। आगे चलकर उन्हें लीडरानी बनना था। उनका एक फोटो कामेन्द्र बाबू के रहने के कमरे में था। सूखा चेहरा, धँसी आँखें, पिचके गाल। सामने चरखा पड़ा था। नाम था कनककिशोरी।

राधा बाबू और कामेन्द्र बाबू के शील-सुभाव में बड़ा ही अंतर नजर आया मुझे। एक को फकीरी पसंद थी तो दूसरे को अमीरी। हमारी मलिकाइन भी अपने भाई की तरह थीं। राधा बाबू की फकीरी उन्हें पसंद नहीं थी। आसरम का जीवन भी उन्हें पसंद नहीं था। मगर कई साल दोनों एक दूसरे से अलग रहे थे। अब कुछ दिनों तक साथ रहने का मन हुआ।

रिस्ते के एक भाई के साथ हमारी यह नई मलिकाइन बरहमपुरा आ गईं। मैं तो खैर साथ था ही। राधा बाबू के पलिवार आ जाने से मेरी खुशी का ठिकाना नहीं था। खुशी यही कि आसरम मुझे हमेशा सूखा-सूखा-सा लगता था। कहने को वहाँ हरियाली काफी थी, बाग-बगीचे का क्या कहना? लेकिन खाली हरियाली से क्या अगर मन उदास रहा? और, मन की उदासी को भगाने के लिए मुस्कुराते चेहरों की जरूरत पड़ती है। जरूरत पड़ती है किलकारियाँ भरते बच्चों की। निगाहों से ममता टपकानेवाली माँ-बहनें, मिठास भरी बोलियोंवाली भाभियाँ, दिल-दिमाग को गुदगुदाकर गम को गर्क कर देनेवाले हमदर्द साथी—यह सब न हुआ तो खाली हरियाली, खाली घर-आँगन, खाली बाँस-काठ किस काम के? आसरम की जिंदगी बेहद रूखी-सूखी थी, बतला ही चुका हूँ। वहाँ मिठास बूँद भर थी तो चिड़चिड़ापन घड़ों था! मैं तो भइया, थोड़े ही दिनों में ऊब गया था। वह तो खैर समझो कि राधा बाबू घूमते-फिरते रहते थे और बंदा उनके साथ रहता था। अब तीन बच्चे, मलिकाइन और एक नौकरानी—ये पाँच प्राणी उदासी को मेरे पास फटकने तक न देंगे, यही सोचकर मैं खुश हो रहा था।

आसरम के अंदर ही अलग बाँस-फूस के दो मकान थे, रसोई के लिए एक मड़इया थी साथ। जाफरी और सरपत के टाट से आँगन घिरा हुआ था। आँगन के बीचोबीच आम का एक भारी पेड़ बड़ा ही सुहावना लगता था। मकान के दो-दो कमरे थे। तीन-एक तख़्तपोश रहे होंगे। एक पलिवार के लिए काफी था।

मलिकाइन को भी जगह पसंद आई। हाँ, उन्होंने घरेलू सुभीते की निगाह से

वहाँ कुछ और सुधार किए। रसोईवाली मड़इया में धुआँ निकालने की खिड़की डलवाई। घड़े रखने के लिए लंबोतरी चबूतरा बनवाया। पाखाना और नहाने की जगह, बर्तन-बासन माँजने की जगह, ईंधन और लकड़ी के लिए मचान...सबकी जरूरत पड़ती है भैया! राधा बाबू आसरम में अकेले रहते थे तो न अलग क्वाटर की जरूरत थी न दूसरे खटरागों की। मुदा, अब गिरस्ती का सुभीता तो देखना ही था न?

आसरम में चाह (चाय) पीना मना था, मलिकाइन मगर नहीं मानती थीं। रोज तो नहीं, कभी-कभी बड़े प्रेम से चाह बनाया करतीं। दूध और चीनी उसमें खूब डालती थीं। पटने में फूल बाबू के साथ रहते बखत चाह बनाना मैं जान गया था। वह भी चाह में दूध-पानी काफी डलवाते थे। महेन बाबू के जो चाह बनती वह मुझे कभी पसंद नहीं आई। जास्ती मीठा होने पर महेन बाबू चाह को होंठ लगाते ही छोड़ देते थे। कहते—क्या शर्बत बना लाया है, शूः! जानते हो भैया, चाह के असली पियक्कड़ कैसी चाह पसंद करते हैं? पानी को खूब खलबला लो और पीछे केटली में पत्ती डाल दो। थोड़ी देर इसी तरह छोड़ दो। फिर कप या गिलास में छान लो। उसमें छोटे चम्मच से डेढ़-दो चम्मच दूध और उतना ही चीनी डालो। मिलाने पर गूलर के रंग की चाह तैयार हो जाएगी। बड़े-बड़े दिमागवाले बाबू लोग इसी किसिम की चाह पसंद करते हैं। यहाँ हमारी मलिकाइन जो चाह बनाती थीं वह तो भैया सोलहों आना शर्बत होती थी। पूस की सुबह-शाम को जब ठंडी हवा चलती थी या बच्चों को सर्दी-जुखाम हो जाता था तो वह चाह जरूर बनातीं। उनको पान का भी बड़ा शौक था।

आसरम के बाहर, बस्ती (बरहमपुरा) के इसी तरफ एक स्कूल था। अपर प्राइमरी स्कूल। राधा बाबू के बाप ने खुलवाया था। उसमें चार मास्टर थे। पढ़नेवाले लड़कों की कमी नहीं थी। आसपास के गाँवों से आकर सत्तर के लगभग विद्यार्थी वहाँ पढ़ते थे। खास इस गाँव के भी बीस-एक लड़के रहे होंगे। स्कूल का मकान खपड़ैल था, तीन रूम थे। भीतें मजबूत और मोटी। दो बिना बाँहों की कुर्सियाँ, एक स्टूल, एक छोटी चौकी। सामने लंबी फुलवाड़ी। उसी के बीचोबीच स्कूल में आने के लिए मेहराबदार रास्ता। गेंदा के लाल-पीले फूल वहाँ इतने अधिक खिले हुए थे कि कुछ मत पूछो। स्कूल ऊँची जमीन पर था, हमारे

आसरम से स्कूल ही नहीं, फुलवाड़ी तक दिखाई पड़ती थी। मालिक ने अपने बच्चों के नाम इसी स्कूल में लिखवा दिए, लड़की का भी। लड़कियाँ वहाँ तीन ही चार आती थीं। तुमसे क्या छिपा है भैया, हमारे तरफ जनाना लोग पढ़ी-लिखी नहीं होती हैं। अब दरभंगा-मधुबनी जैसे शहरों में मास्टरनी-डाक्टरनी दिखाई पड़ती हैं। देहात में भी कहीं-कहीं लड़कियों का स्कूल देखोगे...मगर, भैया, इतने से क्या होता-जाता है? जब लड़कियाँ भी लड़कों की तरह पढ़ी-लिखी होने लगेंगी तभी इस मुलुक का उद्धार होगा। अभी तो बाबू-भैया लड़कियों को मतलब भर पढ़ने देते हैं। पढ़ता सूगा गाहक को अपनी ओर खींचता है, पढ़ती लड़की काबिल दूल्हे को अपनी ओर खींचती है। इससे बाप का काम हलका होता है। शादी हुई कि पढ़ाई बंद। बाप भी आँख मूँद लेता है, ससुर भी। कहीं-कहीं ऐसा नहीं भी होता होगा। खैर, राधा बाबू काँगरेसी थे, उनकी नजरों में लड़का-लड़की दोनों बराबर थे। बच्ची पढ़ेगी नहीं तो करेगी क्या?–एक रोज मलिकाइन से उन्होंने कहा–तुम पढ़ी-लिखी होतीं तो मैं दुगुना काम कर दिखाता!

इस पर मलिकाइन आँखें नचाकर बोलीं–ना भाई, तुम्हारा यह काम तुम्हीं को मुबारक! मैं अपढ़ ही भली हूँ...लँगोटी लगा लो और जटा बढ़ा लो, बाज आई मैं तुम्हारे इस चर्खे से! तुम्हें तो औरत होकर जनम लेना था, बड़ा ही किरोध होता है मुझे विधाता पर...

मालिक हँसने लगे। थोड़ी देर बाद बोले–समझोगी क्या? जिसके खानदान में हाथियों का कारोबार होता रहा हो उसकी अकिल बारीक हो ही नहीं सकती...

इस पर मलिकाइन ने हाथ चमकाकर कहा–रहने भी दो, मैं भी तुम्हारे बाप-दादे के बारे में कहूँ तो कैसा लगेगा? कौन मना करता है? लड़की तुम्हारी, स्कूल तुम्हारा। जितनी मर्जी उतना पढ़ा देना, हुआ न?

राधा बाबू चुप हो गए।

अब वह मुझसे भी पढ़ने को कहने लगे थे। कहते पहले भी रहे लेकिन इधर बल्कि जोर डालने लगे। मलिकाइन नहीं चाहती थीं कि मैं अच्छर बाचूँ या गिनती-पहाड़ा याद करूँ। एक बार ननद मिलने आई तो उसने मेरे बारे में पूछ दिया। मैं वहीं आड़ में बैठा तिपहरी को जरा दम मार रहा था। मलिकाइन मेरी परसंसा कर चुकने के बाद बोलीं–तुम्हारे भाई साहब ने बलचनमा का दिमाग खराब

कर दिया है। कोढ़िया खड़ी लेकर बैठता है और समूचा पहाड़ा लिख लेता है!

इस पर ननद ने कहा था–ऐसा! मैं भाईजी को मना कर दूँगी। नौकर-चाकर जितना नासमझ रहे उतना अच्छा भाभी! हमारे अजिया ससुर का कहना था कि छोटी जातवालों को जो एक आखर भी ज्ञान देता है उसका अपना ही तेज घटता है; और जो कोई शूद्र को समूची पोथी पढ़ा दे उसके पितर स्वर्ग छोड़कर नरक में रहने को मजबूर होते हैं!

मलिकाइन ने इसी बात की दुनियादारी पहलू को छुआ और बोलीं–वह तो खैर ऊपर की चीज हुई, असल मुसीबत यह होती है कि पढ़-लिखकर नौकर तुम्हारी बटलोई रगड़ने को बैठा नहीं रह जाएगा। और फिर इन्हें पढ़ाने-लिखाने से फायदा ही क्या?

अच्छा!–मैं मन ही मन बोला–तो यह बात है? इसी से तुम मुझे खड़िया नहीं खरीद देती हो? देख लेना महतमाइन, कैसे मैं नहीं पढ़ता हूँ...

मुझे बड़ा अपसोच (अफसोस) हुआ, मलिकाइन की नीयत यों बुरी नहीं मालूम हुई थी और खाना वह कभी खराब नहीं खिलाती रहीं। तो, भैया, बात यह है कि चोला जितनी आसानी से बदलता है उतनी आसानी से आदमी का खयाल नहीं बदला करता।

राधा बाबू ने जाने कितना मनाया, कितना समझाया तब जाकर तो वह खद्दर पहनने को राजी हुईं! जो कपड़ा वह पहनती थीं वह महीन से महीन सूतों की बुनावट का होता था। छपउआ साड़ी, छींट का ब्लाउज। ब्लाउज समझा तुमने? अरे, वही आँगी। नए फैशन की चोली समझो। उनकी गेहुँआ सूरत पर हरे छींटों का ब्लाउज और लाल फूल व भूरी तितलियों के छापेवाली साड़ी बहुत अच्छी लगती थी। वह बड़े बाप की बेटी थीं, मोटा-झोटा कपड़ा भला काहे पहनतीं? महीन खद्दर भी वह जो पहनती थीं सो मानो अपने घरवालों पर भारी एहसान लादती थीं! राधा बाबू ठहरे नामी लीडर और उनकी आँगनवाली भला खादी न पहने! बच्चों के लिए लेकिन वह एक रोज लड़ पड़ीं–इनको मैं किसी भी हालत में मोटिया कपड़ा नहीं पहनने दूँगी। बड़े होकर चाहे जो पहनें-ओढ़ें, अभी से क्यों जुलाहों का बाना धरेंगे?

भरी सभा में अँगरेज सरकार को ललकारनेवाले हमारे राधा बाबू अपनी

घरवाली की टेढ़ी भौंहों से बुरी तरह घबराते थे। बाबू का बाहर तो खूब चलता था, घर में नहीं चल पाता था। यहाँ मलिकाइन ही दहला होती थीं, मालिक हमेशा नहला रहते थे।

उनका आपस में जो चलता रहा हो, मुझ पर बुरी निगाह नहीं थी उनकी। मलिकाइन को मेरा किताब छूना या खड़ी पकड़ना असहाज (असह्य) था लेकिन दूसरी बातों में वह कभी मुझे नहीं टोकती थीं। मालिक तो खैर हरफंद मौला थे ही!

गौना का दिन नगीच आ गया। राधा बाबू ने पचास रुपया नगद दिया। लहेरियासराय के एक बनिये से दो साड़ियाँ जनानी और दो मर्दानी दिलवा दीं। मैं मगन हो गया। खुशी के मारे देर तक मुँह खुला रहा। आखिर मालिक-मलिकाइन के पैर छूकर और बच्चों को दुलारकर तीन रोज पूस बीते मैं अपने घर के लिए चला।

छह

धान की कटाई जहाँ-तहाँ शुरू हो गई थी। बल्कि आधी फसल कट भी चुकी थी। राँगी धान सब धानों से पहले तैयार होता है।

पकी पीली फसलों से समूचा बाध ऐसा बुझाता था मानो सुनहली मिट्टी से पुता हुआ भारी मैदान हो। मेंड़ों की चौचीर लकीरें धान के सीसों (बालियों) से ढकी पड़ी थीं। बीच-बीच में अगोरनेवालों की झोपड़ियाँ भूरे पालवाली नावों की तरह लगती थीं। सारे खेतों पर अनपुर्ना (अन्नपूर्णा) भवानी के असिरबाद (आशीर्वाद) पकी फसलों की शकल में छाए हुए थे। लोगों की खुशी का न ओर था न छोर। सभी के मुँह पर मुस्कान, सभी की आँखों में कामयाबी की झलक। जिनके अपने फसलें थीं वे भी खुश थे, जिनके नहीं थीं वे भी खुश थे। गिरहथ, बनिहार, जन-जनी, कल्लर-भिखमंगा सभी के चेहरों पर आशा की रौनक थी। फसलें हुई हैं तो मजूरी भी मिलेगी, बनिहारी भी। भिखमंगों को भीख भी मिलेगी, बाह्मन देवता को दान भी मिलेगा। और गिरस्तों का क्या कहना? मूँड़न-छेदन और सुन्नत से लेकर सराध और चालीसा तक सब काम इन्हीं फसलों के भरोसे चलता है। अच्छी फसलें देखकर महाजन को भी कर्जा देने में उत्साह होता है। पुजारी मंदिरों में दिल से घंटी बजाते और मन से आरती उतारते हैं। फसल अच्छी दिखाई दी तो मिन्नत-मनौती में भी सुभीता रहता है। काली माई को छागर (बकरा) की जोड़ी, बरहम बाबा को झूल-छत्र, पितरों को गया का पिंड, बाबा कुसेसरनाथ को घी-दूध यह सब तुम तभी करोगे जबकि खेती सुधरेगी। समय-समय पर बादल न बरसे और बाढ़ नहीं आवे तब तो ठीक है नहीं तो खेती हुई चौपट। और खेती चौपट हुई तो लोगों के गाल चुकट जाएँगे, आँखें धँसकर अनगढ़ दीया बन जाएँगी...

इस बार लेकिन कमला मइया की किरपा हुई थी, जहाँ देखो वहीं लछमी महरानी धान के रंग-बिरंगे सीसों पर छाई हुई थीं। हाट-बाजार में इसी से अनाज का भाव काफी नीचे उतर आया था। दो रुपैया मन धान और मड़ुआ डेढ़ रुपैया मन था।

हमने पहले ही पक्का कर लिया था कि भर पूस धन-कटनी करेंगे। धान काटने की मजूरी से इतना अन्न हो जाएगा कि चार महीने का बुतात चलेगा। मगर माँ कातिक में पड़ी बीमार, पैंतीस साँझ (जून) उसने कुछ नहीं खाया था। काफी कमजोर हो गई थी। गाँव के बैदजी ने बुखार को और लम्बा कर दिया था। वह तो खैर हुआ कि संजोग से फूल बाबू आ गए और छोटी मलिकाइन की मेहरबानी हुई। एक बोतल अलबर टोनी (एडबर्ड टॉनिक) उन लोगों ने मँगवा दिया था, थोड़ी-बहुत पथ-पानी का भी इंतजाम कर दिया...

रेबनी से मैंने पूछा–तुझे इतना भी नहीं फुरा कि भैया को एगो (एक) पोसकाट लिखवाकर भेज देती!

मइया ने मना कर रखा था–वह बोली।

मुझे रेबनी की अकिल पर तरस आया। इसमें भला अम्मा को पूछने की क्या बात थी? चार अच्छर किसी से लिखवा लेती और इस्टीसन (स्टेशन) पर ढोल टँगा रहता है उसमें डाल आती पोसकाट! यह तो ससुराल में अपने नइहर का नाम हँसावेगी, हे भगवान!

मगर कसूर रेबनी का नहीं था। पीछे मालूम हुआ कि लिखनेवाला नहीं मिला। छोटे मालिक से वह लिखवाती तो कैसे? बल्ली बाबू का छोटा भाई पढ़ाई छोड़कर घर बैठा हुआ था। उससे लिखवा सकती थी लेकिन रेबनी की हिम्मत नहीं हुई वहाँ जाने की। वह लड़का थोड़ा बदनाम था और उन लोगों का मकान गाँव से जरा हटकर, बाँसों की लंबी झुरमुटों की आड़ में पड़ता था। उधर जाते हुए रेबनी ही नहीं, गाँव की सभी बहू-बेटी काँप उठती थीं। बाँसों का वह छोटा-सा जंगल लुच्चों के लिए आनंद बाग था। कई तरह की खट्टी-मीठी कहानियाँ उस झुरमुट के बारे में मैं बचपन से ही सुनता आया था। अच्छा हुआ, रेबनी उधर नहीं गई चिट्ठी लिखवाने।

माँ अब भी कमजोर थी फिर भी धनकटनी में वह हमारा हाथ बटाना चाहती

थी। मैंने समझाया—मर जाएगी, बेटा-बेटी या पतोहू कोई नहीं काम आवेगा। आप भला तो जहान भला! बड़ी मुश्किल से उसने माना, फुच्ची[1] भर गाय का दूध बँधवा दिया।

हम दोनों भाई-बहन मालिकों के खेतों में जाकर रोज धान काटते थे। रात का रखा हुआ खाना सुबह-अँधेरे हाथ-मुँह धोकर खा लेते थे। मैं जब तक हुक्का पी लेता था तब तक रेबनी बर्तन-बासन माँजकर चूल्हा-चौका कर लेती थी। फिर कमर में हँसिया खोंसकर हम खेतों की ओर चल देते। अगले रोज किस खेत में फसल कटेगी सो पिछली शाम को ही गिरहथ बता देता है। मर्द- मेहरारू, जवान-बूढ़े सभी ठीक बखत पर खेत में पहुँच जाते हैं। एक कतार में होकर बनिहार धान काटना शुरू कर देते हैं। निचले खेतों में धान के पौधे पाँच- पाँच, छः-छः हाथ लम्बे होते हैं, उनके सिरिफ सीस छोप लिए जाते हैं। हमारे तरफ ऐसे निचले खेत कम हैं। यहाँ तो भैया हम जड़ से काटते हैं। काटते समय खप-खप, खुप-खुप की आवाज उठती रहती है। यह आवाज कानों को बड़ी मीठी लगती है।

पहर-डेढ़ पहर तक तो हम सारी सुध-बुध खोकर धान काटते रहते। हँसी-खुसी की आवाज, गाने की आवाज और खेत-खेत घूमकर लाई-मूढ़ी बेचनेवालों की आवाज, सारंगीबाजों का भरथरी-विलाप...कैसे दुपहरी टपकर तिपहरी आ जाती, पता ही नहीं चलता। माँ खाना और पानी लिए आती तो घड़ी भर के लिए हँसिए को आराम मिलता। मेंड़ पर नहीं, खेत ही में बैठकर हम खाते। धनखेतों में कटी फसलों की खूटियाँ मुलायम ही होती हैं। तुम्हारे मुलुक में गेहूँ-जौ, ज्वार-बाजरा होता है, उनकी खूँटियाँ कड़ी होती हैं। उन पर इस तरह बैठा-लेटा नहीं जा सकता।

बड़े-बड़े मालिक खुद खेतों में नहीं आते थे। बराहिल, गुमस्ता या कोई दूसरा नौकर-चाकर धनकटनी की देखभाल करता। मझोले मालिक और गिरहथ लोग खुद आते थे। छोटे-छोटे किसान और मामूली खेतिहर बड़ी मुस्तैदी से बनिहारों की पीठ पर सवार रहते। खेत-मजूरों के अपने भी तो खेत हुआ करते हैं जिनकी फसल वे खुद काट लेते हैं। मेरे भी चार कट्ठा खेत था जिसमें धान था। अपनी फसल हमने आप काट ली थी।

---

1. मिट्टी की लुटिया, दूध का एक पैमाना (पाव भर के लगभग)।

बत्तीस बोझों की मजदूरी एक बोझ धान होती है। खास बनिहारों को मालिक लोग कुछ ज्यादा मजदूरी देते हैं। उस साल हमने बीस-बाईस रोज फसल काटी थी। मजूरी में छः मन धान हुआ था। यह तीन महीने के गुजारे के लिए काफी था। माँ बीमार न हुई होती तो दो-तीन मन और होता। अपनी जमीन में छः मन धान हुआ था। दो-तीन कट्ठा खेत में रबी की भी फसल थी, जौ-बूट और खेसारी।

खलिहान मालिकों के बड़े-बड़े थे। सधारन गृहस्थ का खलिहान भी सधारन ही हुआ करता है। तिपहरी के बाद धान के बोझ खेतों से खलिहान आने लगते हैं। पहर भर तो खाली ढुलाई में लग जाती है। खलिहान कभी खेत के नजदीक होता है तो कभी दूर। फसल के बोझ एक पर एक रखते जाओ और टाल बनता जाएगा। टाल या खोप इतना-इतना बड़ा हो जाता है कि गर्दन टूट जाएगी ऊपर ताकोगे तो, हाँ! हमारी बस्ती में ऐसे गृहस्थ चार ही पाँच थे जिनकी उपज हजार मन से जास्ती थी–बड़े मालिक, मझले मालिक, छोटे मालिक और बाबू। मझले मालिक की उपज ढाई हजार मन की, बल्ली बाबू की डेढ़ हजार मन की। बाकी हजार मन वाले थे। यह तो हुई सिरफ धान की उपज की बात, रब्बी और भदई (खरीफ) की उपज इससे अलग थी। सौ-डेढ़ सौ मन वह भी हो ही जाती थी।

खलिहानों में दँवरी का काम माघ-फागुन तक चलता रहता। फागुन में रब्बी की फसल तैयार होने लगती। सरसों, तीसी, खेसारी, चना...चैत में जौ, गेहूँ, मसुरी वगैरह।

हमने अपना धान झाड़-पीटकर तैयार किया। खेत-मजूरों के पास कहाँ खेत और कहाँ खलिहान, कहाँ बैल और कहाँ हर-फार? मनियार चाचा के यहाँ से बड़ी ओखली ले आए और उसी की कमर पर सारा धान हमने झाड़ डाला। तुम्हारी तरफ तो ऐसा नहीं होता है न? ओखल को लेटा देते हैं, सीसवाले धान के पौधों को उस पर जोर-जोर से पटकते हैं। ठीक उसी तरह जैसे धोबी पत्थर या लकड़ी पर कपड़े को पटकता है; सीस से झड़-झड़कर धान के दाने नीचे गिरते जाते हैं। झाड़े हुए पौधों को अलग रखते जाओ और दाना झाड़ते जाओ। लेकिन इस तरह सैकड़ों मन धान नहीं तैयार किया जाता, यह तो दो-चार मन धानवालों का ढंग है। बाकी दँवरी चलती है।

मिला-जुलाकर देखा तो छः महीने का खर्चा घर में मौजूद था। चार परानी खानेवाले भी तो होंगे। कौन, दस रोज तो रह गए थे गौने के।

माँ जल्दी अच्छी हो गई। लेब-मूँदकर उसने घर के टाट को चिकना बना दिया। अलग एक सात हाथ का छप्पर डलवा लिया मैंने। उसका भी रुख आँगन की ही ओर था। आँगन के बाहर घर के सामने दूब थी, उसे छील-छालकर साफ कर लिया।

डोरा-सिंदूर और सगुन का सामान लेकर चुन्नी मेरे ससुराल गया और गौने के लिए उन लोगों को राजी कर आया। यह एक किसिम की रसम-अदाई थी।

मेरी सास को मरे पाँच-सात साल हो गए थे। ससुर के तरफ से गौने का इशारा पिछले साल ही मिल चुका था। माघ सुदी पंचमी का दिन तय हुआ। चुन्नी की माँ, उसकी घरवाली, भौजी और भाबो–सबका अबर्जात बढ़ गया। कोई बरी के लिए बेसन पीसने बैठती तो कोई पुती-लिपी घर की टाटों में हाथी-घोड़ा आँकने लगती। तेल में सेंदुर घोला गया और उससे कई जगह पेड़-पौधे आँके गए। मैं देख-देखकर हँसता था। धनवंती चाची (चुन्नी की माँ) ने मुझे हँसते देखकर कहा–तुम्हें क्यों पसंद आवेंगे भैया? दरभंगा-पटना घूमे हुए हो, हम तो जाहिल-जपाट ठहरीं। हमें क्या पता कि फूल-पत्ती कैसे आँकी जाती है! अपनी घरवाली को पटना ले जाना, सीख आएगी...

धनवंती चाची जब हँसती थी तो घर-आँगन उसके ठहाके से गूँज उठता। उस बखत मेरी लाज-शरम उसके ठहाके की भरी आवाज़ में दब गई। चुन्नी की घरवाली भी मुसका रही थी। छेड़ती ही रहती। पिछली होली में भर लोटा अबीर उसने मेरी नई गंजी पर उड़ेल दी और देर तक हो-हो करती रही, तो मैंने क्या यों ही छोड़ दिया? थोड़ी देर बाद अबीर ले आया कि रानीजी मसाला पीस रही थीं, झपाटे से जाकर दबोच डाला और गालों पर आधा पाव अबीर मसल दिया; घड़ी भर 'मइयो-बप्पो' करती रहीं! समझ गईं कि बालचंद को छेड़ने का कैसा फल मिलता है।

यह कोसी-किनारे की लड़की थी। साँवली सूरत हो, आँख-नाक अच्छी हो, चेहरे का काट ठिकाने का हो तो ऐसी जनाना खपसूरत ही कहलाएगी भैया, नहीं कहलाएगी? उस पर तंदुरुस्ती अच्छी हो तो क्या कहना! गोद में उसके एक ढाई

साल की लड़की थी। मनियार चाचा का मनोरथ था कि पोते का मुँह देखकर मरें। रोज बेचारे नहाकर उस बूढ़े पीपल की जड़ों में लोटा भर अछिंजल[1] इसीलिए डालते थे। मगर यह अपने बस की बात तो थी नहीं?

गौने से दो रोज पहले ही मामा आ पहुँचे। तैयारी सब पूरी हो चुकी थी। घर-आँगन की ज़िम्मेवारी माँ पर थी। नगदी का इंतजाम मैंने कर ही लिया था। हाँ, साड़ी एक खंड और मँगवाना पड़ा।

मुझे याद नहीं था कि जिससे कभी शादी हुई उसकी शकल-सूरत कैसी है। दो-एक दफे दिमाग ने कोशिश की याद को सही लकीरों पर लाने की मगर कुछ फल नहीं निकला भैया! फिर तंग आकर मैंने कहा—छोड़ो भी, अपने ही कौन मैं राजा नल हूँ कि उसे जमेंती[2] होना चाहिए!

बाढ़ की नदी में तैरते वक्त जैसे कोई थककर आँखें मूँद ले और थोड़ी देर के लिए देह को छोड़ दे, उसी तरह मैं अपने को चिंता की धार में छोड़ देता कि चट से नींद आ जाती...

मामा, चुन्नी और मैं—तीन जने गए गौना कराने। पैदल ही जाना पड़ा, उस ओर रेल नहीं गई है। बहेड़ी से दो कोस और दच्छिन-पच्छिम। गाँव का नाम सितलपट्टी था। बस्ती कोई बड़ी नहीं, निहायत मामूली। चार-छै घर राजपूत, पचीस-तीस घर ग्वाले और पचास-एक घर जुलाहे थे। गाँव से कोस भर पच्छिम जीवच्छ[3] का छाड़न था, बरसात में उसके जरिए कमला का पानी यहाँ की फसलों को दो-चार दिनों के लिए डुबा जाता था। उससे नुकसान नहीं, गृहस्थों को फायदा ही था। राजपूत मझोले ढंग के कास्तकार थे, बाकी छोटे-छोटे खेतिहर। जमींदारी शुंभा ड्योढ़ी के राजपूत जमींदारों की थी। खेत-मजूर हो चाहे खेतिहर, सधारन गिरहथ हो चाहे कास्तकार—सितलपट्टीवालों की जिनगी उतनी कठोर नहीं थी जितनी हमारे गाँववालों की। इसका दूसरा ओजह यह भी था कि वहाँ के जुलाहे खेती के अलावा अपना बखत तानी-भरनी और करघों के सहारे गुजारते थे। उनके टोले में दस करघे चल रहे थे। दरभंगा-समस्तीपुर से सूत लाकर वे चादर-अँगोछा, तहमद-लुंगी, चारखाना वगैरह तैयार करके पास-पड़ोस के हाटों पर और नजदीकी बाजारों में बेच आते। बीसों जवान जुलाहे ढाका और कलकत्ते रहकर अपने गाँव

1. अच्छिन्न जल अर्थात् पूजा के लिए भरा गया पवित्र पानी, 2. दमयंती, 3. एक नदी।

की खुशहाली को बढ़ा रहे थे। सच पूछो तो इन जुलाहों ने उस बस्ती का ढाँचा ही बदल रखा था, हाँ भैया!

वहाँ हम एक दिन और एक रात भर रहे। हमारी बिरादरीवालों ने वहाँ एक साधू को पाल रखा था। वह अपर (दर्जा चार) पास करके पहले काँगरेस का भोलंटियर और बाद में रमता जोगी बन गया था। अब उमर तीस के लगभग रही होगी। यादव महासभा का भी परचार करता था। सितलपट्टी में उसकी फूफी रहती थी, निपूती होने से माइनजन[1] को अपना डीह-डाबर[2] सौंप गई थी। वही मकान बाबा जोगादास का आसरम बन गया। इनका नाम पहले कारी राउत था। उन्होंने हम तीनों को उस शाम को भाँग पिला दिया। मुझे कुछ भी नहीं मालूम कि उस रात ससुराल की औरतों ने मुझसे क्या-क्या रस्म अदा करवाई!

सुबह गौने का महूरत था। महफा[3] और चार कहार उन्हीं लोगों ने ठीक कर रखे थे। औरतों ने रो-रोकर आसमान को माथे पर उठा लिया। गौनेवाली का तो मानो कंठ ही फूट गया था। पीली साड़ी और लाल चोली। पीठ की ओर से साड़ी पर हथेलियों के लाल-लाल थप्पे पड़े हुए थे। तलवों में महावर के नाम पर लाल रंग अपनी गहरी लाली खिला रहा था। आँचल में धान-दूब-पान की पत्ती और साबित सुपारी और हल्दी बँधी थी। हथेलियों में मेंहदी का निशान दिखाई पड़ा।

रस्म के तौर पर थोड़ी दूर तक महफे में मुझे भी रहना पड़ा। गाँव के बाहर मैं उतर गया। दो आदमियों का बोझा चार बेचारे कैसे ढो पाते? और, शरम के मारे उसकी गर्दन भी तो टूट गई होती! अरे हँसते हो! नई-नवेली का सील-संकोच से तुम्हारा भी तो पाला पड़ा ही होगा, या कि नहीं पड़ा? झूठ मत बोलो भैया!

बहू का अपना भाई नहीं था, चचेरा भाई साथ हुआ। दही, पकवान, केरा और समधिन के लिए साड़ी-लहठी[4]...एक आदमी छीकों पर यह सब लिए हुए था, पटई[5] के सहारे। बीच में दो बार मैंने पर्दा उठाकर महफे में झाँका, एक दफे नजर मिलते ही बिहुँस पड़ी और दूसरी दफे नींद में मगन थी बेचारी। पहले-पहल यही

1. मान्यजन, सरपंज, मुखिया, 2. वासस्थान और उसके निकट की भूमि, 3. पालकी की एक किस्म, इसे ढोनेवाले उस इलाके में कहार या कहरिय कहलाते हैं, 4. लाख की मोटी चूड़ियाँ, 5. बहँगी।

मैंने उसकी झलक पाई। अरे देखा तो रात को भी होगा ही लेकिन साले ने जाने भाँग में क्या मिला दिया था, सुध-बुध बिलकुल खो गई थी! अभी मगर होश में था। आहा! बुचुआ की मइया का वह चेहरा आज तक नहीं भूल पाया हूँ भैया! वह भी क्या भूलने की चीज है? गोल मुँह, बदामी आँख, छोटी नाक, पत्तर-सा कपार, सुनहले बाल, पतले होंठ, तनिक-सी ठुड्डी, सुरेब गर्दन—बड़ी भली लगी वह। पहली झाँकी में ही इस मन में धँस गई, सच कहता हूँ भैया! सींथ में सेंदुर की घनी लकीर, कपार पर चमकी के खुदिया दानों से सिंगार किया हुआ था। गले में सुंदर हँसली थी। बाँहों में बाजूबंद, कलाइयों में लाख की चूड़ियाँ। पैरों में गिलट के कड़े। दाहिने हाथ की दो अँगुलियों में पीतल की अँगूठियाँ...माँ नहीं थी तो क्या, बाप ने सँवारने में कोई कसर नहीं रखी। मामूली खेतिहर था बेचारा। मैं ही कौन-सा नबाब का नाती था? सच पूछो तो मुझसे मेरे ससुर की हैसियत कई गुनी अच्छी थी।

जाड़े का दिन यों ही छोटा होता है। हम पहले से भी थके-माँदे थे ही, उस रोज तो और भी चूर-चूर हो गए। कहार तो मानो दौड़ते ही चलते हैं। नई-नवेली बहू-बेटी अगर महफे में सवार रही फिर तो उनके पैरों में पंख ही लग जाते हैं। मैंने और चुन्नी ने कहारों को मना कर दिया—रफ्तार इतनी तेज मत करो, मामा बेचारे तुम लोगों के साथ कब तक दौड़ सकेंगे?

इस पर अधेड़ उम्र का एक कहरिया तुनुककर बोला—मैं तो पहले से ही जानता था, इसी से चौठी[1] भर चढ़ा आया हूँ...हूँ। अब क्या कछुए की चाल चलें हम?

मामा ने डपटकर कहा—खच्चर कहीं के! छोटी जातवालों की अकिल भी छोटी ही होती है। चल, जितनी तेजी से चलना हो...छोड़ दे बालचंद, दौड़ें ससुर!

कहारों में से जो सबसे कम उमिर का था वह काफी कठमस्त और खुशमिजाज था। जरा रुखाई से उसने कहा—त, गाइर देबइ, अहाँ-और[2]?

बाकी कहारों ने हमारे तरफ घूरते रहकर उसके गुस्से पर और सान चढ़ा दिया।

मामा के देह पर पैर से लेकर माथे तक बुढ़ौती छाई हुई थी। बाल अच्छी

1. ताड़ी का एक पैमाना, चौथाई (लबनी का चतुर्थांश), 2. तो, आप लोग इसको गाली देंगे?

तरह सफेद हो चुके थे। इस वक्त वह हथेली पर खैनी मल रहे थे। ग्वाले को एक तो गुस्सा आता नहीं और कहीं आ गया तो परलय मच जाता है भैया! सो, मामा भी बमक उठे और छाती तानकर उस जवान कहार को उन्होंने ललकारा; आगे बढ़ते हुए बोले—तो क्या कर लेगा हमारा?

पहले कहार ने उस जवान को जबाब देने से रोक दिया। चुन्नी ने इधर मामा को सँभाला। बीच-बचाव करते हुए मैं बोला—इसमें नाराजी की भला बात ही क्या थी? कैसे भी हम चलें, साँझ से पहले ही घर पहुँच जाएँगे...

इतना कहकर कहारों की ओर नजर मारी। मामा के तरफ ताककर बोला—ये बेचारे कहाँ तेज चल रहे हैं? अपनी असल चाल अगर ये लोग दिखावें तो आल्हा-ऊदल के घोड़े भी इनका मुकाबला नहीं कर सकेंगे!

दोनों ओर का तामस[1] ठंढा पड़ गया। मैंने पेड़ की आड़ में मामा से अलग ले जाकर उस नौजवान कहार को समझा-बुझा दिया कि तुम लोग अपनी चाल में भी चल सकते हो लेकिन डेढ़-डेढ़, दो-दो कोस पर हमसे मिल लिया करना, बस?

इस पर उसने खुश होकर कहा था—हाँ मालिक, कंधे पर भारी बोझ हो तो फिर फुर्ती चाहिए। वैसी हालत में तनिक भी सुस्ती कोंढ़-करेज को खखोड़कर खा जाती है।

कैसी बात कही थी उसने? थी न लाख रुपैया की बात?

आधा रास्ता पार करने पर हम घड़ी भर के लिए खाने को रुके। सड़क के किनारे ही इनारा[2] था। कलमी आमों का बड़ा बगीचा। पीपल का भारी पेड़। देवी का मंडिल। स्कूल का खपरैल मकान। इंजन की सीटी सुनाई पड़ी।

हम तीनों चूड़ा भिगो रहे थे कि फिर सीटी सुनाई पड़ी। अबकी मामा ने पत्तल से हाथ उठाकर पूछा—कौन टीसन है यह बालचंद?

सकुरी—मैंने कहा। चुन्नी ने भी मुँह खोला—जहाँ बैठे हो मामा, यह कौन गाँव है, जानते हो?

अपनी अनजानपन जतलाने के लिए मामा ने मुँह बा दिया। चुन्नी ने उठकर दही परोसा। गठरी में नमक खोजते हुए वह बोला—यह दहउरा है मामा, कई बार

1. क्रोध, 2. बड़ा कुआँ।

आया हूँ मैं इधर; बड़े मालिक की कुटमैती[1] इस गाँव में भी है और नेहरा में भी। यहाँ के सरसुती[2] लोग और नेहरा के चउधरी लोग मुलुक भर में नामी हैं।

मैंने पहला कौर निगलते हुए कहा–मैं भी इधर से गुजरा हूँ चुन्नी!

भगू! तू कब इधर आया?–वह डपट बैठा तो मैंने कहा–बाबा कुसेसरनाथ का दरसन करने जो जाते हैं, वह किधर से जाते हैं?

अब चुन्नी को कबूल करना पड़ा–हाँ, इधर से ही कुसेसरधाम का रास्ता गया है।

हम चारों ने चूड़ा-दही खाया। कहारों ने सूखा ही चूड़ा फाँक लिया। हम मामा के अधीन थे, और वह इसके लिए कतई राजी नहीं हुए कि थोड़ा दही कहारों को भी दिया जाए।

सवार को भी वही खिलाया गया। हमारी निगाह बचाकर वह जरा देर के लिए महफा से निकली भी। इधर हम हुक्का गुड़गुड़ाते रहे। मामा ने हुक्का साथ ले लिया था। खैनी उन्हें उतनी प्यारी नहीं थी जितना प्यारा हुक्का था। कहते थे–बाह्मनों की सोहबत से ही सुर्ती खाने की लत पड़ी; मार साली के, मुँह गँधा देती है!

दहउरा से डोली उठी तो एकदम पंडौल चली गई। कौन, डेढ़ ही कोस तो पड़ता था! मामा भी टनमना गए थे। राज[3] के सर्कल के नगीच सड़क के किनारे-किनारे बड़े-बड़े छायादार पेड़ थे, मामा वहीं लुद् से बैठ गए तो हमें भी बैठना पड़ा वरना हम जरा आगे चलकर हाट की गाछी[4] में बैठकर सुस्तानेवाले थे।

चुन्नी गए, मामा के लिए वहीं पानी ले आए। अबकी खैनी का लंबर था। हथेली पर तमाकू-चूना ठोका गया। थोड़ी देर में सुर्ती तैयार हुई तो चुन्नी और मामा ने उसे अपने-अपने होंठों तले दबाया और चल पड़े। मैं बीड़ी का भगत ठहरा, एक फूँककर आधा टुकड़ा दूसरी का भी खतम कर चुका तब उठकर बिदा हुआ। रास्ते में एक-दो बार उस जवान को भी मैंने बीड़ी दी थी, बिलकुल स्वारथ भी किस काम का भैया! सस्ती-महँगी और खुली-तंगी तो जिनगी भर साथ चलेगी। जीना है संग्राम बंदे, जीना है संग्राम! सुना है न कभी?

---

1. रिश्तेदारी, 2. सरस्वती, पढ़े-लिखे, 3. दरभंगा-महाराज की जमींदारी 'राज' कहलाती है, 4. बीजू आमों का बाग।

एक जगह सड़क बेहद खराब थी। वहाँ सवार को डोली से उतर जाना पड़ा था। डिस्टिक बोड का पुल जाने कब से टूटा पड़ा था। उस साल की बरसात में उस जगह सड़क पर कई गड्ढे पड़ गए थे। मगर अब तक मरम्मत नहीं हुई थी। वहाँ आते ही सभी को सवारी छोड़नी पड़ती। मैंने मन में ठान लिया कि राधा बाबू से कहूँगा, बोड के चेयरमेन उनके दोस्त हैं...

राम-राम करके आगे बढ़े। रइमा[1] के पास एक जगह आम के मज्जरों[2] की खुशबू का ऐसा झोंका आया कि तबियत मस्त हो गई। माघ बीस रोज बीत चुका था। आम के मजरने का समय आ गया था। कहते हैं, आम का बौर चूस-चूसकर ही कोइली अपनी तान को तीखी बनाती है। खुशबू का वह झोंका लगा तो मामा तक अपनी लाठी टेककर खड़े हो गए। चुन्नी बोला–साला पेड़! मानो चिढ़कर बौराया है, ऐसी मस्त खुशबू तो यार कहीं नहीं मिली थी आज तक!

पास के मेंड़ पर एक आदमी खड़ा था। एक हाथ में दो छड़ कुसियार[3], दूसरे में ताजी खोंटी हुई मटर के साग की मूँड़ियाँ! वह गुनगुना रहा था :

सखि हे मजरल आमक बाग!
कुहू कुहू चिकरए कोइलिया
झींगुर गाबए फाग!
कंत हमर परदेस बसइ छथि
बिसरि राग-अनुराग!
बिधि भेल बाम, सील भेल बैरी
फूटि गेला ई भाग!
सखि हे मजरल आमक बाग!...[4]

मैं समूचा गाना सुन लेना चाहता था। मगर चुन्नी से नहीं रहा गया, उसने बीच में ही टोक दिया–खूब मजरा है, कौन आम है बाबू?

---

1. एक गाँव, 2. मंजरियों, बौरों, 3. ईख, गन्ना, 4. सखी, आम का बाग मंजरियों से लद गया है, कोयल चीख रही हैकुहू कुहू! झींगुर फाग गाने में मस्त हैं। राग-अनुराग भूलकर मेरा बालम परदेश में है। मेरे लिए विधाता प्रतिकूल है और अपना ही शील-संकोच दुश्मन बन गया है! मेरी किस्मत फूट गई है...आम के पेड़ मंजरियों से लद गए हैं।

कपुरिया के दो पेड़ हैं, वही अबकी बौराए हैं—जबाब मिला।

जभी तो—मैं और चुन्नी साथ ही बोल पड़े।

मामा ने धीमी आवाज में कहा—कपुरिया आम खाने में भी ऐसा ही गमकता[1] है। बाबू, यह किसकी बगिया है?

सकल-सूरत तो नहीं, लेकिन कपार का लाल टीका और छाती पर के सफेद धागे बता रहे थे कि वह बराहमन है। ये लोग सीधे-सादे सबद[2] को चिबा-चिबाकर बोलते हैं। तो उसने कहा—बाबू छत्रमणि ठाकुर की।

मामा ने दुहरा दिया—छतरमइन ठाकुर! बड़े अकबाली आदमी होंगे?

हाँ—वह बोला—अपने तो ठाकुर परतापी थे ही मुदा लड़िका दोनों अबुरबान[3] निकला...

मैंने कहा—छोड़िए भी मामा, डोली बहुत आगे निकल गई। पकने लगेगा तो इस आम की गुठली ले जाइएगा, चलिए!

गुठली क्यों, दो-चार गो आम ही मिल जाएँगे—बराहमन देवता बोले—जरूर आना, असाढ़ में...तुम लोग कौन आश्रम[4] हो?

जदुबंशी—चलते-चलते चुन्नी के मुँह से निकला।

उधर मइया और रेबनी और टोल-पड़ोस के मर्द-मेहरारू हमारा बाट जोह रहे थे। दाल-भात, चार तरकारियाँ, बड़ी, अचार, नींबू और आँवले की चटनी... सबकुछ तैयार था। दुलहिन के लिए खीर बना था।

डोली पर गुलाबी रंग की साड़ी लपेटी हुई थी। छोकड़ों ने दूर से ही देख लिया। गाँव के बाहर पोखर के भिंडे पर रेबनी और चुन्नी की भाभी वगैरह अगवानी के लिए खड़ी हो गईं।

मुझे लाज लगी। मामा से बोला—तुम चलो मामा, मैं दिसा-फराकत से निबटके अभी आया...

चुन्नी ने मुस्कुराकर नजर मारी। खग ही जानै खग की भाखा! मैंने इशारे से ही डाँट दिया। शरमाए को और शरमाकर क्या फायदा! मगर ऐसे भी लोग होते हैं जिनको भिगोए पर पानी उलीचने में मजा आता है। मामा आगे बढ़े तो चुन्नी के कानों में मैंने कहा—बड़ी लाज लग रही यरवा, क्यों तू मेरे पीछे पड़ा है हाथ धोके?

---

1. खुशबू देता है, महकता है, 2. शब्द, 3. बेहद आवारा, 4. जाति।

ऐसे मौके पर सबका यही हाल होता है–चुन्नी ने हँसकर कहा और अपने दाहिने हाथ से मेरे बाएँ गाल पर एक चपत मार दी...वह भी गाँव की ओर चला गया।

लेकिन नहीं, रिवाज के मुताबिक दूलहा और दुलहिन दोनों को एक ही डोली पर सवार होकर आँगन में दाखिल होना चाहिए।

मालिक की हवेली से दच्छिन बाग था, उससे दच्छिन रास्ता। पच्छिम की ओर हमारे घर थे। बाग के पास मुझे डोली पर सवार हो जाना पड़ा, वह घूँघट डाले हुए थी। उसकी हथेली पर अपनी अँगुली से गोदकर मैंने छेड़ने की कोशिश की लेकिन वह तो तनिक भी नहीं सगबगाई, कठुआ गई थी।

सभी उमर की औरतें गीत गाने लगीं। मोटी और महीन शंख जैसी भोंपू आवाजें सब मिलके एक अजीब समाँ बाँध रही थीं।

आँगन की मुहानी पर महफा रखा गया और कहारों को फुर्सत मिली। देखा, तेल-बाती डालकर कछुए के खप्पर को दीया बना दिया गया है। परछन[1] की वही चीज अब तक मुझे याद है! हम दोनों के माथे पर धान छींटकर, मुँह, बाँहों, छाती और घुटनों से दही छुआकर चुमौन किया गया; बस!

देर तक जनी-जात गाती रहीं। मुझे छुट्टी मिल गई थी। कुछ खाकर हम सभी सो गए, मामा शायद देर तक जागते रहे थे। कहारों के लिए चुन्नी ने अपना बथान दे दिया, पुआरा बिछाकर उन्होंने वहीं अपना आसन जमाया। ऊपर छप्पर तो थे ही। मेहमान दोनों नई मड़इया में ठहराए गए। टिकिया, हुक्का और पीने के तंबाकू का इंतजाम था ही। आवभगत का भार था चुन्नी के छोटे भाई पर। गारजियन का काम मनियार चाचा कर रहे थे। ऐसा लगता था कि समूची बिरादरी मेरे ही कामों में जुटी हुई थी। नौजवान भाई मेहमानों को चींथ रहे थे–साले, तुम जुलाहे की औलाद हो! तुम्हारी नानी हमारे ही पड़ोस की थी...मुसहर हमारे पड़ोसी हैं...

मेहमान तो गूँगा पड़ गया, साथ जो आदमी आया था वह बोला–तभी तो आप लोगों की साँस से डोका की महक[2] आ रही है...

उनका यह सब चलता रहा और उधर एक ओर खजूर की पटिया पर मैं सो गया।

---

1. दूल्हा-दुल्हन के गृह-प्रवेश से पूर्व एक रस्म, 2. दुर्गंध।

जाने कितनी रात गए, रेबनी ने झकझोरकर मेरी नींद तोड़ दी। शराबी की तरह गुर्राकर मैंने उसकी कलाई पकड़ ली और कहा—क्या है?

भीतर चलो भइया!—बाँह पकड़कर उठाते हुए वह बोली—मइया चाल पाड़ती है, उठो, झप सनी आओ[1]।

नींद का झोंका आया तो मैं फिर ढेर हो गया। रेबनी हारकर वापस चली गई। थोड़ी देर बाद माँ आई और पीठ पर हलका चाँटा लगाकर बोली—उठ रे बालो, उठ, भीतर चल!

चिकोटी काटकर, कान में तिनके से सिहरन पैदा करके माँ ने आखिर मुझे उठा ही दिया। अकास में चनरमा[2] नहीं थे। आज पंचमी थी न? पाँच ही घड़ी अँजोरिया रही होगी...

कितनी रात बीती?—माँ से पूछा और जँभाई ली। माँ मुझे आगे धकेलती हुई बोली—दो पहर रात बीत गई बेटा! मुझे पिछली दो रातों में नींद ही नहीं आई, पलकों पर पनसेरी पड़ी है मानो; चल सो जा! हम भी सो जाएँगे...

घर के अंदर ढकेल दिया मइया ने। पुआल की सेजावट[3] पर बोरी बिछी हुई थी। दुलहिन दुबककर एक ओर हो गई थी और सोने का बहाना किए हुए थी। फटक[4] धकेलकर अंदर से मैंने घर बंद कर लिया।

ढिबरी आले में जल रही थी, लौ काफी तेज था। किरासन की भभक से दिमाग भारी हो उठा। रानीजी से इतना भी नहीं हुआ कि बाती तनिक कम कर देतीं!

फिर बेचारी पर दया आ गई—फँसाकर लाई गई चिड़िया ही तो है! पराए घर में क्या छुए, क्या न छुए! किससे क्या कहे, किधर कैसे देखे! महीना-दो महीना तो बेचारी को अपना बथान पहचानने में लग जाएगा...

खुद ही मैंने ढिबरी आले से उतार ली और उसका मुँह खोला। बत्ती पर उँगली डालते ही घुप! बुत गई साली, धत् तेरी!

जो सोने का नाटक रचे हुए थी, उससे नहीं रहा गया। खिलखिलाकर हँस पड़ी...

---

1. मैया पुकार रही है, झट से आओ, 2. चंद्रमा, 3. पुआल का मोटा बिछावन, 4. बाँस के झज्झरों का फाटक।

ढिबरी छोड़कर मैं बिस्तरे की ओर लपका, ठिकियाकर उसे बाँहों में कस लिया तो मेरा मुँह उसकी कनपटी पर पड़ा। उतावले में फुसफुसाकर मैं बोला–तरीका तो तुमने यह अच्छा निकाला लेकिन इतने जोर से खिलखिलाना ठीक नहीं था, मइया और रेबनी क्या कहती होंगी अपने मन में?

मुझे अँधेरे में अनुभव हुआ कि बेचारी लजाकर काठ हो गई है। चुम्मा लेते हुए मैंने कहा–खैर, कोई बात नहीं है। अच्छा, दियासलाई कहाँ है, बताओ?

वह उठी। सिरहाने से माचिस निकालकर चुपचाप जलाया, ढिबरी की बाती से तीली को छुआकर फिर उसे बुताकर अलग फेंक दिया...लौ को मद्धिम करके ढिबरी को आले पर रख रही थी तो देखा, चेहरा भारी हो आया था। मिट्टी से रगड़कर जब अपनी उँगलियाँ मैं साफ कर चुका तब उठकर उसे अपने पास बैठाया।

फिकिर काहे की?–मैं बोला–अपने घर में ये दो ही परानी तो हैं, बाकी मैं हूँ और अब तुम आई हो। तुम्हारी खिलखिलाहट सुनकर माँ बड़ी खुश हुई होगी, आज उसके मन पर से चिंता का सिल उतर गया होगा। देखना, बुढ़िया को आज से अच्छी नींद आएगी, रही रेबनी सो वह बड़ी सुधंग[1] है। वह तुम्हारे इस ढीठपने का कहीं भी जिकिर नहीं करेगी।

अब उसके चेहरे की साबिक सूरत लौट आई थी। बात-बात का फरक है भैया, एक बात आदमी को रुला देती है और दूसरी बात उसे हँसा देती है। सोलह-सत्रह की उमेर,[2] मेहरारू की जात और ससुराल की पहली रात–लाज और डर का भला क्या पूछना!

मैंने कहा–घर का नाम तो बताओ।

फिर लजा गई। दुबारा पूछा तो आहिस्ते से बोली–सुगनी!

सूगा तो तुम हो ही–ठोढ़ी उठाकर उसके मुँह को अपनी तरफ करते हुए मैं बोला–बड़ा अच्छा नाम है। मैं भी इसी नाम से तुम्हें पुकारूँगा।

इनकारी तौर पर उसने माथा हिलाया।

क्यों?–मैंने पूछा।

कपड़े के एक खूँट को अँगूठे में लपेटती हुई बोली–यह मेरा नइहर नहीं है, यहाँ उस नाम से बुलाओगे तो सब मुझे चिढ़ाएँगे।

---

1. सीधे स्वभाव की, 2. उम्र।

तो अकेले में सुगनी कहके बुलाऊँगा, है न मंजूर?

अबकी उसने मुस्कुराते होंठों और नचाती नजरों से मंजूरी का इशारा किया। इसी बीच कई बार जँभाई ले चुकी थी। मैंने कहा—सो जाओ और, हाँ...यह रहा तुम्हारा मुँह-बजावन[1]...

पाँच रुपैया अंटी से निकालकर उसके हाथ पर मैंने धर दिया। जो रस्म नइहर में नहीं पूरी हुई, वह आखिर यहाँ पूरी हुई। उस रात बाबा जोगादास ने भाँग पिलाकर मति-गति मेरी हर ली थी। इसीलिए यह रुपया माँ ने दिया था।

बाप ने सुगनी को रजाई दी थी, हम वही ओढ़के सो गए। बेचारी को नींद भी आ रही थी और बात-बात में लजा जाती थी सो अलग। मैंने उसे सो जाने दिया। हमारी साझी जिंदगी का यह पहला ही मौका था। वह मुझे काफी लजाधुर और काफी ठंढी मालूम हुई। बिना माँ के पाँच-सात साल बेचारी ने न जाने कैसे काटे थे!

1. पहली बार बोलने के लिए दी जानेवाली रकम या वस्तु (रस्मी तौर पर)।

सात

गौना के बाद मैंने तय किया, गाँव नहीं छोड़ेंगे और दूर-दराज जाकर चाकरी भी नहीं करेंगे। तुम कहोगे, नई मेहरिया का मोह हो गया! हाँ, भैया, सो तो था ही। झूठ काहे कहूँ, जनाना मुझे बड़ी गुनमंती मिली।

जब से वह आई, कैसे बखत बीतने लगा कुछ पता नहीं चलता था। अगले बैशाख में हमने रेबनी को बिदा कर दिया, माँ को कचोट जरूर हुआ मगर रास्ता भी तो दूसरा नहीं था। आदमी मेरी बहन को भी अच्छा ही मिला था। वह पटना के एक होटल में काम करता था। पुरानी और बढ़िया नौकरी थी। खा-पीकर पाँच रुपैया महीना ऊपर पाता था। रेबनी बहुत रोई थी, माँ भी। धन्नो चाची ने समझाया–जभी लड़की होकर पैदा हुई तभी न पराए करम के साथ तेरी नसीब जुड़ गई! कै रोज नइहर रहेगी?

सुगनी माँ को इतना आराम पहुँचाने लगी कि कुछ मत पूछो। घर के अंदर का कोई काम वह बुढ़िया को नहीं करने देती थी। दुपहरिया में खाने के बाद और रात को सोते बखत सुगनी मलसी में तेल लेकर अम्मा के पायताने बैठ जाती, लगती गोड़-डाँड़ चापने। कुआँ पर जाकर नहला देती थी। राख-गोबर खेत में डालना होता तो खुद ही डाल आती। माँ का काम था मलिकाइन के यहाँ जाकर छोटा-मोटा टहल-टकोरा कर देना, दुकान से सौदा-सुलुफ कर लाना, खेत से साग-छीमी तोड़ लाना, मुझे मजूरी करते बखत कलेवा पहुँचा आना।

वह भी सुगनी को बहुत मानने लगी। पैसा-कौड़ी खुद नहीं रखती थी। मलिकाइन के यहाँ खाने-पीने की कोई निम्मन (भली) चीज-बस्त हाथ लगती तो अकेले कभी नहीं खाती। कनिआ (बहू) बखत पर खाए, बखत पर सोए, मइया को इसका भारी ध्यान रहता।

अपने खेतों में हम सभी काम करने जाते थे। पहले कुछ दिनों तक माँ ने सुगनी को खेत में नहीं जाने दिया, पीछे मगर वह मान गई। गरीबों के यहाँ भैया यह सब चोंचले-नखरे नहीं चलते। बहू हो चाहे बेटी, खेत में काम करने जाना पड़ेगा, पानी भरना होगा, माल-मवेशी चराने होंगे। सिंगार-पटार में बर्बाद करने लायक बखत गरीब घर की जनानी को कहाँ से मिलेगा भैया? बड़ी जातवाले चाहे कितना ही गरीब हों, उनके घर की औरतें रोजी-धंधा के कामों में मर्दों का हाथ नहीं बटा सकतीं। उनके यहाँ औरतें निकम्मी-निठल्ली बैठी रहती हैं। जितना ही बड़ा खानदान होगा, औरतों में उतना जास्ती निठल्लापन पाओगे। हमारी औरतें मेहनत-मजूरी का दाना खाती हैं। अपनी माँ-बहनों और बहू-बेटियों के हाथ-पैर हमारे यहाँ सिरिफ छूने-मसलने या नचाने-थिरकाने का सामान नहीं हुआ करते; हमारी जिंदगी का सहारा हैं वे हाथ-पैर। क्या मैं झूठ कहता हूँ भाई?

रेबनी ससुराल रहने लगी तो अपनी तीनों बकरियाँ मैंने बेच डालीं, दस रुपैया मिले। चरवाहा न हो तो जान की बबाल हो जाती है माल-मवेशी। बकरी तो साली और भी परेशान कर देती है। मझले मालिक की गालियाँ सुननी पड़ी थीं एक बार—अब कौन रेबनी थी जो उन पर नजर रखती? दो छागर (बकरे) थे, सो भुइँया[1] महराज को बलि चढ़े। मनौती थी।

उस साल रबी की फसल भी खूब हुई थी। आम भी अच्छे फले थे। बल्ली बाबू कई बगीचों के मालिक थे। उनसे एक छोटे बाग की रखवाली का काम मुझे मिल गया। दिन को मइया भी अगोरती, रात को मुदा मुझे ही वहाँ मचान पर सोना पड़ता। पचीस-तीस पेड़ थे, उनमें खट्टे दो ही तीन रहे होंगे, बाकी सभी पेड़ों के आम बड़े मीठे, रसदार और गुदगर[2] निकले। हमने खाया भी खूब, बेचा भी काफी। मइया ने अमोट[3] भी खूब डाला। तिहाई बखरा मिलता था। पाँच हजार से कम आम हमारे हिस्से नहीं पड़े होंगे, दो हिस्से मालिक के हुए। रात को लगभग एक महीना मैं बाग में ही सोया, आसपास बाग ही बाग थे जिनमें मेरी ही तरह पचीसों जवान अगोरवाह[4] रात-दिन मौजूद रहते थे। सुगनी का मन कभी-कभी ऊबता था लेकिन थी तो आखिर कमाऊ जनानी, दिन भर डट के काम करती

1. एक देवता जो आदिवासियों के वीर पूर्वज थे, 2. गूदादार, 3. आम का पापड़, 4. रखवाले।

और रात भर तानके सोती। एक रात मैंने रामखेलावन को अपने बदले बाग में रख दिया, खुद आकर घर में सोया।

दोनों परानी मिलकर उस बार हमने अपने खेत में मड़ुआ भी ढाई-तीन मन उपजा लिया।

धान रोपने का मौसम आया। मैं दो मजूरों का काम करने लगा। याने दो मजूर जितना काम करते उतना मैं अकेले कर लिया करता था। आठ सेर धान मजूरी मिलती थी, एक आदमी का खाना भी घर आता था। चालीस रोज में मैंने अस्सी बनिहारों का काम किया। माँ मना करती ही रह गई—अरे, बीमार पड़ेगा! काहे इतना खटता है बेटा?

जबाब में मैं तनिक हँस देता और बीड़ी टानता हुआ आँगन से निकल जाता।

भादों, आसिन, कातिक और आधा अगहन—साढ़े तीन महीने वहाँ कोई काम नहीं रहता। इन दिनों कोई पूरब निकल जाता सिलीगुड़ी, दिनाजपुर, ढाका की ओर। कोई कलकत्ते के तरफ चला जाता। कोई घर पर ही बैठा रहता—ऐसे लोग मोथी की चटाई बुनते, सन-सावे या मूँज की डोरी बाँटते या फिर मछली फँसाने के लिए टापी, गाँजा वगैरह तैयार करते।

लेकिन मैं कहीं नहीं जाता। बीड़ी पीता रहता और बाघगोटी खेला करता। ईमानदार और मजबूत काठी का था, इसी से महीना पीछू पाँच-सात मजदूरियाँ भी मुझे मिल ही जातीं। मेरी शोहरत थी कि बलचनमा खूब मन लगाकर काम करता है। एक मजदूरी में वह सवा मजूर की मेहनत करता है। कितने ही लोग ताना मारते थे—गधा है, अकिल छू नहीं गया! उस जनम में तेली का बैल रहा होगा! अच्छा भाई, मैं बैल ही सही, गधा ही सही! बेईमान तो नहीं हूँ, कामचोर तो नहीं हूँ, कोढ़ी तो नहीं हूँ...असल बात यह थी भैया कि काम करते बखत मैं किसी भी किसिम की घिचिर-पिचिर या ढिलाई का कायल नहीं था। जिस मुस्तैदी से अपना काम करता उसी मुस्तैदी से दूसरे का भी।

दूसरी ओर मजदूरी में अगर कोई खराब अनाज देता तो फौरन मैं उसे वापस कर आता। गाली मुझे बिलकुल बर्दास्त नहीं होती। झूठमूठ की जी-हजूरी मेरे लिए जहर-माहुर था...

लेकिन अपनी बिरादरी में कभी-कभी झुकना भी पड़ता ही है। अभी वह

जमाना कहाँ आया है कि खाली ईमानदारी से सारा काम निकल आए। चालाक और चाँई लोगों की चालबाजियों से बचने के लिए चौकस रहना जरूरी हो जाता है भैया!

भात-रोटी-चबेना...निबाह एक तरह से हो ही रहा था। माँ भी खुश थी, सुगनी भी मस्त रहती थी और मैं भी मगन रहता।

इस तरह हमारी गिरस्ती के तीन साल कटे। बीच में एक दफे बाढ़ आई लेकिन फसिल को नुकसान नहीं पहुँचा। भूचाल आई, गांधी महतमा आए और राधा बाबू सोसलिस्ट हो गए। मेरे लिए यह तीनों बातें नई थीं। भूचाल बड़े जोर की आई थी। माघ का महीना था, अढ़ाई पहर दिन बीतने पर गड़गड़ाहट सुनाई पड़ी। मैं चुन्नी की बैठक में लेटा हुआ था कि एकाएक छप्पर मचमचा उठे, भीत समेत दालान हिलने लगी। चुन्नी भी लेटा हुआ था। हम दोनों बातचीत कर रहे थे। दालान के हिलने का अंदाज मुझे तो बिलकुल ही नहीं हुआ लेकिन चुन्नी 'बाप-बाप' करता हुआ उठ खड़ा हुआ। उधर बूढ़े मनियार चाचा धूप सेंक रहे थे, वह भी चिल्लाकर आँगन की ओर भागे।

क्या है जी?—मैंने उठकर चुन्नी से पूछा तो वह मुँह बनाकर बोला—क्या है! क्या है! देखता नहीं है? धरती डोल रही है, बाहर निकल बुरबक[1] कहीं के!

बैठक से कूदकर हम बाहर आ गए। चुन्नी अपने घर की ओर दौड़ा और मैं अपने घर की ओर।

सुगनी अंदर सोई हुई थी, माँ ने उसे जगाकर बाहर निकाल लिया था। पंद्रह-बीस मिनट के लगभग धरती उसी तरह डोलती रही। हाथी पर चढ़े हो कभी? नहीं? अरे, रेलगाड़ी पर तो खूब चढ़े हो न? सोनपुर से जो रेलगाड़ी पहलेजाघाट तक जाती है वह किस तरह हिलती-डोलती चलती है, बस, वही समझ लो! उससे कुछ अधिक ही भैया!

माँ और सुगनी की ओर से निफिकिर (बेफिक्र) होकर मैं फिर मनियार चाचा के मकान के दिस[2] दौड़ा। उनके दो घर भीतोंवाले थे, दो जगह भीतों में हलकी दरारें पड़ गईं। बरेरी तनिक अलग हो गई थी एक भीत के माथे पर से। बस, मनियार चाचा का इतना ही नोकसान हुआ था।

---

1. बेवकूफ, 2. तरफ, दिशा में।

खैर, भगवान मालिक हैं सबके! —मेरे मुँह से निकला कि उधर से रामखेलावन का छोटा भाई सुबधा दौड़ा आया। हाँफते-हाँफते वह बोला—बालो भाई, मझले मालिक का इनारा पानी फेंक रहा है, बलुआ पानी! और मालिकों के कई मकान गिर पड़े हैं, साइत कोई दब भी गया है...

मैं और चुन्नी दौड़े मालिकों की हवेलियों की ओर। पहले बड़ी तरफ गए। वहाँ हाहाकार मची हुई थी। डिप्टी साहब की नई नबेली औरत दुतल्ले के नीचे सो रही थी। उसी साल गौना हुआ था। नींद टूटी तो बाहर जयमंगला के मामा की आहट सुनकर अंदर ही रह गई। ईंट की पुरानी दीवाल भहराकर गिरी सो बेचारी दब मरी। लोग अब मलबा हटा रहे थे। थोड़ी ही देर में उसके अचेतन देह को बाहर निकाला गया और तुलसी-चबूतरे के नजदीक उत्तर सिरहाने लाश लेटा दी गई। जयमंगला और उसकी माँ गला फाड़-फाड़कर और छाती पीट-पीटकर रोने लगीं, बाकी लोग बुत बने खड़े रहे।

महपुरा के खान बहादुर का भी मकान गिर पड़ा था। बल्ली बाबू का भोटिया घोड़ा दब गया। गोसाईं पोखर के उत्तर थोड़ी दूर हटकर जो मैदान है उसमें भारी दरार पड़ गई, उसमें तीरी अमात की बछिया धँसके दब मरी थी।

हमारे जवार (हलके) में लोगों का काफी हर्जा हुआ। दस कोस पच्छिम, सीतामढ़ी के तरफ तो मानो परलय मच गया। सैकड़ों जान-माल बर्बाद हुए, पक्के मकानों की बस्तियाँ पहपट पड़ गईं। सरकारी बँगले, पोस्टाफिस, थाना, कचहरी, जहल, असपताल, इसकुल (स्कूल) बेकार हो गए। सड़कें फट गईं, जगह-जगह पानी और बालू पट गया। रेलवी लैन अलग-अलग किसी काम की न रही। तार के खंभे झूलने लगे। दस-पंद्रह रोज के लिए सरकार की मानो नाड़ी ही डूब गई! जो जहाँ था सो वहीं कैद हो रहा। देवी-देवता के मंडिल (मंदिर) तक नहीं साबित बचे भैया! और क्या बताऊँ! इधर सीतामढ़ी और उधर मुंगेर—इन्हीं जगहों पर जास्ती धक्का पड़ा।

पीछे सरकार भी सँभलकर खड़ी हुई, लीडर लोग भी दौड़े। रजिंदर बाबू की रिहाई हुई। जवाहिरलाल तक भोलंटियर बनके सीतामढ़ी आ धमके। बंबई के सेठों ने खैराती होटल खोल दिए आकर। काँगरेस ने चन्दे के लिए अपील निकाली तो तीस-चालीस लाख रुपैया इकट्ठा हो गया।

पीने के पानी का संवाद सैकड़ों जगह बिगड़ गया था। अजीब बदबू आती थी। होंठों से पहले साली नाक ही जबाब दे देती! जंगली गड्ढों में भर चौमासा घास-फूस, डंठल-टहनी, लत्ती-पत्ती जाने क्या-क्या सड़ती रहती हैं, उनके करीब से गुजरोगे तो नाक मूँद लेना होगा...जूट और सन के पौधों को पानी में डाल देते हैं, कुछ दिनों के बाद निकालते हैं तो वहाँ भी बिकट बदबू उठती है...भूचाल ने जिन कुओं को खराब कर दिया उनका भी पानी कुछ वैसा ही गँधाता था। हाय-हाय मच गई! सबसे बड़ा जरूरी काम कुआँ सुखाना हो गया।

काँगरेस ने जो रिलीफ फंड खोला उसकी तरफ से कुएँ खुदवाने के लिए लाखों की रकम बाँटी गई। हमारे इलाके में रकम बाँटने का काम फूल बाबू के हाथों से हुआ। इधर के गाँवों के लिए उन्हीं को अफसर बनाकर भेजा गया था। रामपुर भारी और नामवर गाँव ठहरा। बाल-बच्चा, औरत-मर्द, धनी-गरीब कुल मिलाकर दो हजार आदमी बसते थे। लेकिन भुइकम्प से इस बस्ती का एक भी कुआँ खराब नहीं हुआ था। कुल बीस कुएँ थे। चमारों और मुसलमानों के कुएँ अलग थे ही। सुना कि रिपोट माँगी गई थी, छोटे मालिक और बल्ली बाबू ने मुंशी बिपिनबिहारी लाल दास से राय-बात करके जिला काँगरेस कमेटी को लिख दिया था : चार कुएँ खराब हो गए हैं और बीस-एक परिवार ऐसे भी होंगे जिन्हें थोड़ी-बहुत मदद मिलनी चाहिए क्योंकि अपने गिरे-पड़े मकानों को फिर खड़े करने की सामर्थ बेचारों में नहीं है...

फूल बाबू मधुबनी से टमटम पर आए, सीधे जाकर अपने फूफा के घर उतरे। बता ही चुका हूँ, हमारे छोटे मालिक उनके फूफा लगते थे।

एक ही रोज वह हमारी बस्ती में रहे थे, मैं जान-बूझकर उनसे नहीं मिला। मालिकों के यहाँ और बभनटोली में एक चक्कर लगाया था उन्होंने, साथ में दो भोलंटियर रहे।

जानते हो, उस रोज फूल बाबू हमारी बस्ती में क्या कुछ कर आए थे!

रिलीफ फंड की ओर से भगवान जाने कितनी रकम इस गाँव के लिए उन्हें मिली थी! लेकिन कुछ दिनों बाद मुंशीजी के लड़के से जो मुझे मालूम हुआ वही तुम्हें बता देता हूँ। इससे तुम्हें अंजाद (अंदाज) जरूर होगा कि लाखों की वह रकम लोगों में किस तरह बँटी होगी! लो सुन लो भैया :

1.	बबुअन पाठक के नाम पर	60	की रकम लिखी थी	30	मिले
2.	दामो ठाकुर	”	40	”	20 ”
3.	मोसम्मात जानकी	”	30	”	15 ”
4.	तारानंद झा	”	30	”	15 ”
5.	खोंखाइ मिसिर	”	25	”	10 ”
6.	चतुरानन चौधरी	”	40	”	20 ”
7.	पचकौड़ी झा	”	25	”	10 ”
8.	जैबल्लभ मलिक	”	25	”	10 ”
9.	बंभोल झा	”	25	”	10 ”
10.	बचवे मिसिर	”	25	”	10 ”
11.	मनियार गोप	”	25	”	8 ”
12.	छकौड़ी गोप	”	25	”	8 ”
13.	कपिलेसर मंड़ड़	”	25	”	8 ”
14.	तीरी अमात	”	20	”	6 ”
15.	कल्लर केवट	”	20	”	6 ”
16.	मोसम्मात कुंती	”	15	”	3 ”
17.	बुद्धू चमार	”	15	”	3 ”
18.	शेख अब्दुल	”	25	”	8 ”
19.	करीम बक्श	”	15	”	3 ”
20.	मोसम्मात हमीदा	”	15	”	3 ”

समझा भैया, बीस आदमियों के नाम सवा पाँच सौ रुपए की खैरात लिखी गई लेकिन लोगों को मिले सिरिफ दो सौ छः रुपए! कुएँ सुधारने के नाम पर एक हजार रुपैया मिला। उस रकम को छोटे मालिक ने, बल्ली बाबू ने और दासजी ने आपस में बाँट लिया था। एक-एक को अलग-अलग बुलाकर बल्ली बाबू और दासजी ने रुपए बाँटे। लोगों ने अकासी आमदनी समझकर दसखत कर दिया, अँगूठे की छाप दे दी। जिसका जैसा मुँह, जिसकी जैसी आवाज, उसको उतनी ही रकम मिली। हमारे मनियार चाचा ने चुपचाप ली थी, चुन्नी खैराती रकम लेने के खिलाफ अपनी राय परगट कर चुका था। मालिक मेरी माँ को भी

पाँच रुपए देना चाहते थे, पूछने आई तो मैंने उसे डाँट दिया। मोसम्मात कुंती जूगल कामत की विधवा औरत थी, उसे भी खैरात मिली थी। पूछने पर बोली–बबुआ बालो, भुइकंफ[1] यह क्या हुआ, बड़े लोगों के लिए आमदनी का एगो अउर रास्ता निकल गया...

हँसिया था हाथ में, घास काटने जा रही थी। नजीक आकर मेरे कान की तरफ मुँह करके वह फुसफुसाई–ये लोग जुलुम करते हैं बेटा, देते हैं दो और कागज पर चढ़ाते हैं दस! इमान-धरम इनका सब डूब गया, तेल जरे तेली का और फटे मशालची का! छोटे मालिक का सरबेटा आया था अफसर बनके खैरात बाँटने। हो न हो, हजार-पाँच सौ उसने जरूर मार लिया होगा...पता लगाना बेटा, मेरे नाम कै रुपैया चढ़ा है।

चाची, तुमको मिला कितना?

हलके हाथ से छाती ठोंक के कुंती बोली–हाय गोसँइयाँ[2], तीन ही तो मिले हैं!

मुझे तब तक कोई खास बात खैरात के बारे में कहाँ मालूम हो सकी थी! सिर हिलाता हुआ मैं उस अनाथ औरत की ओर आँखें फाड़-फाड़कर देखने लगा। छन भर बाद बोला–जाने दो चाची, क्या होगा अब पता लगाकर? राकस के पेट में जो गया सो गया!

फूल बाबू पर इसके बाद मुझे और असर्धा[3] हो गई। काँगरेस के बारे में सोचने लगा कि स्वराज मिलने पर बाबू-भैया लोग आपस में ही दही-मछली बाँट लेंगे, जो लोग आज मालिक बने बैठे हैं आगे भी तर माल वही उड़ावेंगे। हम लोगों के हिस्से सीठी ही सीठी पड़ेगी।

राधा बाबू पर सर्धा बढ़ गई क्योंकि वह सोसलिस्ट हो गए थे। बरहमपुरा जाकर मैं चार रोज उनके साथ इस बीच भी रह आया था। उतने बड़े लीडर से बातचीत तो भला मैं क्या करता, मगर देखा कि अब वह धोती-कमीज पहनने लगे थे, दाढ़ी तीसरे दिन पर बनाने लगे थे। सुना कि आसरम छोड़कर आगे शहर में डेरा जमावेंगे। रूपलाल कुछ समझदार था, अब वही राधा बाबू के साथ रहता। उससे मालूम हुआ कि काँगरेस के अंदर ही इन लोगों का एक अलग दल बन

1. भूकंप, भूचाल, 2. भगवान, परमेश्वर, 3. अश्रद्धा, घृणा।

गया है। इस दल में बूढ़े लीडर नहीं हैं; सभी जबान हैं। गांधी महतमा से किस बात में सोसलिस्टों का मेल नहीं खाता है? अँगरेजी राज न काँगरेस चाहती है, न सोसलिस्ट ही चाहते हैं। लेकिन गांधी महतमा कल-कारखाना के खिलाफ हैं। वह इसके भी खिलाफ हैं कि सेठों-जमींदारों, राजों-महराजों से जमीन-जायदाद और धन-संपदा छीनकर उसे लोगों में बाँट दिया जाए। बूँद भर भी लोहू नहीं बहाना चाहिए। मार खाना ठीक, मारना ठीक नहीं। लबकर-दबकर अपनी बात मनवाना चाहिए। सचाई पर रहोगे और अपनी माँग पर अड़े रहोगे तो एक न एक दिन जालिम का भी दिल जरूर पसीजेगा...गांधी महतमा नोकसान किसी का नहीं चाहते, न गरीब का और न अमीर का। वह अँगरेजों से भी कड़ाई का बर्ताव नहीं रखते। उनका कहना है कि एक न एक दिन अँगरेजों की मति फिर जाएगी तब वे आपो-आप यह मुलुक छोड़कर चल देंगे, उनको जास्ती परेशान मत करो!

इस पर, भैया, सोसलिस्टों का क्या कहना था? उनका कहना यही था कि दो-चार साधू-महतमा के गिड़गिड़ाने से अँगरेजों का दिल नहीं बदलेगा। समूची जनता आपस के भेद-भाव भुलाकर उठ खड़ी होगी, तभी अँगरेज भागेगा। समूची जनता कैसे आपस का भेद-भाव भूलेगी, कैसे एक होगी? लोगों को जब बिसवास हो जाएगा कि जमींदार-महाजन की फाजिल धन-संपदा उन्हीं में बँट जाएगी, रोजी-रोटी का सवाल हल होगा, बच्चों की पढ़ाई-लिखाई...बुढ़ापे की बेफिक्री... खान-पान और रहन-सहन का ठौर-ठिकाना...दवा-दारू, पथ-पानी का इंतजाम... यह सब सभी के लिए सुलभ होगा, दरभंगा के महराज हों चाहे पटना के लाट साहब—मुफत का खाना किसी को नहीं मिलेगा...सब काम करेगा, सब दाम पावेगा...लूल-अपंग, बूढ़-बेकार सबकी जिम्मेवारी सरकार को उठानी पड़ेगी, पैसे के बल पर कोई किसी को बँधुआ गुलाम नहीं बना सकेगा—

मैं बोला—ठीक तो कहते हैं सोसलिस्ट भाई, जिसका हर-फार उसकी धरती! जिसका हुनर और जिसका हाथ उसी का कल-कारखाना।

रूपलाल बोला—हाँ बालचंद, कमानेवाला खाएगा...इसके चलते जो कुछ हो!

सोसलिस्टों के बारे में उस रोज जितना कुछ मुझे मालूम हुआ, अभी उतने से ही मेरा दिल उछलने लगा भैया! कहो न कैसी अच्छी बात थी? फूल बाबू पटना में एक बार नमक बनाते बखत खूब पिटाए थे, तब भी गांधी महतमा के पंथ

की यह बात मेरी समझ में नहीं आई थी। इस तरह तो तुम पिटाते-पिटाते बेदम हो जाओगे, एक भी काम नहीं होगा।

राधा बाबू की रहन-सहन, बात-बिचार में यह जो फेर-फार हुआ इससे उनकी स्त्री भी तिरपित[1] मालूम हुई। घर आने लगा तो बाबू ने कहा—क्या करता रहता है गाँव में बैठकर?

बाएँ हाथ की उँगलियों से मेरे दाहिने कान को वह हौले-हौले मसलने लगे। मैं सकुचाकर खड़ा हो गया। छन भर बाद वह फिर बोले—दो महीने बाद मैं महपुरा आनेवाला हूँ, खबर कर दूँ तो जरूर मिलना।

इशारे से मैंने 'हाँ' कहा और चला आया।

उसी महीने में गांधी महतमा की अवाई हुई। मैं, चुन्नी और रामखेलावन उनका दरसन करने मधुबनी पहुँचे थे। भारी मेला जुट गया, पचास हजार लोग आए थे महतमा को देखने। फूल-फल, केला, अररनेबा (पपीता), हाथ का कता हुआ सूत, खुशबूदार धान की बालियों के गुच्छे, लौकी, बैंगन...चढ़ाने के लिए न जाने कितनी किसिम की चीज-बस्त लोग ले आए थे। खद्दर भंडार के पासवाले मैदान में ऊँची जगह बनाई गई थी, उसी पर गांधीजी बैठे हुए थे। हम सीसम के पेड़ पर चढ़े तभी उनको भर आँख देख पाए। रमखेलौना पेड़ पर चढ़ना नहीं जानता, वह यों ही उचक-उचकके अपने आप खीझता रहा साथ ही कोसता भी। मगर इसमें हमारा क्या कसूर था? पल्थी लगाए बैठे थे महतमा, उनकी बोली हमारे कानों तक नहीं पहुँच रही थी। हाँ, दाहिना हाथ उठा-उठाकर बार-बार समझा रहे थे, यह साफ लौक रहा था।

घर लौटते-लौटते रात हो गई थी। माँ खा-पीकर सो चुकी थी, सुगनी मेरा बाट जोह रही थी। ऐसा ही होता था। लाख समझाने-बुझाने पर भी उसे मैं इस बात के लिए राजी कहाँ कर सका कि खाने-पीने में मेरा बाट नाहक न जोहती रहे? जड़काला[2] तो वह था ही, भात ठिठुरकर चावल के दाने हो गए थे!

खा-पीकर निचेन[3] हुआ तो सुगनी को थोड़ा गांधी महतमा के बारे में समझा दिया। जोरू न ठहरी! कौड़ी भर भी नई बात मालूम हो उसमें से तनी (तनिक) खोंटकर बेचारी के कान में जरूर डाल देना चाहिए, क्या राय है तुम्हारी?

1. तृप्त, संतुष्ट, 2. जाड़े का मौसम, 3. बेफिक्र।

अगले बैसाख में छोटी मलिकाइन के लड़के का जनेऊ हुआ। काफी भोज-भात, खूब रमन-चमन। मैंने और कल्लर ने मिलकर आम का एक गाछ[1] काटा, उसके दो तने थे। फाड़कर हमने चैलियों का ढेर लगा दिया। बीस-पचीस मन से कम का तो वह क्या रहा होगा? मालिक का घराना था, काज-परोजन के दिन थे। मालिक ने मुझसे अकेले में माँफी माँग ली थी। उस साल मेरी बहन के साथ वैसा सलूक करके उन्होंने हमारे मन को हमेशा के लिए फाड़ दिया था, किस मुँह से उस शख्स ने फिर मुझसे माफी माँगी! मैं तो भैया दंग रह गया! मलिकाइन पर मुझे उतना गुस्सा कभी नहीं आया जितना इस पतीत पर...उपनैन[2] के रोज मुझे गुलाबी रंग में रँगी हुई दो धोतियाँ मिलीं मलिकाइन के हाथों से, माँ को बारह हाथ (6 गज) की साड़ी मिली। सोलह ठो तो छागर (बकरा) ही बलि चढ़े थे, चार खस्सी पीटे[3] गए थे। चार रोज तक हवेली मसुआइन महकती रही। भगवती की पिंडी के सामने देवाल (दीवार) पर खून के फव्वारों की निशानी हवेली के अंदर तुम अब भी देखोगे। हमारे तिरहुतिया बराहमन, औकात रही तो, लड़के का जनेऊ, बड़ी धूमधाम से करते हैं। ढोल-ढाक, रशनचौकी,[4] नटुआ-रंडी का नाच, कीर्तन, ठेटर,[5] भेड़ों की लड़ाई जैसा पंडितों का सासतराथ (शास्त्रार्थ)...क्या नहीं होता है? सब होता है भैया! तमाम रिश्तेदार बुलाए जाते हैं, नाते की औरतों का भी लिआवन[6] होता है। गाँव की और कभी-कभी पड़ोस गाँवों की बिरादरी को जिंवाया जाता है। छोटी जातवालों की तकदीर में उनका जूठन और बचा हुआ बासी ही पड़ता है। यहाँ भी वही हुआ भैया!

फूल बाबू अब भारी लीडर हो गए थे, साइकिल से आए, मँडवा पर[7] थोड़ी देर बैठकर जनेउआ का रसम-रेवाज देखते रहे और उठकर चल दिहिन तो घेर-घेर के मलिकाइन ने नास्ता कराया। फिर वह फौरन चल पड़े। उनकी माँ का लिआवन हुआ था, वह पाँच-छः रोज रही थीं।

कुछ और खेत मैंने बँटाई पर ले लिये। फूदन मिसिर की विधवा जरुफ मोसम्मात जानकी ने अपनी उपजाऊ जमीन का एक टुकड़ा मुझे बटाई पर दे दिया। यह चार कट्ठा था। जब से मिसिर मरे तभी से छकौड़ी चाचा इस खेत

1. पेड़, 2. उपनयन, जनेऊ, यज्ञोपवीत, 3. लाठी से मार डाले गए, 4. रोशनचौकी, ताशा, 5. थिएटर, 6. आनयन, लिवा लाना या ले जाना, 7. मंडप में।

को उपजाता आया था। सूखा हो चाहे महीनों मेघ बरसे, यह जमीन कभी धोखा नहीं देती थी। फी कट्ठा मन भर धान तो होता ही, समय-साल अगर अच्छा हुआ तो फिर पूछो ही मत। फिर तो आठ मन से कम उपजता ही नहीं। मगर, पिछले दो-तीन बर्खों (वर्षों) से यह छकौड़ी चाचा से सँभल नहीं रहा था। दो जवान लड़के बंगाल में नौकरी पर थे, काम चलाने लायक रुपैया भेजते रहते। अपनी उमर सत्तरह पार कर आई थी। बेचारे ने कई बार बाट-घाट पर राह छेककर मुझसे जब कहा तो मैं राजी हो गया। बात यह थी कि मेरा बाप गाढ़े बखत पर छकौड़ी के काम आया था। गाय बँधी थी। सावन का महीना, रात का बखत। करैत[1] आकर बेचारी को डस गया। जहर-रग-रग में फैलने लगा, गाय रँभा-रँभा उठती थी। छकौड़ी ताड़ी पीकर उस रोज बुत्त[2] पड़ा था। औरत बाल-बच्चे लेकर नइहर गई हुई थी, माँ के सराध में...सुबह होते-होते अभागी जीव के प्रान डूब गए, छकौड़ी को गोबध का परासचित[3] लगा—वही पंडित बबुअन झा ने पचास रुपए लिए तब जाकर पतिया[4] लिखा था। सिमरिया घाट (गंगा) जाना पड़ा, मय चोटी के बाल कटाने पड़े, बालू-गोबर निगलना पड़ा, दान-दच्छिना करनी पड़ी। घर लौटकर सतनरायन भगवान की कथा सुनी। बिरादरी को और समाज को तब जाकर छकौड़ी का छुआ हुआ पान-परसाद (प्रसाद) गरहाज (ग्राह्य) हुआ! और, भैया, मेरा बाप ऐन मौके पर सौ ठो रुपैया नहीं दिए होता तो छकौड़ी चाचा रामपुर छोड़-छाड़के भाग गए होते! बाबू मेरा ढाका से दो साल पर आया हुआ था। छकौड़ी आकर उसके पैरों पर गिर पड़ा और रोता हुआ बोला—लालचन, जो चाहे सो लिखवा लेना लेकिन 'ना' मत करो; भीत से टकराकर कपार फोड़ लूँगा और मर जाऊँगा तेरे ही सामने। चलके इस पाप से मेरा उद्धार कर दे लालो!...बाबू चुपचाप भीतर आया, सौ गो रुपैया लेकर उसके हाथ पर धर दिया—दादी के मुँह से यह सब मैंने सुना था। सो, छकौड़ी ने अब उसी उपकार का बदला चुकाकर अपने सिर को हल्का कर दिया। यों वह कर्जा उसने मेरे बाबू के जीते जी ही चुका दिया था।

पाँच कट्ठा खेत दामो ठाकुर के मेरे पास यों ही आ गए। बटाई भी लोग उसी खेतिहर को देना पसंद करते हैं जो मेहनती और ईमानदार हो। ठाकुर गाँव

1. काला और विषधर साँप, 2. धुत्त बेहोश, 3. प्रायश्चित्त, 4. व्यवस्थापत्र।

में अब साल-पीछे छः महीना भी नहीं रहते। घरवाली नइहर गई थी, वहाँ हैजा फैला तो उसी की लपेट में आ गई बेचारी। दस साल की एक लड़की थी, उसे कहाँ-कहाँ लिए फिरते? हारकर उसको भी ननिहाल में छोड़ आए। जमीन-जाल मामूली ही था। यही पाँच कट्ठा भिट्ठा[1] खेत, घर-आँगन, बाड़ी, बँसवार,[2] कलकतिया[3] के छै-सात पेड़ बस। लोग कहते हैं, ठाकुर दारू भी पीते थे। मैंने नहीं देखा कभी, हाँ, भंग वह जरूर पीते रहे। एक बार क्या, दिन में दो-दो बार कहो!

नहाते बखत, जँभाई लेते बखत, भेंट-मुलाकात के बखत, अहल-भोरे नींद टूटते बखत उनके मुँह से 'तारा-तारा, जगदंबा, जगत्तारिणी, माँ-माँ' यही निकला करता था।

मुझ पर खूब खुश थे। पीछे चलकर अपने घर-आँगन की निगरानी का भार मुझको ही सौंप दिया। बाहर से आते तो मेरे लिए कमीज-कुर्ता या बनियाइन जरूर लाते। एक बार मैंने कहा—यह क्या देत हैं मालिक, धोती दीजिए!

पहनी हुई को छूकर बोले—गाढ़े रंग की यह तो तुझे पसंद आवेगी नहीं तो फिर सादी निकालकर रखूँगा, ले लेना कल।

अगले दिन फस्ट किलास की एक धोती ठाकुर ने दी तो मेरी बाछें खिल गईं, मन ही मन बोला—एँ, ऐसी बढ़िया धोती पहनके तू निकलेगा!

उन्होंने मुझे छूट दे रखी थी—चाहे जितने बाँस काट लेना मुदा अपने ही मतलब के, न दूसरों के लिए और न बेचने के लिए। मैं भी साल भर में मुश्किल से चार-पाँच से जास्ती बाँस न काटता रहा होऊँगा!

उपज का अपना हिस्सा वह नगदी ही लेना पसंद करते थे।

राधा बाबू की खबर लेकर एक रोज महपुरा से एक बूढ़ा पासी आया तो मैं वहाँ गया। उस बस्ती के डाक्टर रहमान इलाके भर में मशहूर थे। काँगरेस की तरफ से जेल भी हो आए थे। राधा बाबू उन्हीं के यहाँ ठहरे थे।

जमींदार खानबहादुर सादुल्ला खाँ थे। रैयत हिंदू-मुसलमान सभी जात की थी। आठ-दस मौजे की मालगुजारी आती थी। वह खुद ढाई-तीन सौ बीघा ही रखे हुए थे, बाकी हजारों बीघा जमीन मनखप लगी थी। मनखप समझा भैया?

---

1. जिस जगह कभी घर-वर रहा हो, ऊँचा, 2. बाँसों की बगिया, 3. आम की एक उम्दा किस्म।

नहीं, अरे भाई, उपज का सोलहवाँ-बीसवाँ या दसवाँ हिस्सा मालिक वसूल करता है, जिन्सी लगान के तौर पर; एक मन बीघा, दो मन बीघा या तीन मन...उतना अनाज या उतने की रकम जाकर मालिक के यहाँ जमा कर दो।

महपुरा के छोटी औकात के तीन सौ खेतिहर खानबहादुर की हजार बीघा जमीन पुश्त-दर-पुश्त से मनहुंडा जोतते आए थे। अब काँगरेसी अमल (शासन) आनेवाला था। तरह-तरह की अफवाहें फैल रही थीं। खानबहादुर पहले से ही चौकस हो गए। वह इस कोशिश में लगे कि एक की जोत का खेत दूसरे के नाम बंदोबस्त होता चला जाए। गुपचुप चार-छः बंदोबस्तियाँ हो भी चुकी थीं।

खेतिहरों में कुनमुनाहट आई। उनके तरफ से डाक्टर रहमान जिला के काँगरेसी लीडरों के पास पहुँचे। लेकिन महतमाजी के चेला लोग उल्टे रहमान साहब को ही शांति और संतोख (संतोष) का शर्बत पिलाकर चुप बैठे रहे। मगर खानबहादुर नहीं बैठे रहे, भीतर ही भीतर जमींदारी दाँव-पेंच उनका बढ़ता ही गया। गरीब किसानों की यह जमीन अपने-अपने नाम चुपचाप लिखा कौन रहे थे? बड़े-मझले किसान जो अक्सर हमारे तरफ के बराहमन, भुँइहार (भूमिहार), शेख और सूँड़ी-महाजन होते हैं—यही हड़पना चाहते थे गरीबों के मुट्ठी-दो मुट्ठी भात को! डाक्टर रहमान कब तक बैठे रहते, गरीब लोग उन्हें कैसे बैठने देते? राधा बाबू के साथ उनकी पटना-कम्प जेल की दोस्ती थी, पहुँचे सीधे उनके पास। उन दिनों सोसलिस्टों में बड़ी गर्मी थी भैया! वे जो कुछ कहते, उसे करने की भी कोशिश उनकी ओर से होती थी। मजूरों की हड़ताल हो, चाहे किसानों का आंदोलन—सोसलिस्ट भाई उसमें आगे बढ़कर हिस्सा लेते थे। सो, राधा बाबू ने डाक्टर रहमान की बातें मन लगाकर सुनीं और खानबहादुर के खिलाफ लड़ाई छेड़ने का रास्ता बता दिया। किसानों का संगठन, अखबारों से जमींदार की जालिमाना हरकतों का पर्चार (प्रचार), कम से कम पचास भोलंटियरों की बहाली, बीस-पचीस मन अनाज और सौ ठो रुपैया, इलाके भर के किसानों की एक भारी मीटिंग...

डाक्टर रहमान महपुरा लौट आए और किसानों को सबकुछ समझा दिया। लोग फौरन राजी हो गए। उस जालिम जमींदार का मुकाबला अकेले तो कोई कर नहीं सकता था? उसके पीठ पर थाने के दरोगा साहब थे, दरभंगा के कलट्टर

साहब थे; इलाके भर के जमींदार, पंडित और मौलबी सब खानबहादुर के पच्छ (पक्ष) में थे। पच्छिम के दस लठैत जवान, नेपाल के पाँच खुखरी-बहादुर...बड़ा ताकतवर था खानबहादुर! अकेले कौन उससे भिड़ता? लेकिन सौ ठो साली लाठी एक जगह हो जाए तो उसका एक भारी बोझ बन जाता है! अपनी-अपनी धरती की हिफाजत के लिए किसान एक होने लगे। पहले उनकी तरफ से रहमान साहब जमींदार को कई बार समझा चुके थे, अब और कोई रास्ता नहीं था। रैयत लोगों ने तय कर लिया कि लाश गिरे तो गिरे, मगर अपने खेत दूसरों की दखल में नहीं जाने देंगे!

किसानों की ओर से काफी तैयारी हो चुकी थी, इलाके भर में नोटिस बँटी थी। राधा बाबू मीटिंग से दो रोज पहले ही आ डटे थे।

मुझे देखते ही वह बोले—अबकी तुझे भी जेल की खिचड़ी खानी होगी!

इतना कहकर बाबू मुस्कुराए और नजर मारकर एक नाटे-गोरे आदमी का ध्यान मेरी ओर खींचा। फिर बोले—यह रहा बलचनमा रहमानसाहब, लिख लीजिए इसका भी नाम भोलंटियरों में।

खादी का सफेद पैजामा, चारखाना कमीज। मूँछ थी, दाढ़ी साफ। बाल अँगूठिया थे। उस बखत उनके हाथ में बधना (एक प्रकार का लोटा) था, पैखाना जा रहे होंगे। भरी-पूरी खिलखिलाहट से आसपास को गुँजाकर वह बोले—क्यों रे, लिख लूँ नाम?

कह तो दिया एक बार—चश्मा खोलकर उसे हाथ में लेते हुए राधा बाबू ने कहा—जाइए, पाखाना से हो आइए, तब।

धोती के छोर से उन्होंने चश्मा को साफ किया, उसे नाक पर बैठाते हुए बोले—तीन रोज अभी यहाँ तुझे साथ रखूँगा, फिर छुट्टी! जा, आश्रम देख आ।

तो क्या यहाँ भी आसरम है?—मैं चकुआकर[1] इधर-उधर ताकने लगा। पास-पड़ोस में साफ-सूफ मकान थे। छोटे-छोटे। घूरों पर दो-तीन जगह मुर्गे दिखाई दिए, दो-एक मुर्गी भी थी। जरा हटकर भीत की आड़ में काले रंग की कुतिया पीली हड्डी चबा रही थी। बथान पर चार तंदुरुस्त बैल काठ की लम्बी नाँद में मुँह डाले सानी-भूसी खा रहे थे। दूसरी ओर भूरे रंग की नाटी घोड़ी बँधी हुई थी।

1. चौंककर।

भूसी का ढेर, दो ठो हल। बैठक में दो कुर्सियाँ, एक तख्तपोश। एक मामूली आलमारी, बंद। आले पर दवा की गोलियों से भरी कुछ शीशियाँ, रबड़ की नली और सफेद डब्बा खूँटी में टँगा था। भैया, आखिर डाक्टर का बैठकखाना ठहरा न? अपना-अपना औजार किसके घर नहीं होता?

जो मुझे घर से बुला लाया था, वही ले गया अब आसरम की ओर। गाँव के बिलकुल बाहर, बगीचे के पास।

दूर से ही देखा, बाँस की छिपाठी[1] पर लाल झंडा फहरा रहा है। नगीच जाकर नजर ऊपर की तो लाल झंडे पर दो औजारों के निशान दिखाई पड़े—एक निशान था हँसुआ का, दूसरा हथौड़े का[2]...हँसुआ के सूने पेट पर हथौड़े का माथा!

आसरम क्या था, फूस-घास की टंपरेली[3] मड़इया थी! खाकी जँघिया और लाल हाफ-कमीज पहने दो नौजवान अंदर बैठे थे। ईंटों का चूल्हा, मिट्टी की हाँड़ी। रसोई बोल रही थी खुद-बुद खुद-बुद, खद-बद खद-बद। बूढ़े बराहमन बाप की बिना ब्याही बेटियों की तरह आम की सूखी टहनियाँ फटे-सूखे बाँस के साथ जल रही थीं, उनका धुआँ भी उतना ही कड़वा था!

भोलंटियर भाइयों से देर तक मैं बातें करता रहा। उनसे मैं जल्दी ही हिल-मिल गया। वे रोजी-रोटी की लड़ाई के बहादुर सिपाही थे। सोसलिस्ट पार्टी ने उन्हें दरभंगा से यहाँ भेजा था। मेरी ही भाँति वह भी गरीब माँ-बाप के बेटा थे। एक बराहमन था, दूसरा ग्वाला। उमर भी उनकी मेरी जितनी थी। उनमें यहाँ जात-पाँत का कोई फरक नहीं था। एक का नाम था दिनेस, दूसरे का सुरजा। दिनेस ने मुझे चूड़ा फाँकने को दिया और कहा—भूख लगी होगी कामरेड, डाल लो तब तक पेट में कुछ।

कामरेड!—यह तो मैंने कभी सुना ही नहीं था! लाज के मारे उस रोज तो इसका मतलब मैं मालूम नहीं कर सका लेकिन दो दिन बाद मालूम हो गया। कामरेड का मतलब है लड़ाई का साथी। एक ही मोर्चे के दो फौजी जवान एक-दूसरे को कामरेड कहकर बुलाते हैं। अपने हक के लिए लड़नेवाले हम गरीबों के लिए कामरेड से जास्ती प्यारा कोई लबज (लफ़्ज़) है नहीं।

थोड़ी देर बाद लौटकर मैं राधा बाबू के पास आ गया, उनकी धोती और

---

1. छोरवाला हिस्सा, 2. सोशलिस्ट झंडे के पहले निशान, 3. टेम्परेरी।

कमीज को साबुन लगाकर कचार दिया। बाहर कपड़े फैलाते ही उधर खाना हाजिर। बरहमपुरा आसरम में कई महीने रह चुका था, मुसलमानों का छुआ खाना खाने में परहेज-उरहेज नहीं था लेकिन इतना डर जरूर लग रहा था कि बिरादरी का कोई देख लेगा तो यह खबर गाँव-घर पहुँच जाएगी; नाहक बखेड़ा खड़ा होगा! इसी से थाली उठाकर बैठकखाने के अंदरवाले रूम में चला गया, वहीं खा लिया। खेसारी की दाल और भात था, तरकारी थी भिङ्नी (तरोई) की। भैया, मुसलमानों के यहाँ जैसा बढ़िया खाना बनता है वैसा बढ़िया और कहाँ! बाजी तो नहीं बदोगे?

माँ को खबर करने की छुट्टी माँगी तो बाबू ने हँसकर कहा—हाँ रे, जानता हूँ, तू किसको खबर करने जाना चाहता है!

मैं लजा गया और निगाहें नीची कर चल पड़ा अपने गाँव की ओर।

आठ

मीटिंग में चार सौ करीब लोग आए थे। आसरम के पासवाले मैदान में सभा नहीं हो सकी, बाग में भी नहीं। खानबहादुर के मनेजर ने ऐन मौके पर वहाँ अपने लठैतों को तैनात कर दिया था। अब क्या हो? क्या मीटिंग नहीं होगी? नहीं, मीटिंग हुई और शानदार मीटिंग हुई!

अधेड़ उमर के एक आदमी ने लोगों से ललकारकर कहा—वह रहा मेरा खेत, पाँच कट्ठे का टुकड़ा है। उसमें मड़ुआ के पौधे लहलहा रहे हैं...आओ भाइयो, वहीं मीटिंग होगी; आओ, मड़ुआ काटकर घड़ी-आध घड़ी में जगह बना लेते हैं...

बिजली की फुर्ती से वह आगे बढ़ा। देखते-देखते बस्ती से बीस-पचीस हँसिया मँगा ली गईं और लोग पौधे काटने लगे। किसानों का भारी जोश उमड़ा। आधा घंटे के अंदर समूचा खेत साफ हो गया। बीचोबीच तख्तपोश डालकर लीडरों के लिए जगह बना ली गई और मीटिंग का काम शुरू हुआ।

भैया, कौन था वह आदमी जिसने अपनी हरी-भरी फसल बर्बाद करके मीटिंग के लिए जगह बना दी?

उसका नाम लतीफ था। मेहनती, गरीब और ईमानदार। कुल डेढ़ बीघा जमीन उसकी जोत में थी। बड़े-बड़े नेताओं के त्याग-तपस्या की कहानियाँ तुमने सुनी होंगी, लेकिन महपुरा के उस गरीब किसान के इस त्याग को भला कौन-सा दर्जा दोगे? हरी फसल कटते वक्त मेरी तो भैया आँखें छलछला आईं! मैं सपने में भी इस किसिम की बात नहीं सोच सकता था।

लीडर पाँच-छः आए थे। पटने से स्वामीजी, गया से शर्माजी, मुजफ्फरपुर से मिसिरजी, कहीं के एक और बाबू थे, समस्तीपुर के गंगा बाबू और राधा बाबू।

स्वामीजी नाटे कद के जरा साँवले आदमी थे, कपड़े गेरुआ रंग में रँगे हुए। बोलते थे तो ऐसा बुझाता था मानो भाड़ में मकई का लावा फूट रहा हो! खाना-पीना फल और दूध, बस। उनके लिए गाय का पाँच सेर दूध, पके केलों की समूची घौद और भर छिट्टा[1] संतोला-लेंबू आया था। खाते भी खूब थे, भोगिंदर[2] समझ लो! खाने बैठे तो एक ही बार में इतना संतोला खा गए कि सामने सीठी और छिलका का ढेर लग गया, भर छाती! मुदा, मीटिंग में स्वामीजी दहाड़े भी खूब! मय खानबहादुर, मय दरोगाजी, मय एस.डी.ओ., मय कलट्टर उन्होंने सबको ललकारा। महराज बहादुर[3] को ऐसा रगड़ा, ऐसा रगड़ा कि क्या बताऊँ! सरकार की भी खूब छीछालेदर की सामीजी ने! पटना से दो ठो अफसर रिपोट लेने आए थे, वे स्वामीजी के लेकचर का एक-एक अच्छर लिख रहे थे—खानबहादुर की डेवढ़ी से उनके लिए टेबुल-कुर्सी आई थी। उन्हीं के लिए क्यों, दो कुर्सी और एक टूल (स्टूल) और भी तो मँगवाई गई थी! कुर्सियों पर एस.डी.ओ. और डिप्टी मजिस्ट्रेट बैठे थे, टूल पर खजौली के दरोगाजी।

स्वामीजी ने किसानों से कहा—बाहरी लीडरों के भरोसे मत रहिए, अपना नेता आप खुद बनिए। मँगनी और उधार के बाहरी नेता बहुत देखे, मगर कुछ हुआ-हवाया नहीं। माना कि नेता पढ़े-लिखे होते हैं और आप अपढ़-अनजान हैं, लेकिन गेहूँ-चावल, दूध-घी, तिलहन-कपास सब कुछ आप ही पैदा करते हैं, लीडर लोग तो आपकी ही कमाई का हलवा खाकर लेक्चर देने आते हैं और अपने दिमाग व पेट की बदहजमी मिटाते हैं। आप अपनी अकल से इतना तो जानते ही हैं कि लेक्चर कोई चाहे लाख दे जाय, उससे न एक दाना चावल पैदा होता है न गेहूँ और न घी-दूध ही! लेक्चर सुनके भूख-प्यास नहीं मिटती। आप लोग लीडरों से लाख दर्जे अच्छे हैं। आप सबकुछ पैदा करते हैं तो अपना लीडर भी अपने ही यहाँ पैदा कीजिए। जो आपका आदमी होगा वही आपकी तकलीफों को समझेगा, जाके पाँव न फटी बिवाई सो क्या जाने पीर पराई!...काँगरेस आपका दुख-दर्द क्या समझेगी? वह खादी पहनाकर और गले में माला डालकर जमींदारों को जेल भेजने का नाटक करती है। पीछे जेल से निकले वही जमींदार काँगरेसी आप लोगों को शांति और संतोष का सबक सिखाते फिरते हैं...

1. टोकरी, खँचिया, 2. ज्यादा मात्रा में और अच्छी चीजें खानेवाला, भोगेंद्र, 3. दरभंगा के महाराज।

खबरदार! भाइयो, ऐसे लीडरों के फेर में कभी मत पड़ना...आप अकेले नहीं हैं, करोड़ों की तादाद है आपकी। आप जब उठके खड़े होंगे और एक कंठ होकर हुँकार करेंगे तो जालिम जमींदारों का कलेजा दहलने लगेगा। वे हैं ही कितने, दाल में नमक के बराबर! वे अपने बल पर नहीं, सरकारी आफिसरों के बल पर ही जुल्म करते हैं। आप सिर्फ तीन काम कीजिए—संगठित होकर एक हो जाइए, जान जाय तो जाय मगर जमीन नहीं छोड़िए और अदालत-कचहरी के इर्द-गिर्द कभी मत जाइए...किसान सभा आपकी मदद करेगी, बाहर के किसान लीडर आपके बीच आते-जाते रहेंगे। किसान भाइयो, अब आप जग गए हैं। खानबहादुर हो चाहे महाराज बहादुर, कोई आपका हक नहीं छीन पाएगा। आप अपनी ताकत को पहचानिए, बोलिए सब मिलकर इन्किलाब...

जिंदाबाद!...लोगों ने मिलकर आवाज लगाई। सबके चेहरे पर तेज छा रहा था, आँखें चमक रही थीं। स्वामीजी देर तक बोले थे, किसानों ने दम साधकर सुना।

खानबहादुर के मनेजर ने लोगों के बीच चार-छै बदमाशों को बैठा रखा था। शुरू-शुरू में उन्होंने 'महात्मा गांधी की जय', 'भारत माता की जय' और 'स्वामीजी बैठ जाइए' वगैरह कुछ आवाजें लगाईं तो किसानों को बड़ा गुस्सा आया, बाँह पकड़-पकड़कर उन्होंने गुंडों को बैठा दिया। लोगों की नाराजी और कड़ा रुख देखकर फिर उनकी हिम्मत ही नहीं हुई!

स्वामीजी के बाद शर्माजी उठे, गया वाले। लम्बा कद, साँवली सूरत। बेतरतीब बाल। बदन पर कमीज-कुर्ता या गंजी कुछ नहीं था। ढाई-तीन गज कपड़ा कमर से लपेटे थे। उन्होंने कहा :

रहिमन चाक कुम्हार का माँगे दिया न देय
बिल में डंडा डाल के जो चाहे गढ़ि लेय

किसान भाइयो, माँगने से कुछ नहीं मिलेगा। अपनी ताकत से ही अपना हक आप पा सकते हैं। आपकी ताकत क्या है? एका है आपकी ताकत, संगठन। घर में रोते-रोते, अकेले हाय-हाय करते-करते हजारों साल गुजर गए। सरकार को आपकी रत्ती भर भी पर्वाह नहीं है। वह आप लोगों से नहीं, चोर-डाकुओं से

घबड़ाती है। उन्हें पक्के मकानों (जेलों) में हिफाजत से रखती है। खाने-पीने का, पहनने-ओढ़ने का, दवा-दारू का उनके लिए सारा इंतजाम सरकार करती है। मगर गेहूँ-बासमती पैदा करके गैरों को लुटानेवाले आप खुद भूखों मरते हैं, सरकार को आपकी जरा भी फिक्र नहीं! वह मानो खुद इशारा करती है–किसानो, चोरी करो और डाके डालो तभी तुम्हारा गुजर होगा...

शर्माजी ने समझाते हुए कहा–जमींदार बड़ा पर्पंची, बड़ा जालिम होता है। अउअल (अव्वल) तो पहले वह तुम्हारे अंदर आपस ही में फूट डालने की कोशिश करता होगा, नहीं, तुम सभी एक और मजबूत होकर अपनी जमीनों पर डटे ही रह गए तो वह पैसे के बल से तंग करेगा। अफसरों से मिलकर वह तुम लोगों को जेल भेजने की कोशिश करेगा। सम्मन, नोटिस, वारंट, सजा–सब हो सकता है। मगर खबरदार, अपने खेतों से न हटना। भुलावे में न पड़ना और कचहरी जाने की गलती न करना। पुलिस और हाकिमों से साफ कह देना कि इन्हीं खेतों को जेल बना दीजिए, हम पड़े रहेंगे, भागेंगे नहीं। उस जेल में ले चलना है तो सबको ले चलिए...बाल-बच्चे, जवान-बूढ़े, मर्द-औरत, गाय-बैल, भेड़-बकरी, कुत्ता-बिल्ली, चूल्हा-चक्की...हमारी सभी चीजें साथ जाएँगी तभी हम जेल जा सकते हैं नहीं तो टस से मस नहीं होंगे...जो करना हो, यहीं कीजिए! और अगर पुलिसवाले खामखाह पकड़ना ही चाहें तो बूढ़े-बच्चे, मर्द-औरत एक-दूसरे को अच्छी तरह पकड़के पड़ जाना होगा। सैकड़ों आदमियों को ले जाने के लिए हजारों सिपाही और पचीसों लारियाँ चाहिए...फिर देखना कौन तुम लोगों को कैसे कहाँ ले जाता है! अगर तुमने मेरी ये बातें मान लीं और डटे रहने का निश्चय कर लिया तो फिर तुम्हारे खेतों पर से तुम्हें हटानेवाली कोई ताकत इस दुनिया में नहीं है। जमींदार, सरकार, पुलिस, गुंडे...सभी थक के बैठ जाएँगे!

इसके बाद नारे लगे–कमानेवाला खाएगा...इसके चलते जो कुछ हो! इन्किलाब...जिंदाबाद। जमीन किसकी...जोते-बोए उसकी। अँगरेजी राज...नाश हो। जमींदारी पर्था[1]...नाश हो। किसान सभा...जिंदाबाद। लाल झंडा...जिंदाबाद। इन्किलाब...जिंदाबाद।

फिर बाकी लीडर बोले। अंत में डाक्टर रहमान ने महपुरा के जमींदार

1. प्रथा, सिस्टम।

खानबहादुर सादुल्ला खाँ को आगाह करते हुए कहा कि वह अपनी जालिमाना हरकतों से बाज नहीं आवेंगे तो इलाके का एक-एक किसान आगे बढ़ेगा और उनका होश दुरुस्त कर देगा...दरोगा और एस.डी.ओ. से भी डाक्टर साहब ने कहा—एक बूँद भी खून गिरा तो उसकी जिम्मेवारी आप पर होगी। किसानों को धमकाने से पहले आप खानबहादुर के लठैतों को रोकिए जो खुलेआम गालियाँ बकते घूमते हैं।

राधा बाबू रहमान साहब से पहले ही जिला के अफसरों को फटकार चुके थे। तीन घंटे तक सभा चलती रही। खतम होने से पहले एक नौजवान ने गाना गाया :

दुर्दिनमा केलक हरान
रे फिकिरिया मारलक जान!
करजा करिके खेती केलूँ, मरि गेलइ सब धान—रे फिकि.
बैल बेचि रजवा के देलू, छोड़ए नहिं बइमान
जमींदार के जूलुम रोकऽ, चेतऽ भाइ किसान—रे फिकि.

गाँव को गरमाकर लीडर अगले ही रोज चले गए।

मेरी भी बस्ती के पंद्रह-बीस किसान सभा देखने आए थे। किसान-सभा की गर्मी रामपुर के लोगों में भी कुछ आने लगी। मुंशीजी का लड़का थोड़ी-बहुत अँगरेजी पढ़-लिखकर बेकार बैठा था। वह भी लीडरों का लेक्चर सुन आया और राधा बाबू से कुछ बात भी उसने की थी।

महपुरा के किसानों ने भीतर ही भीतर तय किया था कि जिन्होंने अपने नाम से खेत लिखा लिया है वे खेतों को आबाद करें तो करने दो, लेकिन फसल हमीं काटेंगे। लेकिन जमींदार की ओर से किसी किसान का खेत आबाद नहीं किया गया। लोग समझ गए कि वह फसल पर ही धावा मारना चाहता है।

हमारी बस्ती के भी मालिकों के कान खड़े हो गए। इक्का-दुक्का यहाँ भी हेर-फेर शुरू हुआ। सर्वे के बखत मालिक के परदादे ने और बल्ली बाबू के दादा ने किसानों की जोत के हजारों बीघा जमीन को बकाश्त के तौर पर दर्ज करा दिया था। समझदार किसान दस-पाँच ही थे जिनका काश्तकारी हक सर्वे में कायम रहा

था। आम किसान लगान देते आए थे लेकिन रसीद लेने की जरूरत उन्होंने नहीं समझी। बात उठती तो कहते—मालिक बइमानी थोड़े ही करेंगे?

पाँच-एक सौ बीघा जमीन छोटी जातवालों के पास ऐसी भी थी जिसका दर मनहुंडा था। फी बीघा धान दो मन, रबी-खरीफ एक मन। रसीद इसकी भी नहीं मिलती थी। अलावा इसके, किसान हजारों बीघा बटाई पर भी जोतते आ रहे थे।

मालिक लोग सूद-दर-सूद में बेचारे किसानों को काफी लूटते थे। अनाज का डेवढ़ा-सवाया जमराज की तरह असूलते थे। मगर अब किसान महपुरा की ओर नजर लगाए हुए थे और मालिकों की भी निगाह उधर ही थी।

अगले अगहन में फसल की जो छीनाझपटी हुई उसमें एक किसान की लाश गिरी थी। गँड़ास जिसने मारा था वह खानबहादुर का कोचवान ही था। पुलिस टुकुर-टुकुर ताकती रही और हत्यारा लापता हो गया। उल्टे दफा 144 को तोड़ने के नाम पर दो-ढाई दर्जन किसानों की गिरफ्तारी हुई। उन पर कई तरह के मुकदमे चलाए गए। फसल, लेकिन किसानों के घर पहुँच गई थी।

धान काटने के दिन थे, इसी से मैं मन मसोसके रह गया। नहीं तो चार-छह रोज महपुरा रहकर किसानों का साथ देता। और, संयोग देखो भैया कि उसी माघ में सुगनी के बच्ची पैदा हुई!

चमारिन और नाइन को इनाम-तिनाम[1] देने में, छट्टी और पड़ोसिनों को तेल-सेंदुर देने में पंद्रह-एक रुपैया लगे होंगे। ज्यादा खरचने की हमारी औकात ही कहाँ थी?

बच्ची पैदा होने से माँ तनिक उदास हो गई लेकिन मनियार चाचा ने कहा—हमारी बिरादरी बराहमन की, भुँइहार-रजपूत की नहीं है कि लड़की के सींथ में सेंदुर पड़ना पहाड़ हो जाएगा। काहे का सोच, काहे की फिकिर? एक रेबनी गई तो दूसरी रेबनी आ पहुँची!

यह बोलते हुए चाचा आँगन में आए। सुगनी धूप सेंक रही थी चिलका[2] को लिये हुए। खखास[3] सुनते ही उसने घूँघट को तनिक सरका लिया था। बुढ़ऊ आगे आकर बोले—दुर्गा भवानी का दरसन करने आया हूँ।

---

1. इनाम-अकराम, 2. नवजात शिशु, 3. खाँसने की कृत्रिम आवाज।

माँ ओसारे पर धान उसन रही थी। चट से वह सुगनी के नजदीक उठ आई और बच्ची को अपने हाथों में लेकर मनियार चाचा के सामने कर दिया, अपना मुँह फेरे ही रही क्योंकि बाबू मेरी उमर में मनियार चाचा से साल-भर छोटा था।

चिलका के कपार पर अठन्नी साट दी चाचा ने और कहा–चेहरा-मोहरा बिलकुल बालो जैसा है। टिट्‌ टिट्‌ टिट्‌ टी...

बच्ची ने लेकिन बुढ़ऊ की उस टिटकारी के जबाब में कोई इशारा नहीं दिया–न पुतली हिली, न होंठ ही फड़के! बोल तो खैर बेचारी क्या पाती?

माँ के सामने उसे मैंने भर आँख कभी नहीं देखा! लाज लगती थी। अकेले में लेकिन देर तक उसे देखता रहा। कैसी अच्छी लगती थी! तलवे गुलाबी कमल जैसे लगते थे, उन्हें मैं अपने होंठों से, नाक से, पलकों से, कपार से हलके दबाया करता–इससे भारी संतोख होता था। छाती में या कि कपार में कभी चंदन घिसके लगाया है तुमने? हाँ, तो बस समझ लो कि उसी किसिम की तरावट–उससे कुछ जास्ती ही कहो–बच्ची को छूने से मिलती थी। संतान कोई मामूली चीज नहीं होती भैया? जिसके यह चीज नहीं, ठूँठ से बत्तर[1] समझो उसकी जिनगी को, हाँ!

किसी ने बता दिया होगा, एक दफे पँवारा गानेवाले पँवरिया आए, दो जने थे। उनकी ढोलक सुराहीनुमा थी। पहर-भर वे सोहर वगैरह गाते रहे। डेढ़ रुपैया और दो सेर धान लिया तभी उठे, बड़े लगार होते हैं ये लोग भी! बाबू लोगों की हवेली से तो न जाने कितना सामान उठा ले जाते हैं!

एक रोज सुबह-सुबह आँख मलता हुआ उठकर बाहर निकला तो रामखेलावन से टकरा गया। वह बोला–चल भाई, कमीज पहन ले!

मैं कुछ समझ ही नहीं पाया। पूछा–क्या है रे?

अरे, जुलुम हो गया!

बता भी कुछ तो!–मैं चिढ़कर बोला तो उसने फुसफुसाकर कान में कहा–जमङ्ला (जयमंगला) को वह लहेरियागंजवाला दर्जीवा उड़ा ले भागा।

अचरज के मारे मैंने मुँह बा दिया, अभी चार ही पाँच रोज पहले मैंने उसे पोखर पर खड़ी देखा था। आखिर ऐसा हुआ कैसे?

चल, रास्ते में बताऊँगा–रामखेलावन ने कहा।

---

1. बदतर।

कमीज पहनकर, दोहर[1] कंधे पर डालकर मैं घर से बाहर निकला–हाथ में लाठी थी। मालूम हुआ कि पहले लहेरियागंज, फिर मधुबनी, दरभंगा और जयनगर (जनकपुर) तक जाना पड़ेगा...

रास्ते में रामखेलावन से जो कुछ मालूम हुआ, बता दूँ? तो, लो सुनो–

हमारे बड़े मालिक बाबू गौरीशंकर चौधरी के दो लड़के और एक लड़की, यही जयमंगला। बूढ़े मालिक का कई साल पहले ही सुरगबास हो चुका था। बड़ा लड़का ओकील और छोटा डिप्टी मजिस्ट्रेट। लड़की जब से मसोमात[2] हुई तब से माँ के पास रही। साँवली सूरत, बड़ी-बड़ी आँखें, गोल-मटोल चेहरा। देखने में काफी अच्छी थी। उमर रही होगी चौबीस-पचीस की।

लहेरियागंज का एक नौजवान दर्जी हवेली के सारे कपड़े सीता था। गठीला और खूबसूरत मुसलमान। उसका मामा मधुबनी बाजार में सिलाई की दुकान किए हुए था। बूढ़े मालिक उसी से अपने कपड़े सिलवाते थे। हुनर सीखकर भगिना जब तैयार हुआ तो जनानी कपड़ों का नाप लेने के लिए हवेली के अंदर आने-जाने लगा। इधर दो-तीन साल से अलग मशीन लेकर वह लहेरियागंज में रहने लगा था। बीच में दो-तीन बार ऐसा हुआ कि कपड़े कई किसिम के और काफी सिलवाने पड़े, कुछ कपड़े कीमती भी थे। नया दर्जी सिलाई बड़ी अच्छी करता था, छोटा था तभी से मलिकाइन उसे जानती थीं। तो, बैठक में ही अलग एक कोठरी के अंदर दर्जी को सिलाई करने का हुकुम मिला। चार-चार, छः-छः रोज दो-तीन बार वह मालिक के यहाँ रह चुका था। मशीन आती थी और जाती थी। दर्जी को मजदूरी भी मिलती, खाना भी मिलता और नाश्ता-पानी भी...इसी बीच दोनों की नजरें चार हो गईं, दो दिलों ने मिलने का अपना रास्ता भी निकाल लिया। बाहर किसी को कुछ मालूम नहीं, अंदर-अंदर कड़ाही में गुड़ पगता रहा। अब की बार दर्जी आया तो शाल रफू करने के बहाने यों ही आया, मशीन लाने की फिर जरूरत ही क्या थी? दो दिन रहके रात को गायब हो गया, जयमंगला भी गायब थी! खानदान की नाक कट गई भैया!

अब हम लाठी लेकर लैला-मजनू को खोजने निकले। लहेरियागंज में जो कमरा दर्जी ने किराए पर ले रखा था उसे वह दो महीने पहले ही छोड़ चुका था।

---

1. दुहरी चादर जो सिली रहती है, 2. मुसम्मात, विधवा।

मधुबनी में उसके मामा से पूछा तो उस बुड्ढे ने ठुड्ढी की छँटी-खिचड़ी दाढ़ी पर बारी-बारी से दोनों हाथ फेरा, फिर कान छुए और बोला—तो...बा! तो...बा! यह क्या सुनाने आया है मुझे? या इलाही!

कुछ रुककर उसने पैर से एक जूती निकाल ली, जूतीवाले हाथ को इस तरह भाँजने लगा मानो किसी को पीटनेवाला हो। फिर गुस्से की आवाज में चिल्लाया—साले की खाल उधेड़ लूँगा, आवारा कहीं का! दो-तीन महीने से गायब है, मशीन बेचकर खा गया है...

हम वहाँ से हट गए। गिलेसन[1] घूमते हुए टीसन पर आए। सेर-तीन-एक चिउड़ा दिया था मलिकाइन ने, रामखेलावन उसी को खोल के खाने लगा और मैं भी। बड़ी भूख लगी थी। थोड़ा-थोड़ा फाँक चुकने पर नमक और हरी मिर्च की सुध आई! खाकर टीसन के बाहर से पानी पी आए।

थोड़ी देर में गाड़ी आई। अब तक हमने टिकट नहीं कटाया था। एकाएक मुझे सूझा कि नाहक ही कहाँ भटकते फिरेंगे। जयमंगला यों ही नहीं निकली थी, पाँच हजार का गहना भी अपने साथ लेकर उड़ी थी। चोंच में जिनके धान के सीस या गेहूँ की बाल हो उस उड़ते जोड़े का पीछा भला कौन कर पाएगा? छोड़ो भी!

समूचा दिन और समूची रात हमने मधुबनी में काट दी, सबेरे घर पहुँचे। रामखेलावन गया, बड़ी मलिकाइन को ताक-हेर का नतीजा बता आया।

झूठ क्यों कहूँ, मुझे कोई खास तकलीफ नहीं थी। बदन में ताकत थी, कसकर काम करता था। पंद्रह कट्ठा के लगभग जमीन आ गई थी मेरे हाथ, अपना पाँच कट्ठा अलग था। संतोखी माँ मिली थी, फरमाइस पूरा करनेवाली घरवाली मिली थी, सोने की हिलती-डुलती, बोलती-चालती मूरत जैसी बच्ची मिली थी! और क्या चाहिए? मगर एक बात जरूर थी भैया, कभी-कभी पैसे की तंगी बुरी तरह खलती थी। पाँच रुपैया भी महीना-पीछू कहीं से आ जाता, फिर तो बालचंद राउत घटेसर राजा हो जाते! झूठ कहता हूँ भैया? समाङ[2] दुरुस्त रहे, कामकाज मिलता जाए, पलिवार छोटा हो, नीयत बिगड़े नहीं, दिल में दस-बीस के लिए जगह हो...और क्या चाहिए? तो, पैसों की तंगी कैसे मिट सकती थी भैया?

---

1. मधुबनी का ग्रियर्सन-मार्केट, 2. जाँगर, एक मजदूर की श्रमशक्ति।

एक तो, मैंने तय किया कि अबकी गन्ने की खेती जरूर करेंगे। दूसरी बात जो सोच-सोच के पक्की की वह थी बड़े पत्तोंवाली तमाकू की खेती करने के बारे में। मेरे घर से दच्छिन पचकौड़ी बाबू की थोड़ी जमीन पड़ती थी, उसको उन्होंने बे-आबाद छोड़ रखा था। खाते-पीते आदमी थे, बेटा राज में तहसीलदार था। सतरंज खेलने का भारी सौख (शौक) था। इसमें पंडितजी उनके जोड़ीदार थे, वही पंडित बौअन पाठक।

पूछने पर पचकौड़ी बाबू ने कहा—तमाकू नहीं, आलू उपजा सको तो ठीक है; नहीं तो नहीं।

अच्छा सरकार! —मैं लौट आया। कई दिनों तक सोचता रहा कि वह जमीन लूँ या नहीं लूँ। घर के बिलकुल करीब थी, मेरे लिए यही उसका भारी गुन था। भाँग और चकोढ़ के पौधे थे उसमें, दो-एक झाड़ धतूर का रहा होगा। खैर, भैया, तमाकूवाली बात उड़ गई। गन्ने की खेती जरूर करनी थी। दामो ठाकुरवाला खेत था भी उसी के लायक!

पिछले साल एक बैल हाथ लगा था।

फूदन मिसिर की घरवाली के पास एक पुरानी गाय थी। सात बार तो मेरे ही होश में ब्याई और तब मरी थी। अब उसकी निशानी के तौर पर बस यही एक बैल बराहमनी के घर रह गया था। इधर कई साल से बेचारी असक[1] थी, बैल की सेवा उससे पार नहीं लगता था। हुआ यह कि चार दाँत[2] का जवान जानवर बेहद कमजोर पड़ गया। चराने-चुगानेवाला वहाँ कोई था नहीं, दिन-रात गरीब खूँटे से बँधा रहता! मोसम्मात एक ही बार दिन में उसे खोला करती, सो भी इसलिए कि पास के तालाब से पानी पी आवे! दो मुट्ठी पुआल सबेरे और दो मुट्ठी शाम को उसके आगे डाल दिया जाता। यह पुआल खाते-खाते बेचारे की भूख भोथी पड़ गई थी...आँखों में कीचड़, कनपटियों के पास नीचे की ओर आँसू के निशान! हाड़-पाँजर पर रोएँदार चमड़ी मढ़ के किसी नाराज देवता ने मानो इस जीव को बीमार बैल की बेडौल और बदसूरत शकल दे दी हो! खूँटे के इर्द-गिर्द थोड़ी ही जगह थी जो मूत-गोबर से हरदम गीली रहती, दूर से ही

---

1. अशक्त, अस्वस्थ, 2. दूध के दाँत टूटने के बाद अब तक जिसके चार ही दाँत निकले हों (बैल की उम्र इसी तरह आँकी जाती है)।

सड़े-सूखे गीले पुआल की अजीब गैस तुम्हारी नाक को छेदती हुई अंदर चली जाती! तीन ओर फूस की झीनी टाट खड़ी थी। अपने थूथुन से उस गरीब ने जाने क्यों उस टाट में सामने छेद कर दिया था, ठीक उतना ही जितना कि सिर भर निकालने को काफी हो। गले की रस्सी शायद सिर को और आगे जाने से रोकती थी। सो भैया, बराहमनी का वह बीमार बैल टाट के उस छेद से सिर निकाले आने-जानेवालों की ओर एकटक ताकता रहता–बेबस और सूनी निगाह से! वैसा नजारा मैंने कहीं नहीं देखा...महीनों मैं बेचारे के बारे में सोचता रहा, बीच-बीच में जाकर देख आता था–वह जबर्दस्ती जी रहा था। देहाती दुनिया की लाचारी का एक डरावना साइनबोट-सा वह मुझे लगता रहा! आखिर एक रोज ऐसा मालूम हुआ कि अब अगर उस बैल से आँखें चार हुईं तो यह माथा फट जाएगा...खचिया-भर घास लेकर शाम को बैल के पास पहुँचा, घास सामने डालकर उससे मैंने कहा–नहीं बेटा, मैं तुम्हें इस तरह मरने नहीं दूँगा। बस, बहुत हो चुका! आज से मैं तेरा और तू मेरा...

वह धीरे-धीरे घास खाने लगा, बिना सिर उठाए खाता रहा। मैं मोसम्मात के नगीच पहुँचा और पाँ-लगी की। वह आँगन में सितलपाटी बिछाकर तकिया के सहारे लेटी हुई थीं। भादों की उमस थी। बाँस की खपच्चियों से बनी बिजनी थी हाथ में। आहट पाते ही उठ बैठीं और आवाज पहचानकर बोलीं–बलचनमा, क्या है रे?

कुछ नहीं मलकिनी, घास लाया था थोड़ी–मैंने कहा।

'डाल दिया बैल के सामने?'

'हाँ मलकिनी, डाल दी।'

'अच्छा...'

'अच्छा नहीं मलकिनी'–उसाँस लेकर मैं बोला, 'यह बैल आज से मेरा हुआ...'

मोसम्मात हँसने लगीं। उनको लगा कि बलचनमा दिन-भर का थका है, हलकी-फुलकी बातें करके अपना जी बहलाने आया है। कुछ नहीं फुरा तो बैल ही की बात उठा दी।

बिजनी की मूँठ से पीठ खुजलाती हुई बोलीं–दुर मुड़हा[1]! महीना-डेढ़ महीना

1. मूढ़, मूर्ख।

भी यह बैल अब काट सकेगा? मरेगा तो अगले जनम में तेरा ही हल बहेगा! घास खिलाई है, याद नहीं रखेगा? ही ही ही ही हुः हुः हुः हुः हुह्‌ होह...

ठहाका मार-मारके हँसीं बराहमनी, मैं मगर गुमसुम था। वह भी क्या हँसने की बात थी भैया?

हँस-हँसकर जब हलकी हुईं तो बोलीं—कौन ले जाएगा इस बैल को? चार रुपए की खाल तो निकलेगी, मैं बुधुआ (बुद्‌धू चमार) को बुलवाने ही वाली हूँ। वह आकर खोल ले जाए इसे, जब तक ज़िए तब तक सबूर रखे, पीछे...

नहीं मलकिनी, मैं इसे अभी खोल ले जाता हूँ—इतना कहकर मैं उठा तो वह मुँह लटकाकर बोलीं—कुछ हो गया इसे तो नाहक तुझे परासचित न लग जाए। बालो, मुझे तो बड़ा डर लगता है!

डर काहे का मलकिनी?—मैंने कहा—भगवान करेंगे तो चार महीने में इसका ढाँचा ही बदल जाएगा। आप कुछ फिकिर मत कीजिए...यह मुझे धोखा दे, हो नहीं सकता।

इस पर मोसम्मात बोलीं—सो तुम जानो!

कुछ रुककर कहा—कल सबेरे खोल ले जाना, अभी रात को ठीक नहीं रहेगा।

मैंने कहा—अच्छा मलकिनी!

उस रात को खुशी के मारे मुझे नींद नहीं आई थी। ऐसा लगता था कि बहुत बड़ा काम कर आया हूँ...

सबेरे ही अगले रोज बैल को अपने यहाँ ले आया था। महीने-भर की सेवा ने बेचारे की सूरत-शकल बदल दी! दो महीने बाद तो वह मैदान में दौड़ने लग गया। भादों, आसिन, कातिक और अगहन...चार महीने बाद उसकी एकदम कायापलट हो गई। बराहमनी को कई आदमियों ने अकेले-अकेले समझाया—लौटा लीजिए अपना बैल, क्या वह बलचनमा के बाप का है? चालीस-पचास रुपए से कम मत लेना, हाँ...

मोसम्मात जानकी ने किसी की बात पर कान नहीं दिया, मुझसे एक रोज बोलीं—बालो, अब यह काम लेने लायक हो गया है। छकौड़ी ने मेरे खेत को तुम्हारे जिम्मे कर ही रखा है, यह बैल भी तुम्हीं रखो बाबू! मेरे यहाँ जाएगा तो फिर इसकी वही दसा होगी।

यह मोसम्मात जानकी ही की दया थी कि तुम्हारे दोस्त बालचंद राउत बैलवाले कहलाने लगे।

एक बैल रामखेलावन के भी पास था। मैंने उसी से अपनी भाँज भिड़ाई। हल उसका ही था। एक रोज वह जोतता था, दूसरे रोज मैं। हमारे पास अपनी जमीन तो मामूली ही थी। अक्सर हमारे हल-बैल दूसरों की जमीन में काम कर आते थे, इसके लिए चार आने रोज बतौर भाड़ा के मिलते थे।

गन्ने की खेती के लिए मुझे चुन्नी जैसा अनुभवी गुरू मिल गया। चुन्नी हर साल चार-छै कट्ठा ऊख जरूर गोंड़ता था। कुछ मिल में भेजता रैयाम[1] और कुछ का गुड़ बना लेता। डेढ़-दो सौ नगद मिल ही जाते।

दामो ठाकुरवाली जमीन बुढ़िया-पोखर के करीब पड़ती थी। आठ-दस बार जोत-जोतकर मैंने खेत तैयार किया। दो बार पोखर से पानी लाना पड़ा करीन[2] लगाकर। सूखने पर फिर जोता। ढेलों को भुरभुरा किया। तब जाकर सीधी लकीर में टुकड़े-टुकड़े करके ऊख को गोड़ते गए। मैं था, रामखेलावन और चुन्नी थे।

मिट्टी डालने के बाद, कतारों के बीच-बीच थोड़ा-थोड़ा पानी और डाला गया।

महीने-भर बाद पेंपी[3] निकली तो खुशी के मारे मैं नाच उठा। घर आकर बड़ी देर तक बच्ची से खेलता रहा। गन्ने की खेती यह जो मैंने शुरू की, इससे सुगनी भी फूली नहीं समाई। वह ठेठ किसान की बेटी थी। उसका नइहर मेरे घर की तरह निपट उजाड़ नहीं था। भूल से भी जब कभी मैं बाहर जाकर नौकरी करने की बात उठाता तो उसकी भौंहें गुलेती की तरह तन जातीं! और जब कभी मेरे मुँह से खेती-बाड़ी के बारे में कोई नई बात निकलती तो सुगनी का चेहरा थलकमल जैसा खिल उठता!

बैसाख आते-आते गन्ने के पौधे कमर तक लहराने लगे। इस साल सबतर[4] गन्ने की खेती अच्छी थी। मौके-मौके पर बारिश होती रही; कोई रोग नहीं, न कोई कीड़ा।

---

1. रैयाम सुगर-फैक्टरी, 2. लम्बे पतले काठ की खुली खोल–ढेकुल और तीन डंडों के सहारे इसे पानी के किनारे लटकाते हैं, नीचे-ऊपर करते रहने से इसमें पानी उठता है और बाहर नाले में गिरता जाता है, 3. कोंपल, 4. सर्वत्र।

मुंशीजी का लड़का मधुबनी-दरभंगा जाता-आता ही रहता। अबकी सावन में वह एक नई खबर लाया कि अगले साल काँगरेसी लोग मिनिस्टर बन जाएँगे, अँगरेजों की अमलदारी उठ जाएगी और जमींदारी भी नहीं रहने पाएगी...

ब्रजबिहारी था उसका नाम, लेकिन दुलार से लोग बच्चू कहा करते थे। मैं शाम को ही, जिस रोज वह दरभंगे से आया था उसी शाम को उससे मिला और पूछा—बच्चू, मजिस्टर-कलट्टर तो सभी की समझ में आता है, यह मलिस्टर क्या होता है?

मलिस्टर नहीं, मिनिस्टर!—वह हँसकर बोला—कानून-कायदा को अमल में लाने के लिए, मामूली हाकिमों की देखभाल के लिए और मुलुक की सरकार को चलाने के लिए मेम्बर लोग अपने में से जिन दस-पाँच आदमियों को माइंजन[1] चुनते हैं वे ही मिनिस्टर कहलाते हैं। समूचा मुलुक भोट देकर लाखों-करोड़ों में से सैकड़ों को मेंबर चुनते हैं। सैकड़ों मेम्बर अपने में से दस-बीस पर सारा काम चलाने की जिम्मेदारी सौंप देते हैं फिर उन्हीं के आडर के मुताबिक लोग सबकुछ करते हैं।

अब मेरी समझ में आ गया कि मिनिस्टर का क्या मतलब होगा। स्वामीजी ने कहा था कि जमींदार लोग काँगरेसी बनके किसानों को ठगते फिरते हैं। मेरा माथा ठनकने लगा कि ये ही जब मिनिस्टर हो जाएँगे तो गरीबों की भलाई होगी इनसे या कि बड़े-बड़े बाबू लोगों की!

बच्चू से यह भी मालूम हुआ कि फूल बाबू भी मेम्बरी के लिए खड़े होंगे। काँगरेस इसी इलाके के लोगों से भोट दिलवाकर फूल बाबू को असेम्बली में मेम्बर बनाना चाहती है।

मैं सोचने लगा, हो सकता है कि मेम्बर बन चुकने पर हमारी छोटी मलिकाइन के यही भतीजा बाबू मिनिस्टर भी हो जाएँ; तब तो हुआ! भूचाल के बाद रिलीफ फंड का रुपैया लेकर यह बाबू साहब हमारी बस्ती में जैसी खैरात बाँट गए थे तीसरे साल, सो तुम्हें बता ही चुका हूँ भइयन मेरे। ऐसे मेम्बर से तो हमारे इलाके का बंटाढार हो जाएगा, पानी में आग लग जाएगी...

गाँव में दो-एक अखबार आने लगा था। पटना से सात-सात रोज पर निकलनेवाला एकबार[2] 'क्रांति' किसानों और मजूरों के बारे में खुलकर लिखता

---

1. मुखिया, मान्यजन, 2. अखबार।

था। उसकी पाँती-पाँती से असंतोख की चिनगारी निकलती थी। दो रुपैया भेजकर उस अखबार को पहले बच्चू ने ही मँगवाना शुरू किया था। उसने बताया कि महपुरा के किसानों की बातें 'क्रांति' में कई बार छप-छप चुकी हैं। काँगरेसी अखबार या सेठों-जमींदारों के अखबार ऐसी खबरों को भूलकर भी नहीं छापते थे।

'क्रांति' मंगलवार को निकलता था। हमारी बस्ती में बिरहस्पत और सोमवार दो बीटें थीं डाकपीन[1] के आने की। बच्चू को यह अखबार बिरहस्पत को मिल जाता था। उस रोज शाम को उसकी बैठक में चौकड़ी जुटती। लालटेन जलाकर बच्चू हमें 'क्रांति' पढ़के सुनाता। सुननेवालों में पाँच-छः जने तो हुआ ही करते–तारानंद बाबू, बंभोल झा, रामखेलावन, तीरी अमात, कपिलेसर मंड़ड़ और मैं। कभी-कभी चुन्नी भी उस चौकड़ी में शामिल हो जाता। तारानंद मामूली गिरहत थे, कर्ज-वर्ज नहीं था। बंभोल झा को था पहलमानी का सौख–खाना अच्छा पकाते थे, खासकर गोस और मछरी। घर के गरीब थे, दरभंगा-मुजफ्फरपुर रह-रहकर के बीच-बीच में होटल की नौकरी और जमींदारों के यहाँ कुश्ती के दाँव-पेंच दिखा आते थे। तीरी, कपिलेसर और रामखेलावन मेरी ही तरह के आधा खेत-मजदूर और आधा किसान थे। बच्चू के बाप मुंशी बिपिनबिहारी लाल दास मधुबनी इस्टेट में एकमंट[2] थे, अच्छी आमदनी थी। तो, हमारी यह मंडली मन लगाकर बच्चू के मुँह से उस एकबार की एक-एक पाँती को सुना करती...

कुछ दिनों बाद बच्चू कहीं से, शायद रहमान साहब के पास से, किसान सभा की रसीदें उठा लाया। इकन्नी दो और अधकट्टी[3] लो, बस आज से तुम किसान सभा के मेम्बर बन गए।

अपने टोले-मुहल्ले में मैंने दस आदमियों को मेंबर बनाया। मोसम्मात कुंती ने सुना तो खुद आकर इकन्नी दे गई और रसीद ले गई, कहा था–बालो, देवता के पर्साद के लिए यह एक चुटकी पिसान गरीबिन का भी!

समूचे गाँव में पचास-एक मेम्बर बने होंगे। महपुरा के किसानों की लड़ाई का ही यह एक असर था। मालिकों और बड़े किसानों को छोड़कर बाकी सबकी दिलचस्पी थी पड़ोसी इलाके के उस आंदोलन की ओर। मनियार चाचा से लेकर शेख अब्दुल तक, तारानंद बाबू से लेकर तीरी अमात तक और फूदन मिसिर की

1. डाकप्यून, पोस्टमैन, 2. एकाउंटेंट, 3. रसीद का आधा हिस्सा।

विधवा से लेकर मोमिन मोसम्मात हमीदा तक...सबने मेंबरी की रसीद ली और एक-एक आना दिया।

मझले मालिक और बल्ली बाबू ने इसको अपने खिलाफ आंदोलन का ओनामासीधं[1] समझा। थी भी बात ठीक ही। इन लोगों के सूद-दर-सूद की लपेट में पड़कर गाँव की जनता तबाह हो गई थी। एक रुपैया साल-भर में डेढ़-पौने दो रुपैया और एक मन धान महीने-दो महीने बाद ही डेढ़ मन हो जाता था।

छोटे जमींदार तो और भी कसाई होते हैं, एक तो करैला फिर नीम चढ़ा हुआ! कुछ मत पूछो भैया! मझले मालिक भारी कंजूस थे, देखते तुम तो कह उठते, हाय राम, मैली धोती, पीले दाँत...यही डेढ़ लाख रुपैया का आदमी है?

हाँ भैया, यही डेढ़ लाख रुपए का मालिक है बाबू जसोधर चौधरी...

और बल्ली बाबू की भी लगानी-भिड़ानी पचास हजार रुपए की थी। ढाई सौ बीघा खेत भी थे। मझले मालिक की अपनी खेती थी चार सौ बीघे की।

मालिकों की चारों पट्टियों की डेढ़ हजार बीघा काश्त जमीन बेनीपट्टी के नजदीक थी, जिसे वहाँ के किसान आबाद करते थे और इन लोगों को मालगुजारी मिलती थी। यहाँ अपने गाँव में सिर्फ डेढ़ सौ बीघा जमीन रैयत जोतते थे, मनहुंडा। दूसरी तरफ छल-फरेब से छोटे किसानों की मौरूसी जमीन का काफी हिस्सा मझले मालिक ने पहले हड़प लिया था। बल्ली बाबू की तो कुल जमीन की तीन-चौथाई ही बेईमानी का पर्साद थी। उनके परदादा भारी पंडित थे, पच्छिम की रियासतों से खूब कमा लाए थे। दादा की पाँच हजार की संपदा पोते के अमल में आकर एक लाख की हो रही थी। दस-एक हजार की हैसियत ससुराल में भी हाथ लगी बल्ली बाबू के, जनानी ऐसी कि अपने भागमंत माँ-बाप की एक ही वारिस।

सो, अब तक किसानों को कुछ सूझता नहीं था। वे यह बात सोच ही नहीं सकते थे कि मालिकों की नादिरशाही का मुकाबिला किया जा सकता है। महपुरा के किसानों की लड़ाई से हमारी आँख खुल गई थी, हमने यह तय कर लिया कि आगे बित्ता भर भी जमीन मालिकों को हड़पने नहीं देंगे।

---

1. आरंभ, शुरुआत से (बच्चों को खड़िया धराते समय सबसे पहले लिखाते हैं : 'ओनामासीधं' यानी ओं नमः सिद्धम्)।

गाँव से पच्छिम, बिलकुल करीब, खेतों का एक बढ़िया टुकड़ा था, नब्बे बीघे का। इस जमीन में सबकुछ उपजता था। धान भी, मड़ुआ भी, सरसों भी, गन्ना भी, तीसी भी, अरहर भी, जौ-गहूम भी, उड़द भी, कुर्थी भी। यह जमीन तीस-एक मुसलमान, ग्वाले और केवट लोगों के अधिकार में सैकड़ों साल से थी मगर चालाकी से मालिक के परदादा ने इसे अपने नाम चढ़ा लिया था।

उन तीसों किसानों के नाम एक रोज एकाएक अदालत का सम्मन आया तो गाँव-भर में बिजली दौड़ गई। कागज देखने पर पता चला कि चार साल की बकाया मालगुजारी की नालिश ठोंक दी है मालिक ने!

परेशान करने का यह एक बहाना था, किसान मालगुजारी साल-साल देते आए थे।

हमारी राय हुई कि समन ले लें मगर कचहरी जाय कोई नहीं।

अगले ही दिन बरहम-अस्थान में लोग जमा हुए। मैं महपुरा जाकर डाक्टर रहमान को बुला लाया...पचास-एक किसानों ने मिलकर कसम खाई कि जमीन नहीं छोड़ेंगे, चाहे कुछ भी हो जाय! बच्चू को सिकरेटरी बनाया गया, मैं बना भोलंटियर का मुखिया—फौज से पहले सर्दार ही चुना गया।

मालिकों को रुपैया का बल था, दरोगा, एस.डी.ओ. और कलक्टर का बल था। उन्होंने पहले ही ऐसी चाल चली कि किसान हिम्मत हारकर बैठ जायँ।

फसल तैयार हुई तो उस पर दफा 144 लग गई। दो लारी मलेटरी[1] आई, जमीन के नजदीकवाले बगीचे में तंबू तन गया। खेतों पर पहरा था।

इस मौके पर मोसम्मात हमीदा ने बहुत बहादुरी दिखलाई। जिनकी यह जमीन थी उन्हीं किसानों के यहाँ से दस-पंद्रह औरतों को बुला ले गई और चार कट्ठे की तैयार फसल—धान काट लाई! जाड़े की रात, लक्कड़ जल रहा था और ड्यूटीवाले दोनों सिपाही पेड़ से उठंगकर सो गए थे।

महपुरा में किसानों ने खुलेआम दिन-दहाड़े फसल काटनी चाही थी जिसमें एक आदमी का खून हो गया था। अपने यहाँ हमने पैंतरा बदल लिया। जमींदार और सरकारी अफसर दुरजोधन ठहरे, उनको जुधिष्ठिर नहीं पस्त कर सकते भैया! पिटाई पर पिटाई खाना और भेड़-बकरी की तरह पकड़ाकर जेल चले जाना

1. मिलिटरी।

बहादुरी नहीं है। ऐसी सिधाई से पूजा तुम्हारी हो तो हो, जमीन सुई की नोक भर भी नहीं मिलने की, हाँ!

दरोगा ने पड़ोस के मुसहरों को फसल काटने के लिए तैयार किया तो मैं, बच्चू, तीरी, अब्दुल वगैरह ने उन्हें हाथ जोड़कर समझाया। बड़े ही सीधे-सादे और ईमानदार होते हैं, हमारी बात मान गए और बोले—हमारे मुखिया से कल मालिक ने कहा, दो बीघा तुमको और बाकी आमदी (आदमी) को घर-पीछू दस-दस कट्ठा जमीन लिख देते हैं, कितने घर हो तुम लोग?...मुखिया ने साफ जबाब दे दिया—नहीं सरकार, दूसरों का पेट काटकर हमको मत दीजिए। हाँ, अपने खेतों में से देना चाहते हैं तब तो ठीक है...सो, कैसे हम तुम्हारी फसल काटेंगे?

मुसहरों के मुँह से हमदर्दी की यह बात सुनकर हमारा सीना चौड़ा हो गया भैया।

अफसर लोग सोच-विचार में पड़ गए। किसानों को फोड़ने की भी चाल चली जा रही थी। मालिकों की ओर से और बल्ली बाबू जैसे बड़े किसानों की तरफ से भी किसानों पर दबाव डाला जा रहा था। डिप्टी मजिस्टर और एस.डी.ओ. तो बीच-बीच में आते ही रहते थे। मालिक अपना मुंशीवाला हिसाब भिड़ाए हुए थे। मलेटरीवालों से आखिर फसल कटवाकर कैंप के पास जमा किया गया।

माँ को और सुगनी को बारी-बारी से बुलाकर छोटी मलिकाइन ने काफी डाँटा, आगाह कर दिया कि बलचनमा अपनी हरकतों से बाज नहीं आया तो घर फुँकवा दूँगी...

एक दिन आँसू-भरी आँखें लेकर माँ मेरे नजदीक आके बैठी। शाम को अँधेरा था, मैं पलानी में बैठा हुक्का पी रहा था। पूछा—क्या है मइया?

वह बोली—मलिकाइन तुझ पर बहुत बिगड़ी हुई हैं, कहा है, संच-मंच[1] नहीं बैठेगा तो घर फुँकवा दूँगी।

घर फुँकवा देंगी—मैं कड़ककर बोला—उनके बाप का घर है? जा, बैठ...तू गई थी क्या करने?

गोदी में गरमाकर मुँगिया सो गई थी, मुँगिया मेरी मुन्नी! अठारह महीने की बिटिया! मेरी कड़क आवाज सुनते ही वह जग पड़ी और रोने लगी। हुक्के को मैंने खंभेली[2] से टिका दिया। माँ वापस चली गई अंदर तो अपने आप बड़बड़ाया

---

1. हाथ-पैर समेटकर, 2. छोटा-पतला खंभा।

मैं—पगली कहीं की! किसी का घर फूँक देना क्या इतना आसान है! मेरा ही क्या, जमींदार का बस चले तो वह सबके घर फूँक दे।

मुँगिया को ले जाकर अंदर सुगनी के पास छोड़ दिया और लाठी उठाई, चल पड़ा आसरम की ओर। सुगनी ने चलते समय मना किया तो मैं बोला—दत्, तू इतना डरती है क्यों?

आसरम बरहम-अस्थान के पास सिसबोनी[1] के भीतर था। शेख अब्दुल को अपने मामा और ससुर शेख मकदम की बिरासत में यह जमीन भी मिली थी, पंद्रह कट्ठा थी। आसरम के लिए शेख ने समूची सिसबोनी सौंप दी, बच्चू और बंभोल झा ने बाँस दिए, चुन्नी ने बावजूद बाप की नाराजी के दो बोझ नार[2] दिया। मैंने साबे की सेर भर जौड़ (डोरी) दी थी।

हम वहाँ पारी-पारी से सोते थे। उस रात मेरा लंबर था। बच्चू, बंभोल और शेख डेढ़ पहर रात तक रहे—बीच में अलाव था, सहन में चारों ओर बैठे किसान इसी तरह आसरम में रोज रात के देर-देर तक बात-बिचार किया करते थे। उस रात एक नई खबर मिली थी—रैयाम-कोठी की चीनी-मिल के मनेजर पर अपने फूफा (छोटे मालिक) के कहने से फूल बाबू ने दबाव डाला है कि रामपुर के फलाँ-फलाँ किसान का गन्ना नहीं लीजिएगा...

हमारे लिए यह भारी मुसीबत आ रही थी। मेरी तरह बीसों की गन्ने की फसल तैयार खड़ी थी—काफी अच्छी फसल! साल-भर से इस फसल की ओर हम आस लगाए हुए थे। एक-एक किसान ने मनों पसीना सुखाया तब आकर मीठी घास की ये रसभरी छड़ें तैयार हो सकी थीं। किसी को सौ, किसी को दो सौ और किसी-किसी को पाँच-पाँच सौ तक मिलनेवाले थे, इन पैसों के बल पर जालिम जमींदार को हम अभी से अँगूठा दिखाने लगे थे। धान की सैकड़ों मन फसल मलेटरी के कब्जे में थी और गन्ने की खड़ी खेती पर इस तरह का संकट मँडरा रहा था...वे लोग चले गए थे, मुझे देर तक नींद नहीं आई। दो भोलंटियर—कभी- कभी तीन, चार, पाँच तक—तो वहाँ रात-दिन मुस्तैद रहते ही मगर हममें से एक का पारी-पारी से हर रात वहाँ रहना लाजमी था। ये दोनों स्वयंसेवक

---

1. शीशम का जंगल, 2. छप्पर छवाने के लिए धान का डंठल—शीश या बाली काट लेने के बाद बच रहे धान के सूखे डंठल।

भाई देकुली से भेजे गए थे, वहाँ जमींदार के खिलाफ किसानों का बड़ा ही मजबूत मोर्चा था। यहाँ भी जोरदार आंदोलन छिड़नेवाला था, इसी से किसान सभा की जिला-कौंसिल ने शुरू में दो नौजवानों को हमारे बीच भेजा था। सीधा-सामान, साग-सब्जी, नोन-तेल, लकड़ी-फट्ठा, घी, हाँड़ी-घड़ा सब इंतिजाम आसरम में हमारी तरफ से रहता था। वे सुबह-शाम हमारे नौजवानों के आगे-आगे नारे लगाते फिरते—गाँव के अंदर भी और झगड़ावाली जमीन के चौगिर्द भी। कभी-कभी पास-पड़ोस की बस्तियों में जाकर वे लोगों को यहाँ का हाल समझा आते, साथ ही मुट्ठिया[1] अनाज वसूलते आते थे। हफ्ते में दो ही बार वे पड़ोस के गाँवों की ओर निकलते फिर भी खूब पर्चार हो गया था।... भोलंटियर भाई सो गए थे और मैं फिकिर से सो नहीं पा रहा था। पुआल के सेजावट पर लेटा जरूर पड़ा था। महपुरा में एक किसान जान से मारा गया था, यहाँ भी किसी की लाश गिर सकती है—मैं सोचता रहा—किसी की क्या, कितनों की लाश गिर सकती है। उनमें मैं भी हो सकता हूँ! हैजा-प्लेग पकड़ता है तो उसमें आदमी तड़-फड़ मर जाता है, बिखधर साँप के काटने पर नाड़ी हमेशा के लिए डूब जाती है, चौमासे में कोसी महरानी या कमला मइया रातोरात कितनों को अपने पेट में ले लेती हैं, बिजलत्ता कौंधती है और बज्जर (वज्र) गिरता है तो उसमें भी कभी किसी की जान चली जाती है...बच्ची का गोल और हँसता चेहरा निगाह पर नाचने लगा...सुगनी की खिलखिलाहट कान में गूँज उठी...माँ की खुरदुरी हथेलियाँ इन गालों पर फिरती मालूम हुईं! सोचते-सोचते माथा झन-झन करने लगा तो मैं उठ गया। निमस्तीन की ऊपरवाली जेब में एक बीड़ी पड़ी थी, उसे निकाला और पलानी से बाहर आ बैठा—घूरे के पास। उँगली डालकर देखा तो अंदर आग थी।

दो मुट्ठी पुआल बिछावन से खींच लाया, घूरे (अलाव) से चिनगारी निकालकर फूँक-फाँक के पुआल को धधकाया। बीड़ी धराई। चिलम की तरह लम्बी-गहरी कश मारी कि तीन चौथाई साफ...

अब ऊपर आसमान की ओर मुँह किया, एक बड़े-बूढ़े सीसम का सिर

---

1. एक-एक परिवार रोज एक-एक मुट्ठी अनाज अलग रखता जाता है, पीछे स्वयंसेवक घर-घर जाकर उस अनाज को ले आते हैं। इस तरह आसानी से काफी अनाज इकट्ठा हो जाता है।

झुककर आगे बढ़ आया था—ठीक मेरे माथे पर। अँजोरिया[1] का तेरस, रात की दुपहरी। गाँव-घर, खेत-बाग, बड़, पीपल, ताड़ सब झकाझक! सब धुले हुए, सभी उजले; सब साफ, सभी धौरे! थक-थकाके बेसुध पड़ी धरती पर चन्दरमा भर-भर सूप दूध उझिल रहे थे। बल्ली बाबू का बैठकवाला नया खपड़ैल मकान हाल ही चुनेटा गया था, वह तो सबसे जास्ती सफेद लगता था। ऊपर मामूली खपड़ों की एक पाँत थी तो दूसरी थी सफेद खपड़ों की। उस मकान के छप्पर एक तो यों ही निगाह खींचते थे मगर इस बखत और भी गजब कर रहे थे। पास-पड़ोस में चार-छै कोस तक वैसा खपसूरत मकान दूसरा नहीं था। मालिकों के भी मकान दिखाई पड़ रहे थे। अपनी मड़इया भला कैसे दीखती?...मझले मालिक और बल्ली बाबू के मकानों के पास पुआल के बड़े-बड़े तीन-चार टाल थे, ताड़ जितनी ऊँचाई के गोल घर समझ लो! उनकी जमीन-जजात के सबसे बड़े गवाह यही थे, थे न?

जब-तब कुत्ते की आवाज रात के सन्नाटे से टकरा उठती तो मेरा मन अपनी खोली में लौट-लौट आता। बूढ़े सीसम के झुके सिरकी छाँह से दिल को एक किसिम की तसल्ली मिलती, लगता कि अपना ही कोई पुरखा मुझे असिरबाद[2] दे रहा है—ऐन माथे पर झुककर! जिस नए रास्ते पर मैंने कदम बढ़ाया था बराबर उसी पर चलते जाने का इतना साफ इशारा पाकर और उसे अच्छी तरह समझ लेने के बाद मेरी रीढ़ एकदम सीधी हो गई। मैंने अपने आपमें एक अनूठी ताजगी महसूस की, उठकर झटके से खड़ा हो गया। सीना तन गया था। बाँहों को फैलाकर कुछ देर मैं अपनी परछाईं देखता रहा...

अब मत्था हलका हो आया, पैर अपने आप आसरम की मड़इया की ओर बढ़ गए। अंदर आकर पुआल के उसी पंचायती बिछावन पर लेट गया, टटोलकर गँड़ासे को ठिकिया लिया। वह अपनी जगह पर उसी तरह पड़ा था...

आसरम में छिपाकर हम एक गँड़ासा रखते थे। मालिक की बुरी निगाहों से हम नावाकिफ नहीं थे। बच्चू, बंभोल, रामखेलावन, अब्दुल और मैं—हम पाँचों को पुलिस भी फँसाना चाहती थी, मालिक भी हमें घायल करके अपंग बना डालने के मनसूबे बाँध रहे थे। चुनाव में काँगरेस की भारी जीत हुई थी, अफसर हाकिमों के बदले अब स्वदेशी मिनिस्टरों की हकूमत कायम होने जा रही थी। सन् सैंतीस

1. शुक्ल पक्ष, उजाला पाख, 2. आशीर्वाद, दुआ।

(1937 ई.) के शुरू होते न होते काँगरेसी जमींदारों के भाई-बंद और सार-ससुर मूँछों पर ताव देने लग गए थे...काँगरेसी राज जमींदारों का ही फायदा करेगा–स्वामीजी की यह बात हमारी रग-रग में समा गई थी। हम पुलिस को भी समझ रहे थे और जमींदार के लठैतों को भी–जमींदार की शह पाकर पुलिसवाले हमें तरह-तरह के मुकदमों में फँसाना चाहते थे। मालिकों की निगाह मुंशी की हिसाबी निगाह थी। जमाने की रफ्तार को परखने की अकिल उनमें आती ही कब थी? उनका खयाल था कि बस रामपुर में पाँच ही आदमी हैं जिनको काबू में करने की जरूरत है–नहीं आवें काबू में तो मारकाट, जेल, खून...जैसे भी हो, अपनी राह के एक-एक को वह नेस्तनाबूद करना चाहते थे! रात-दिन आठों पहर अपनी जनता की निगरानी में हमारे तरफ से चौकसी रहती थी। यह गँड़ासा उसी चौकसी का एक सबूत था।

दोनों भोलंटियर बेखबर सोए पड़े थे, एक की नाक बज रही थी–फों फर...फर्र फों...फों फ़...

बाईं बाँह का सिरहाना बनाकर मैंने आँखें बंद कर लीं।

नींद आ ही रही थी कि चोरबत्ती[1] की तेज रोशनी आँखों पर पड़ी, मैं धड़फड़ाकर उठ बैठा। एक हाथ में गँड़ासा सँभालता हुआ कड़क आवाज में बोला–कौन?

तेरा बाप–जबाब में वैसी ही आवाज आई–मार साले को, लगा!

भोलंटियरों को झकझोरकर जगाने का बखत नहीं था। मैं गँड़ासा लिये बाहर लपका। दस हाथ की दूरी पर दो काले-कलूटे आदमी दिखाई पड़े–दोनों दो ओर तैयार खड़े थे। 'चोर-चोर' 'चो ो ो ो ऽ ऽ ऽ ऽ र र ओ-ओ-ओ-ओ...' और 'दउड़ई जाइ जो र ओ ओ ओ...'[2] जोर-जोर से चिल्लाता हुआ मैं उनमें से एक की ओर दौड़ा तो दूसरे ने पीछे से मुझ पर मछली फँसानेवाला जाल फेंका। मैं उसी तरह हल्ला मचाता रहा। हाथ-पैर बुरी तरह जाल में उलझ गए थे, गँड़ासा बेकार था। इसके बाद मुझ पर लाठी के चार भरपूर वार पड़े। गँड़ासा से जाल को जहाँ-तहाँ मैंने काट जरूर दिया था मगर उससे मुझे कोई मदद नहीं मिली हो सो बात नहीं।

इतने में मार की दूसरी दौड़ शुरू हुई। वे दो ही नहीं थे, उनके पीछे और

---

1. टॉर्च, 2. दौड़ते जाओ रे ऽऽऽ।

भी कई आदमी थे जो पलानी के अंदर घुस गए। इधर एक के मुँह से निकला–बलचनमा, माफी माँग चलकर मालिक के यहाँ।

दूसरी आवाज आई–ना ना ना, ऐसा मत कर। चलके माफी माँगना ससुर मंजूर कर लेगा और पीछे निपत्ता[1] हो जाएगा साला!

मैंने कहा–तुम्हारा मैंने क्या बिगाड़ा है? तुम भी मेहनत-मजूरी करके पेट पालते हो और हम भी। जाल हटा लो, मुसुक[2] बाँधकर ले चलो जहाँ भी ले चलना है...

उन्हें शायद बोलना मना कर दिया गया था। डील-डौल के काफी तगड़े और काला भुजंग जवान थे। जाने क्या सोचकर मय जाल के वे मुझे बाँधने लगे। उनमें से एक का हाथ अपने मुँह के करीब पाकर मैंने उसकी कलाई पर दाँत धँसा दिए। 'बाप-बाप' करता हुआ वह वहीं पर ऐंठकर गिर पड़ा। फिर भी मैंने उसकी कलाई नहीं छोड़ी।

जिनगी अनमोल चीज है भैया, मगर मौके की भी अपनी कीमत हुआ करती है। होती है कि नहीं होती है? कहो कि होती है!

उस वक्त मौत को सामने देखकर घिरनी[3] की तरह मेरा दिमाग नाच रहा था...बेटी, औरत, माँ, गन्ने की खड़ी फसल, पलानी में सोए हुए भोलंटियर कि जिनके मुँहों में शायद कपड़े ठूँस दिए गए हैं, और कमानेवाला खाएगा, इसके चलते जो कुछ हो...धरती किसकी? जोते-बोए उसकी! किसान की आजादी आसमान से उतरकर नहीं आएगी, वह परगट होगी नीचे जुती धरती के भुरभुरे ढेलों को फोड़कर...बूढ़ा सीसम अब भी झुककर मेरा कपार चूम रहा है...

कि इतने में आसरम के पिछवाड़े से दौड़कर एक और आदमी आया, उसके हाथ में नेपाली खुखरी थी।

मैं बँधा था और जाल में सभी अंग उलझे हुए थे। हाँ, दाँतों से एक की कलाई को चापे हुए था।

पहले ने अब मेरे सिर पर जोर से लाठी मारी–एक नहीं; दो बार...मैं बेहोश होकर जमीन पर लुढ़क गया।

❂❂❂

---

1. लापता, 2. मुश्कें बाँधकर, 3. लट्टू।